（活页版）

高等职业教育商务类专业精品课程系列规划教材

采购与供应管理

CAIGOU YU GONGYINGLIAN GUANL

主　编　张龙枝　包　锋
副主编　胡　冰
编　者　王玉玲　钱惠琴
顾　璟　李白艳
席敏婕

苏州大学出版社
Soochow University Press

图书在版编目(CIP)数据

采购与供应管理：活页版 / 张龙枝，包锋主编．苏州：苏州大学出版社，2025. 3（2025. 5 重印）. --ISBN 978-7-5672-5182-3

Ⅰ. F253；F252.2

中国国家版本馆 CIP 数据核字第 20255TF766 号

书　　名：采购与供应管理（活页版）

主　　编：张龙枝　包　锋

责任编辑：管兆宁

装帧设计：刘　俊

出版发行：苏州大学出版社（Soochow University Press）

社　　址：苏州市十梓街 1 号　**邮编**：215006

印　　刷：镇江文苑制版印刷有限责任公司

邮购热线：0512-67480030

销售热线：0512-67481020

开　　本：787 mm×1 092 mm　1/16　**印张**：17. 25　**字数**：376 千

版　　次：2025 年 3 月第 1 版

印　　次：2025 年 5 月第 2 次印刷

书　　号：ISBN 978-7-5672-5182-3

定　　价：58. 00 元

苏州大学出版社营销部　电话：0512-67481020

苏州大学出版社网址　http://www. sudapress. com

苏州大学出版社邮箱　sdcbs@ suda. edu. cn

PREFACE 前言

采购与供应活动作为物流系统的重要组成部分，在企业降低成本、增加利润方面发挥着极其重要的作用。企业生产过程离不开原材料、半成品与零配件的及时供应，在供应得到保证的同时又要求供应成本达到最低，这一切都离不开采购与供应活动及时有效的开展。采购与供应管理作为企业运营的重要组成部分，其影响力远大于我们的想象。通过有效的采购与供应管理，企业可以节省成本、提高效率，更好地服务于客户，进一步推动企业发展。为了实现科学合理的采购与供应管理，管理者必须具备经济、技术、管理等方面的专业知识与技能。

本书的编写以培养高素质技术技能人才为主要目的，注重理论联系实际，跟踪行业最新发展趋势。全书根据采购与供应管理的整体流程编写，各项目实际上就是采购整体流程的各个节点，并且各项目之间存在着一定的顺序关系。这些流程要素包括熟悉采购管理与组织、采购计划与预算的制订、采购数量与质量管理、采购价格与成本管理、供应商选择与管理、采购实施、采购合同管理和采购绩效管理等。在编写过程中，本书紧密结合国内外采购与供应领域的最新发展趋势与实践案例，力求做到理论与实践的深度融合。为了增强本书的实用性和可操作性，本书特别注重案例分析与实训环节的设计。本书在教学内容和教学组织安排上，将对学生职业素养和职业能力的培养作为教学的重点，突出知识、技能、方法和实践体验的融合。

本书由江苏联合职业技术学院无锡交通分院张龙枝、苏州旅游与财经分院包锋任主编，负责全书框架结构设计和统稿工作；无锡交通分院胡冰任副主编。本书具体编写分工如下：项目一由张龙枝编写，项目二由无锡交通分院王玉玲编写，项目三由江苏省吴中中等专业学校钱惠琴编写，项目四由徐州经贸分院顾璟编写，项目五由无锡汽车工程分院李白艳编写，项目六由胡冰编写，项目七由无锡交通分院席敏婕编写，项目八由包锋编写。

在编写过程中，编者借鉴了大量的参考资料，并在书中尽可能详细地列出出处，在此对相关作者表示谢意，若有疏漏，敬请谅解，并深表歉意。

由于编者水平和经验有限，书中难免有不足和疏漏之处，恳请读者批评指正，以便再版时改进，使本书日臻完善。

目录 CONTENTS

项目一　熟悉采购管理与组织

概　述

采购与供应是企业通过购买、储存、运输、接收、检验、废料处理及配送等面向增值的业务活动，获得成本、时间、效率和柔性等方面的最佳效果，并且通过强化与供应商的关系，以流程为导向整合企业内外资源的战略性活动过程。

采购与供应之间存在密切的关系，采购是获取所需商品和服务的过程，而供应则是将这些商品和服务提供给最终用户的环节。有效的采购管理能够确保企业在合适的时间、以合理的成本获得高质量的产品，从而支持供应链的顺畅运作。采购不仅影响企业的成本控制和利润水平，还直接关系到产品的质量和交付的及时性，进而影响客户满意度和市场竞争力。因此，优化采购流程和建立良好的供应商关系是企业实现可持续发展的关键。

本项目主要介绍采购的概念、特点和分类，采购管理的概念和目标，采购的流程和原则，采购的组织形式和岗位设置，采购岗位的职责等。

教学目标

知识目标：

1. 了解采购的分类。
2. 了解采购的组织形式、采购的岗位及其岗位职责。
3. 理解采购的特点和作用。
4. 理解采购的基本流程及采购的基本原则。
5. 掌握采购和采购管理的含义。
6. 掌握采购管理的内容和目标。

能力目标：

1. 能结合案例，分析如何做好采购管理。
2. 能结合企业的实际情况，恰当选择采购方式。
3. 能根据企业的具体情况，制定合适的采购制度。

素质目标： 踏踏实实做事，爱岗敬业；具备团队协作能力；具备吃苦耐劳精神；有责任意识、效率意识、服务意识。

教学重点

1. 采购的分类。
2. 采购管理的内容和目标。
3. 采购的基本流程及采购组织的类型。

教学难点

采购方式的区分和应用。

教学建议

教学中注意将企业采购实务活动和实际生活相结合，培养学生理论联系实际的能力，在解决实际问题中突破学习的重难点。

建议教学时数：8 学时。

思维导图

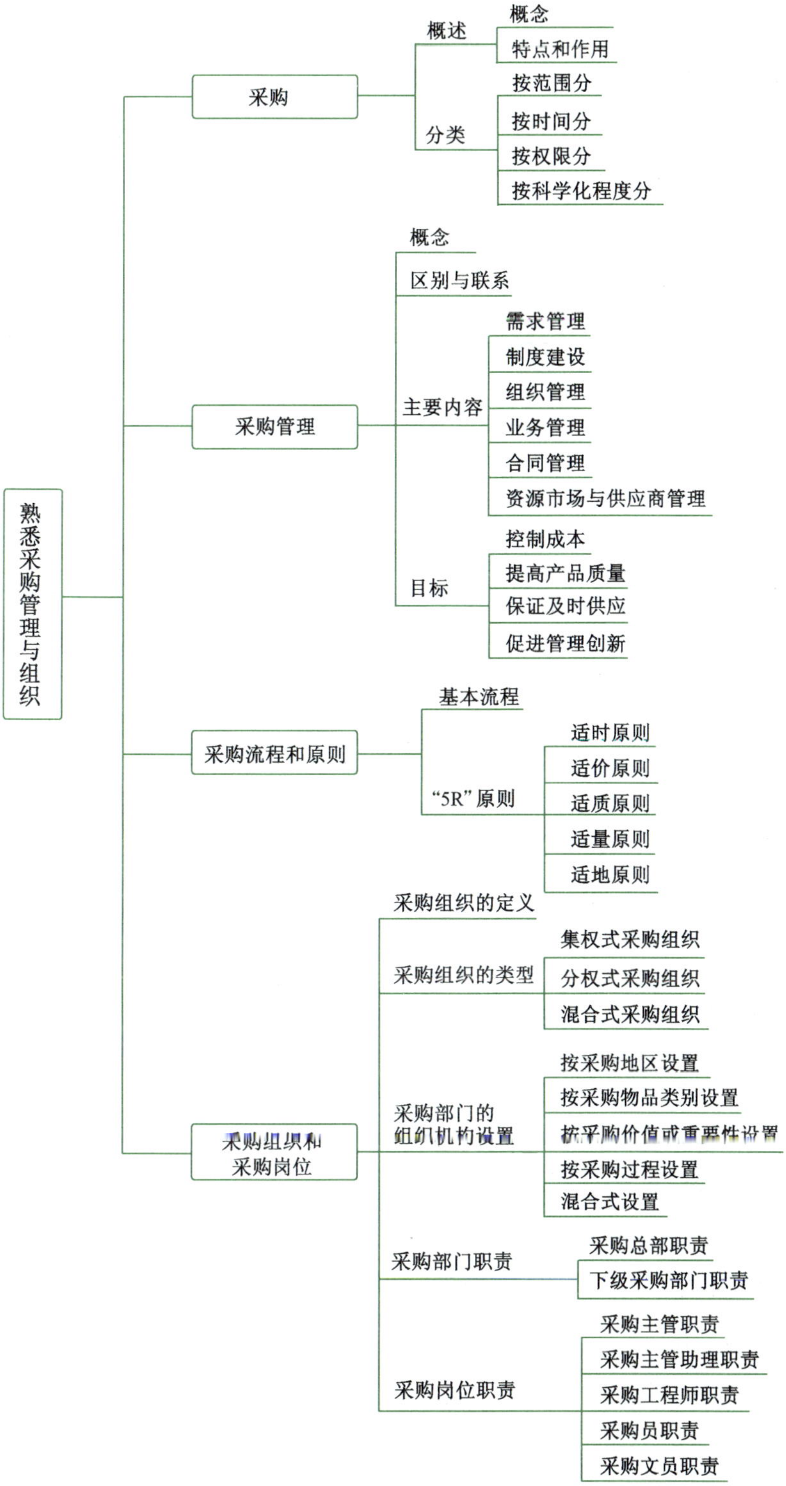
熟悉采购管理与组织
采购
概述
概念
特点和作用
分类
按范围分
按时间分
按权限分
按科学化程度分
采购管理
概念
区别与联系
主要内容
需求管理
制度建设
组织管理
业务管理
合同管理
资源市场与供应商管理
目标
控制成本
提高产品质量
保证及时供应
促进管理创新
采购流程和原则
基本流程
“5R”原则
适时原则
适价原则
适质原则
适量原则
适地原则
采购组织和采购岗位
采购组织的定义
采购组织的类型
集权式采购组织
分权式采购组织
混合式采购组织
采购部门的组织机构设置
按采购地区设置
按采购物品类别设置
按采购价值或重要性设置
按采购过程设置
混合式设置
采购部门职责
采购总部职责
下级采购部门职责
采购岗位职责
采购主管职责
采购主管助理职责
采购工程师职责
采购员职责
采购文员职责

任务一　认知采购和采购管理

案例导入

水晶灯的故事

星龙湾大酒店在鲜花的簇拥和鞭炮的喧嚣中正式对外营业了。最让星龙人感到骄傲和值得点赞的是酒店大堂里的一盏绚丽夺目、熠熠生辉的水晶灯。这盏水晶灯由公司王副总经理亲自组织货源，采购的总价高达 120 万美元。开业当天，来宾无不对这盏豪华的水晶灯赞不绝口，称羡不已。尤其是经过媒体报道，更成为当天的头条新闻，星龙湾大酒店在这一天也像那盏水晶灯一样，一举成名，当天客房入住率就达到了 80%以上。王副总经理也因此受到了公司领导的高度赞扬。

然而，好景不长。两个月后，这盏高规格、高价值的水晶灯就出了状况。首先是失去了原来的光泽，变得灰蒙蒙的，即使用清洁布使劲擦拭都不复往日光彩。其次，部分金属灯杆都出现了锈斑，还有一些灯珠破裂甚至脱落。人们看到这盏破了相的水晶灯，议论纷纷，这就是花费一百多万美元换回的高档水晶灯吗？鉴于情况严重，公司领导责令王副总经理在限期内对此事做出合理解释，并停止了他的一切职务。这个时候，王副总经理再也笑不出来了。

事件真相很快就水落石出，原来这盏价值近千万元人民币的水晶灯根本不是从奥地利某珠宝公司购得的，而是通过南方某地的 W 公司代理购入的赝品水晶灯。王副总经理在交易过程中贪污受贿，中饱私囊。出事之后，王副总经理受到了法律的严惩，然而星龙湾大酒店不仅因此遭受了近千万元人民币的巨额损失，更为严重的是酒店名誉蒙受重创，成为同行的笑柄。

☞ 案例思考

1. 星龙湾大酒店为什么会发生这样的事件？在企业经营中如何做好采购管理？

2. 王副总经理的行为给了我们什么警示？作为采购人员，应该具备哪些素质和能力？

知识准备

一、采购概述

采购在人们生活中并不是一个陌生的概念。人们每天的吃、穿、住、行离不开采购；企业的生产、经营离不开采购；政府、军队等部门的正常运转也需要以采购作为保障。从物流的角度来说，采购处于供应物流这个阶段。许多采购决策直接影响着物流渠道中商品或服务的流动，直接影响到整个企业物流的质量。

（一）采购的概念

采购在人们的生活中是一种经常出现的行为，只是用在不同的场所，有不同的称谓。采购的出现是由需求引起的，没有了需求也就没有采购。对于采购，人们有不同的理解。在现实生活中，与采购相近的词有购买、订货、物料管理、货源、后勤等。根据人们获得商品的方式和途径不同，采购可以从狭义和广义两个方面理解。

1. 狭义采购

狭义的采购就是购买东西。无论是个人还是企业，为了获得自己需要的资源，都需要用货币换取物品，这就是采购。这种以货币换取物品的方式即“购买”，可以说是最普通的采购途径。在狭义采购下，买方一定要具备支付能力，要有资金，才能换取他人的物品来满足自己的需求。狭义采购具有以下几个特点：

（1）采购的主体通常是家庭或个人。

（2）采购的物品，就独立的购买个体而言，数量不多，品种有限。

（3）采购从筹划开始至实施完成，相对比较简单易行。

（4）采购的风险，无论是自然风险还是社会风险都不是很大。

2. 广义采购

广义的采购是指除了以购买的方式占有物品以外，还可以用交换、租赁、借贷等途径取得物品的使用权，以此达到满足需求的目的。广义采购与狭义采购相比，其含义更加广泛。从采购反映的经济活动过程来看，通常指组织或企业的一种采购行为。其采购的对象主要是生产资料。采购包含两层基本含义：一层为“采”，即选择，从许多对象中选择若干个之意；另一层为“购”，即购买，是通过商品交易的手段把所选对象从对方手中转移到自己手中的一种活动。因此，所谓采购是指在一定的时间、地点条件下，通过交易手段实现从多个备选对象中，选择购买能够满足自身需求的物品的企业活动过程。从这一定义中，可以看出广义采购具有以下几个特点：

（1）采购的主体通常是企事业单位、社会团体等。

（2）采购的客体不仅仅是生活资料，更多的是生产资料。

（3）采购的品种、规格较多，金额一般比较大。

（4）采购的过程是一个选择的过程，整个过程比较复杂。

（5）采购的过程是商流、物流、信息流的有机统一。

思考：你能分清采购与购买的区别吗？请举例说明一下。

（二）采购的特点和作用

1. 采购的特点

（1）采购是获取资源的过程。采购是企业或个人从资源市场获取资源的一个过程，它是企业与市场联系的纽带。采购的对象可以是生活资料、生产资料，也可以是物质资源（如原材料、设备、工具等）或非物质资源（如信息、软件、技术、文化用品等）。采购的基本功能就是帮助企业或个人从资源市场获取他们所需要的各种资源。

（2）采购是商流和物流的有机统一。采购就是将资源从资源市场的供应者手中转移到采购者手中的过程。在这个过程中，一是要实现将资源的所有权从供应商手中转移到采购者手中；二是要实现将资源的物质实体从供应商手中转移到采购者手中。前者是一个商流过程，后者是一个物流过程。因此，采购过程实际上是商流与物流的有机统一。

（3）采购是一种经济管理活动。通过采购，企业满足了生产经营活动的需要，获得了收益；同时采购过程中也会产生各种费用，既采购成本。因此，为追求采购经济效益的最大化，就要采取各种合理化措施不断降低采购的成本，以最小的付出获取最大的效益。因此，采购也是一种经济管理活动。

2. 采购的作用

采购在企业经营活动中具有非常重要的作用，具体体现在以下几个方面：

（1）采购是企业质量控制的重要环节。在企业质量管理中，采购质量控制是不能代替的。采购控制着质量的入口，对于生产企业来说，没有优质的原材料、零部件，就不可能生产出优质的产品。企业可以通过不断改进采购过程以及加强对供应商的管理，提高采购原材料的质量。

（2）采购是企业正常开展生产经营的必要保证。生产经营所需要的各种物资资源都要由采购环节来提供。没有采购，就不能为企业提供生产所需的各种物资资源，企业就不能进行正常的生产经营活动。

（3）采购是企业成本控制的重要途径。成本一直是企业关注的焦点问题，成本的高低在某种程度上决定企业的利润和利润率，而采购成本是企业生产成本的重要组成部分。因此，加强采购的组织与管理，降低采购成本，对于节约占用资金、压缩存储成本和加快营运资本周转起着重要的作用。

（4）采购决定着企业流动资金和最终产品的周转速度。良好的采购决策，可以保证原材料、零部件按质、按量、按比例地供应，避免因缺货而影响生产。如果采购不当，任何一种物资的缺乏都会导致生产中断，企业投入的流动资金的周转就会延迟。所以，优化采购流程，使各种物料的采购时间和数量与生产（或销售）进度相协调，对于缩短生产周期（或交货时间），加速资金周转，提高企业效益有着极其重要的作用。

（5）采购有利于树立企业形象。采购是企业的对外工作，同销售工作一样，采购在很大程度上代表着企业的对外形象。企业采购部门通过公正良好的姿态发展与供应商的关系，有利于树立良好的企业形象。

思考：你能举一些因为采购问题影响了企业形象的例子吗？

知识拓展

采购在供应链中的作用

从全球市场由卖方转入买方的趋势来看，企业采购的重要性在整个生产过程中日益突出。良好的采购不仅可以帮助企业降低成本、提高质量、构建良好的合作关系，而且还可以帮助企业及合作伙伴建立竞争优势。

从企业创造利润的角度来看，随着市场竞争的加剧，产品的利润率在不断地下降，产品的同质化竞争导致了市场份额被多个企业所瓜分。种种迹象表明，现在的企业仅仅依靠扩大市场占有率是不够的，更应该重视如何节约企业成本。对于生产制造型企业而言，成本的构成往往由采购成本、运营成本、员工工资、管理费用等组成，其中采购成本的支出往往占企业成本支出的60%以上，节约采购成本相当于创造了企业利润。

从企业提升产品质量的角度来看，优质的产品是企业生存的基础，而优质产品离不开精湛的工艺、技术，以及良好的原材料供应。其中有没有合格的原材料又成为企业能否生产出优质产品的关键。企业必须在原材料采购质量方面严格把关，做好充分的事前控制，避免由于原材料的不合格导致产品质量下降、成本增加和工期的延误。

从企业合作的角度来看，随着上下游企业沟通的不断深入，企业与企业之间已经不能满足于简单的买卖合同关系。产品复杂性程度的提升致使原材料供应商必须和生产商之间进行充分的沟通，明确产品的规格、参数等信息。为充分体现专业化分工带来的优势，双方应在充分沟通的基础上开展共同的研发与合作，实现联合生产。

二、采购分类

根据不同的划分标准，采购可以分为以下几类。

（一）按采购的范围分类

1. 国内采购

所谓国内采购，是指企业以本币向国内供应商采购所需物资的活动。例如，国内汽车制造企业向国内汽车零配件供应商采购汽车零配件；国内纺织企业向国内棉花生产企业采购棉花。国内采购主要是指在国内市场采购，并不是指采购的物资都一定是国内生产的，也可以是从国外企业设在国内的代理商处采购所需物资，只是以本国货币支付货款。

2. 国际采购

所谓国际采购，是指国内企业直接向国外厂商采购所需物资的活动。这种采购方式一般通过直接向国外厂方咨询，或者向国外厂方设在国内的代理商咨询采购事宜。国际采购的范围很广，既包括高新技术产品、成套技术设备，也包括生产生活资源等。国际采购可以很好地弥补国内资源和技术的不足，满足国内生产生活的需要。但国际采购比国内采购的风险大，具体包括：交易过程复杂，易影响交易效率；需要较高的库存，增加了储存费用；运输周期长，无法满足急需；发生纠纷时追索困难。

（二）按采购的时间分类

1. 长期合同采购

长期合同采购是供应商和采购商为了在较长期间内保持稳定的供需关系，通过合同的形式，将这种较长期间的供求关系固定下来的采购方式。长期合同的有效时间通常在一年以上。长期合同采购，供应关系稳定，主要适用于采购方需求量大、需要连续不断供货的物资，如企业的主要原材料等的采购。

2. 短期合同采购

短期合同采购指采购商和供应商通过合同，实现一次交易，以满足生产经营活动需要的采购。短期采购双方之间关系不稳定，采购产品的数量、品种随时变化，对采购方来讲有较大灵活性，能够依据市场环境的变化及时调整供应商。短期合同采购由于供需关系不稳定，会出现交易中断、价格波动频繁及服务质量下降等方面的情况。短期合同采购适用于非连续性消耗物品的采购；长期合同供货不能满足、需要短期合同供货予以补充的产品的采购；价格波动大的产品的采购；质量不稳定的产品的采购。

（三）按采购的权限分类

1. 集中采购

所谓集中采购，是指由企业的采购部门全权负责企业的采购工作。即企业生产所需物资都由一个部门负责，其他部门，包括分厂、分公司均无采购职权。集中采购具有以下优点：

（1）可以减少订货次数，减少订货费用。

（2）可以获得供应商的批量价格优惠。

（3）可以统一组织供应，合理配置资源，最大限度地降低库存。

集中采购适用于采购规模不大、采购量均匀，只要一个采购部门就能完成全部工作的情况；或者企业各部门及工厂集中在一处，采购工作并没有因地制宜的必要，也就是说不存在地域性采购。

2. 分散采购

所谓分散采购，就是指由采购单位依法自行组织实施或由采购单位自主委托符合资质要求的代理机构依法组织实施的采购。分散采购具有以下优点：

（1）针对性强。可针对企业自身的需求，自行采购规格品种最合适、价格最合理的物资。

（2）决策快、效率高。分散采购减少了集中汇总、层层审批的烦琐程序，可以快速做出采购决策，并立即组织实施，减少了时间上的延迟，提高了工作效率。

（3）有利于激励机制的贯彻实施。负责分散采购的人员一般为本企业的职工，其收益与企业的经营成效密切相关，采购绩效不仅关系到企业的经济效益，也关系到职工的切身利益，所以采购人员能从自身的利益出发，努力做好采购工作。

分散采购适用于规模较大、需求部门分散且需求共性不强的企业；也适用于企业的零星需求、紧急需求及地域性很强的需求采购。

（四）按采购的科学化程度分类

1. 传统采购

所谓传统采购，是指采购者根据采购品种、数量、质量等方面的要求，货比三家，通过谈判达成一致，得以成交的采购方式。传统采购方式主要包括询价采购、比价采购、议价采购。

（1）询价采购是指采购人向有关供应商发出询价单让其报价，在报价基础上进行比较并确定最优供应商的一种采购方式。如政府采购项目，其采购的货物往往规格、标准统一，现货货源要求充足且价格变化幅度小，可以采用询价采购方式。

（2）比价采购是指选定三家以上具有相关资质的供应商，在收到报价后进行几次（一般两次）质量、市场占有率、口碑、价格比较，最后选出性价比高的供应商的一种采购方式。这是一种供应商在有限条件下的公开招标采购。比价采购具有节省采购时间和费用、公开性强和透明度高的优点。但也存在供应商合谋等缺点。这种采购方式主要适用于对采购物品的供应来源相当清楚，对物品的品质要求远胜于价格因素的企业，或者对于紧急需要或机密性物品的采购，不宜完全公开招标的企业。

（3）议价采购是指由买卖双方直接讨价还价实现交易的一种采购方式。议价采购一般不进行公开竞标，仅向固定的供应商直接采购。议价采购节省采购的时间与费用，可与供应商发展互惠关系，采购中心的灵活性较大是其主要优点。但也存在采购价格较高，缺乏公开性，易造成不公平竞争等缺点。议价采购主要适用于需求量大、质量稳定、需定期供应的大宗物资的采购。

2. 科学采购

所谓科学采购，是指在科学理论的指导下，采用科学的方法和现代科技手段实施的采购方式。可分为订货点采购、MRP 采购、JIT 采购、供应链采购和电子商务采购等。

（1）订货点采购严格根据需求的变化和订货提前期的长短，精准确定订货点、订货批量或订货周期、最高库存量等内容，建立起连续的订货机制和库存控制机制，达到既满足需求又使得库存总成本最小的目的。这种采购方式以需求分析为依据，以填充库存为目的，采用计量方法，兼顾满足需求和库存成本控制，原理科学，操作简单。但由于市场多变，该方式同样具有库存量大、市场响应不灵敏的缺陷。

（2）MRP 采购主要应用于生产企业。生产企业根据生产计划和主产品的结构以及库存情况，逐步推导出生产主产品所需要的零部件、原材料等的生产计划和采购计划的过程。这个采购计划规定了采购品种、数量和时间，计划比较精确、严格。它也是以需求分析为依据，以满足库存为目的的。它的市场响应灵敏度及库存水平比订货点采购方式有进步。

（3）JIT 采购又称准时化采购，是一种完全以满足需求为依据的采购方式。它对采购的要求是：供应商恰好在用户需要的时候，将合适的品种、合适的数量送到用户要求的合适的位置。它以需求为依据，改造采购流程和采购方式，使它们完全适合于需求的品种、时间、数量，做到既能灵敏响应需求的变化，又能使库存向零库存趋近。这是一种比较科学、理想的采购方式。

（4）供应链采购是一种供应链机制下的采购方式。在供应链机制下，采购不再由采购者操作，而是由供应商操作。采购者只需要把自己的需求规律信息及库存信息向供应商连续、及时地传递，供应商根据自己产品的消耗情况，不断及时、连续地小批量补充库存，保证采购者既能满足需要又使总库存量最小。供应链采购对信息系统和供应商的操作要求都比较高，也是一种科学的、理想的采购方式。

（5）电子商务采购，即网上采购，是一种在电子商务环境下的采购方式。它的基本特点是在网上寻找商品、寻找供应商，在网上交易洽谈、下单和付款结算，货物通过物流系统配送。这种方式的好处是扩大了采购市场的范围，缩短了供需距离，简化了采购手续，减少了采购时间和采购成本，提高了工作效率，是一种很有发展前途的采购方式。但它要依赖于电子商务的大力发展和物流水平的不断提高，而这两者则取决于国民经济发展的水平和科技发展水平，有一定的局限性。我国已经有不少企业采购以及政府采购采用了网上采购的方式，但要真正把网上采购搞好，还需要有一个相当长的过程。

思考： 你还知道哪些采购方式？请举例说明。

知识拓展

其他采购方式

一、招标采购

招标采购是指采购方作为招标方，事先提出采购的条件和要求，邀请众多企业参加投标，然后由采购方按照规定的程序和标准一次性从中择优选择交易对象，并与提出最有利条件的投标方签订协议的过程。整个过程要求公开、公正和择优。招标采购是政府采购最通用的方法之一。招标采购可分为竞争性采购和限制性采购。一个完整的招标采购过程包括策划、招标、投标、开标、评标、决标、商签合同等多个阶段。

《中华人民共和国招标投标法》规定的招标采购方式包括公开招标与邀请招标两种方式。

1. 公开招标

公开招标也称竞争性招标，其主要含义是招标活动在公共监督之下进行，通常应当在公共关系媒体上公开发布招标公告，这种公告表明招标具有广泛性和公开性。凡是愿意参加投标活动的潜在投标人，都可以按公告中的地址领取（或购买）项目招标资料和资格预审表。只有具备招标资格和经审查合格的潜在投标人才能购买招标文件和参加投标。公开招标的优点是招标人有较大的选择范围，能形成很好的竞争局面，打破垄断。但这种方式的投标人一旦较多，审查投标人资格和投标文件的工作量会很大，招标过程需要较长时间。

2. 邀请招标

邀请招标由招标人或招标代理人向具有承担该项工程、货物和服务相应履约能力的3个以上供应商发出招标邀请书及招标文件，由其进行投标。具体做法主要包括以下几个步骤：

（1）招标人或招标代理人在自己熟悉的具有相应履约能力的供货商中做出初步选择。

（2）招标人或招标代理人向初步选定的潜在投标人征询是否愿意参加投标，并据此拟定投标人名单。

（3）向名单上的投标人发出正式邀请和招标文件。

（4）投标人递交投标文件，招标人选定中标人。

这种方式由于参加投标的企业数量有限，不仅可以节省招标的费用，缩短招标的时间，也增加了投标者的中标概率，对双方都有一定好处。但这种方法限制了竞争者范围，可能会把一些有实力的竞争者排除在外。在国外，私人投资的项目，多采用邀请招标。

二、联合采购

联合采购一般是多个企业因为有相同的采购需求，因而形成采购联盟进行统一采购的一种方式，是委托专业的采购服务机构进行的采购活动，一般是由企业、政府、个体工商户实行区域联合集中采购，使得不同地区的零散项目集合起来，形成大规模采购，以此提高规模经济效益、降低采购成本。

联合采购方式既有优点也有缺点，因其独有的优势被广泛应用于一般的采购活动中，比较常见的就是一些非营利性事业单位的采购，比如学校、医院等。联合采购将不同采购组织的需求量统计在一起，共同采购，可以获得很好的数量折扣价格。作为一种新型的采购方式，联合采购现已被欧美国家广泛使用。

三、采购管理

采购管理是企业管理工作中的一个重要环节，为满足企业生存和发展的需要，适时、适当、适量的采购物资供应为企业的运营创造了前提条件。

（一）采购管理的概念

所谓采购管理是指为保障企业物资供应而对企业的整个采购业务过程进行计划、组织、实施和控制的活动，它是整个物流活动的重要组成部分。采购管理包括管理供应商关系所必需的所有活动，它着眼于在组织内部以及组织和其供应商之间构建并持续改进采购过程。因此，采购管理包括内部和外部两个方面。

（二）采购管理与采购的区别与联系

采购管理是一项管理活动，是面向整个企业的。它不但面向企业的全体采购员，而且也面向企业组织的其他人员（有关采购的协调配合工作的人员）。采购管理工作一般由企业的采购部、供应部负责人或企业副总经理负责。它的使命就是要保证整个企业的物资供应。相对来说，采购工作只是指具体的采购业务活动，一般是由采购人员完成，只涉及采购人员个人，完成部门负责人布置的具体采购任务。可见，采购管理与采购是有区别的。但是，采购本身也有具体的管理工作，它也属于采购管理。采购管理本身，又可以直接管到具体的采购业务的每一个步骤、每一个环节、每一个采购人员。可见，采购管理与采购又是有联系的。所以采购管理与采购不完全是一回事，两者之间既有区别又有联系。

（三）采购管理的主要内容

采购管理的主要任务有保证企业所需物资的正常供应；与供应商建立长期友好的关系，建立稳定的资源供应基地。因此，采购管理涉及企业的需求、制度、组织、具体业务和资源市场与供应商管理等多方面内容。

1. 采购需求管理

企业采购计划的形成主要来自企业各部门。生产部门根据年度生产计划，提出该年度的原材料、零部件、辅助材料等的需求计划；销售部门根据年度销售情况，提出本企业生产成品的需求计划；固定资产管理部门提出设备添置、维修的需求计划；技术、科研开发部门提出新产品开发需求计划；后勤保障等部门提出物资保障的需求计划等。采购管理要对这些计划进行审查、汇总，并就采购的品种、规格、数量、质量、进货时间等，与各部门研究协商，综合平衡，编制出切实可行的采购计划。

2. 采购制度建设

采购制度建设包括制定采购工作管理目标、供应商选择制度、价格管理制度、采购作业制度等，用制度来规范采购程序、采购人员的行为，使采购运行机制更为科学化、合理化。

3. 采购组织管理

采购部门是企业为了进行采购活动以保证生产运作顺利进行而建立的一个组织。随着企业与市场的联系日益紧密，采购部门的工作状况直接影响着整个企业的资金流、业务流程与竞争优势，企业建立采购部门，也就是将企业采购的各项功能整合起来，并以分工方式加以执行。企业目前普遍采用的采购组织模式有“集中型”、“分散型”和“复合型”等。采购组织的设计、建立和运行，需要同物流管理和供应链管理结合起来考虑。

4. 具体采购业务管理

采购管理是企业战略管理的重要组成部分。采购管理人员对采购有关的事务负有管理责任，对具体的采购业务实施管理。具体采购业务，包括采购谈判、签订合同、安排催货、组织运输、验收入库、支付货款等一系列工作。其中，采购合同是需求方向供货厂商采购货物时，按双方达成的协议所签订的具有法律效力的书面文件，它确认了供需双方之间的购销关系和权利与义务。管理人员除了组织业务人员尽职尽责做好本职工作外，还要取得企业内部各部门、外部供应商等的支持与配合，只有这样，才能确保采购任务的顺利完成。

5. 资源市场与供应商管理

市场是供应资源的外部环境。采购管理要了解外部资源市场是需方市场还是供方市场，是垄断市场还是竞争市场，抑或是寡头垄断的市场。采购管理不但要了解地区市场、国内市场，还要了解国际市场，针对不同的市场采取不同的采购应对策略。

良好的供应商群体是实现采购目标的基础。为此，采购部门必须下大力气做好供应商管理工作。其中的必要环节包括供应商调查、供应商的审核认证、供应商的选择、供应商的考核、供应商的激励与控制，必要时终止与供应商的合作等。

（四）采购管理的目标

采购管理的总目标是保证企业的物资供应，在确保质量的前提下，以适当的价格、在适当的时期、从适当的供应商那里采购到适当数量的物资和服务。

具体来说，采购管理的目标包括以下几点。

1. 控制产品成本，提升采购管理效益

成本是企业竞争力的核心影响因素。采购管理必须努力降低物资的采购成本，因为采购成本会严重影响产品的最终利润。衡量采购管理是否有效的主要指标就是采购总成本的高低。采购成本一般包括直接采购成本和间接采购成本。直接采购成本是指采购物资或服务的价格，也就是采购者与供应者最终达成的实际交易价格。控制直接采购成本主要通过优化供应商、采购市场本土化、数量优势谈判、提高采购工作效率、与供应商实施价值工程等途径来实现。间接采购成本是指在采购过程中发生的费用，主要包括汇率变动、运输费用、库存费用、检查费用、包装费用等。控制间接采购成本主要通过减少运输次数、实施来料免检、缩短供货周期、降低库存、包装材料回收利用、加速结算等途径来实现。

2. 提高产品质量，有效防控风险

产品质量是企业的生命，采购质量的优劣将对企业产品质量产生严重的影响，是企业风险管理的重要环节。采购部门要通过严格的采购管理建立严格的质量管理制度，制定衡量质量的标准，通过贯彻全员质量管理和风险管控的理念来确保质量管理制度的落实与执行。同时，还应将质量管理和风险管控的经营理念延伸到供应商，促使供应商形成系统化的由质量计划、质量控制和质量改进等多方面举措组成的全面质量管理体系。

3. 保证及时供应，提升采购管理效率

采购管理者应与供应商建立良好的联系，建立并有效管理供应链，确保组织的物资来源。既要实现按时按量的采购目标，避免不必要的储存和保管费用，又要保证供应，使得采购成本在市场波动中实现最小化，尽可能提高组织的资金利用率和采购管理效率。

4. 促进管理创新，提升采购管理水平

采购管理需要广泛收集供应商对产品和市场的意见，在保证供应的同时，协助组织自身进行新产品的创新开发，从而提升整体采购管理水平。

知识拓展

数字化采购，开启采购新时代

数字化采购是指使用人工智能、大数据、流程自动化等新技术，整合企业内外部资源，降低“人”在采购环节的参与度，提高采购效率，实现降本增效，同时积累采购核心数据资产，为企业智能化奠定基础。

中国采购行业的发展历程可分为四个阶段：传统采购时代、ERP 采购时代、SRM 采购时代、数字化采购时代。近年来，大数据、人工智能和物联网的高速发展，为采购信息化提供底层技术支持，采购进入 4.0 时代，即数字化采购时代。未来，采购业务将在充分数字化的基础上实现智能化，实现采购生态重塑。

目前，在我国数字经济不断蓬勃发展的时代格局下，采购行业的数字化升级已经成为必然趋势，而数字新基建带来的大数据优势、更为丰富的商品品类，以及 AI 赋能的自动化采购，都为数字化采购的实现提供了更多可能性，以数字科技赋能的新型采购模式扮演着越来越重要的角色。

任务二　认知采购流程和原则

案例导入

ERP 项目的采购安装

有一家位于上海浦东新区的农蔬果食品配送企业，专为企事业单位食堂配送食材及生活用品。该公司经过十多年的发展，已经成为一家服务数百家企事业单位，拥有 300 多名员工的公司。

小高，浦西分公司经理，负责浦西市场开发，另外兼任公司 IT 部负责人；老李，公司行政部经理，负责行政办公用品及 IT 设备的采购；老张，公司副总经理，来公司刚满半年。

为适应业务发展的需要，公司于几个月前启动了 ERP 项目，目前已接近尾声，准备上线。老张在生产现场检查时发现，生产线上还有不少地方没有安装记录数据的电子扫描设备，这些缺陷将直接导致 ERP 数据不完整，影响使用，因此在最近一次周例会上，他要求相关部门尽快落实安装，下次周例会必须结束，要看到汇报。

小高马上去勘查现场，并找了一家布线安装的 IT 服务商，该服务商按照小高的要求测量了尺寸，报了价，并承诺一周后安装完毕。小高经过和服务商的一番商讨，最后确定了价格和工期。该服务商走后，小高把事情和老李交代了一下，请老李负责跟踪落实，然后就去干其他事情了。

眼看明天就是周例会，要汇报任务完成情况，小高赶紧到现场一看，发现任务根本没有完成，供应商也不在，他就去找老李，老李不在，他就打电话问老李。老李说他不清楚该买哪种型号的摄像头等器材，所以迟迟未安装。想到明天必须交差，小高有点慌了，他想了想，随后又镇定了。他径直走向老张的办公室，没敲门直接进去了。

老张正在办公室里与人谈工作，一看小高没敲门就进来，一股无名火就升了起来。老张刚要问，小高先开口了："张总，上个礼拜你布置的安装探头和扫描仪的任务，我落实好以后就交给老李去办了，谁知道到现在都没有装好，找老李人不在，现在该怎么办？"

老张一听这话，刚才强压的无名火"腾"地一下就上来了。

☞ 案例思考

1. 在这个案例中谁有错？为什么？
2. 产生这种问题的原因是什么？如果你是老张，你应该怎么办？

知识准备

一、采购的基本流程

对于不同公司，其具体的采购流程可能各不相同，但总体来说，通常要包含以下几项：明确采购需求、采购决策、编制采购计划、选择供应商、签订采购合同、发出采购订单、交货验收、货款结算及购后工作服务等。采购的基本流程如图 1-1 所示。

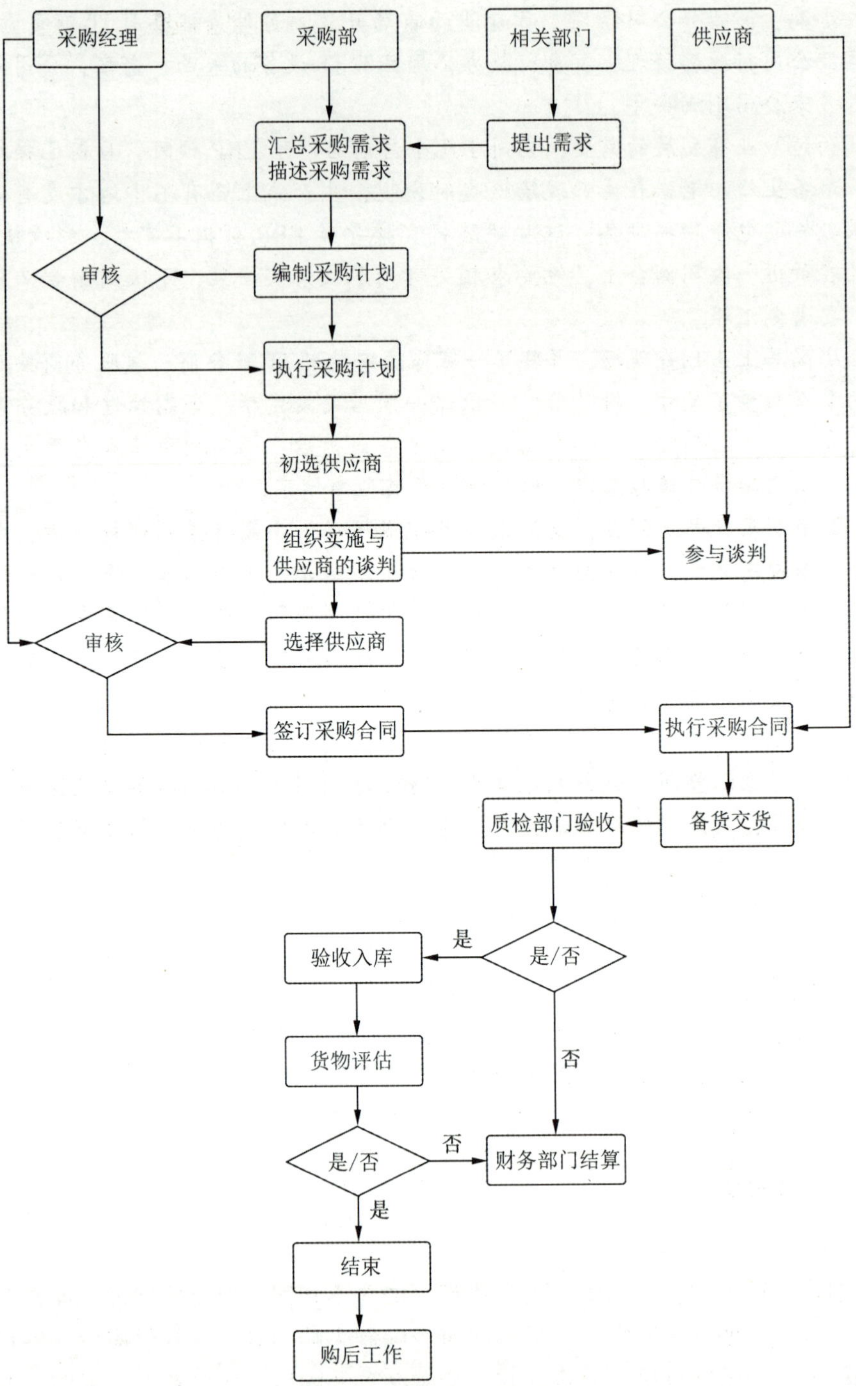

图 1-1 采购的基本流程

(一) 明确采购需求

任何采购都产生于企业中某个部门的确切需求。需求部门应明确具体采购需求，需要什么、需要多少、何时需要，再结合仓库中所需物资的库存信息，制订出详细的物资需求计划，经审批后发给采购部门。物资需求计划应详细列出所需物资的型号、技术参数、材质、数量及使用时间等信息。采购部门应协助使用部门预测物资需求，督促其尽早地预测需求，以免出现太多的紧急订单。

（二）采购决策

进行采购决策首先要汇集采购信息，各类采购信息为采购决策和审核请购单提供依据。这些信息包括以下几点。

1. 外部信息

主要有市场供求状况及预期，价格变动及趋势，供应商的多少及其产品的质量、价格、运距与运费、供应可靠性，市场上新材料、新设备、替代品的品种和供应状况，以及政府对物资使用的政策和法规等。

2. 内部信息

主要有生产计划任务，包括物资消耗定额、消耗统计资料；所需物资的性能、用途，进货和供应能力；物流组织状况和资金条件。

3. 物资信息

主要有物资说明书，包括商务标准、市场等级、设计蓝图、材料说明书、功能说明书等。

在明确以上信息后，做出采购决策，这是采购管理中最主要的内容。在物资需求计划审核后，要进行采购物资品种、采购量、供应商、采购方式、订购批量、采购时间、采购价格、进货方式等方面的决策和确定参与采购的人员。

（三）编制采购计划

采购部门根据企业各部门传递过来的请购单，制订本企业一段时间内的采购计划。采购部门在根据请购单制订企业采购计划时，会保留其对于最终采购品的质疑权。比如，采购部门还可能会提出低成本物料是否能满足工程部门一再强调的高承受力要求。采购部门对于物料规格的质疑权可以避免出现下述情况：最终的规格要求只有最受用户欢迎的一家供应商能够满足；对各种不同要求的审查可能会显示不同使用者实际上需求的是同种物料。通过整合各类使用者的不同需求，采购部门通常会降低总的采购成本。

采购计划包括年度、季度和月度采购计划。年度采购计划一般包括大类物资的年度采购总量。季度和月度采购计划是在年度采购计划的指导下，按具体品种、规格编制的，是具体落实年度采购计划、组织日常采购的任务书。

（四）选择供应商

选择和确定采购和加工企业，是做好采购和加工业务的基础。必须选择设备齐全、加工能力强、产品质量好和技术经验丰富的企业。此外，还包括企业的生产规模、经营信誉等，在选择中均应摸清情况。一般而言，数量多、价值高的物资采购采用招标的方式确定供应商，而数量少、价值低的物资采购采用比价的方式确定供应商。条件允许的情况下，每一种物资至少寻找两家供应商，供应商之间的竞争，可以降低采购物资的价格并提高供应商的服务水平。

（五）签订采购合同

选定供应商之后就要签订一份采购合向。签订采购合同前要注意对供应商的法律资格进行审查，准备有效的合同文本，谨防可能存在的合同问题，了解合同通常的必备条款，明白各类型采购合同条款的内容，明确合同成立及合同生效、采购合同签订时间、采购合同签订地点等关键问题。

采购部门应及时对签订的采购合同进行分类管理，建立采购合同台账平台，按期检查采购合同的执行情况，并将执行过程及时输入数据库，以对供应商做出评价。采购部门要加强与供应商的联系，督促其按期交货，对出现的货品质量、数量、到货时间等问题要及时交涉，同时要与企业内部的其他部门密切配合，为顺利执行采购合同做好准备。

（六）发出采购订单

在合同的条款和条件达成一致并记录在案后，订单就可以发出了。有时，合同实际上就是购货订单。在其他时候，如在常规采购时，购买方会就滚动式合同进行谈判，包括较长时间内需要的材料（1年或更长时间）。接下来，购货订单按照这个合同发出。在这种情形下，订约和订购是独立的行为。

订单发送给供应商后，对订单的执行情况进行跟踪，实时掌握订单的执行情况，并做好对应的准备工作，如得知供应商发出物资后，采购方应整理仓库，为即将到库的物资留出足够的储存空间。

（七）交货验收

在产品或设备交货以后必须对其进行检查以确保它们能够满足规定的要求。采购部门要配合仓库部门按有关合同规定的数量、质量、验收办法、到货时间做好验收工作，核实无误后办理入库手续。

（八）货款结算

财务部门确定仓库接收并检验了订单上所需的物资后，根据采购合同规定的货款支付方式向供应商支付货款。如供应商有违反合同的事实，要及时拒付或提出索赔要求。

（九）购后工作服务

每一次采购活动结束后，采购部门要与使用部门保持联系，掌握使用情况、使用效果以及服务水平，并考查各供应商的履约情况，相应资料应编列档案并登记编号进行分类保管，以便参阅或事后发生问题时的查考，从而决定今后对供应商的选择和调整。档案应设定保管期限的规定。

短视频：采购流程

二、采购的原则

经过长期的实践与总结，采购专家对于采购提出了“5R”原则以指导企业采购活动，也就是在适当的时候、以适当的价格、从适当的供应商处采购所需数量物品的活动。

（一）适时原则（right time）

适时，即适当的时间。若企业已安排好生产计划，原材料未能如期到达，往往会引起企业内部混乱，会发生停工待料的事故；当产品不能按计划出货时，会引起客户强烈不满，若原材料提早太多时间买回来放在仓库里候用，又会造成库存紧张，积压采购资金，这些都是企业很忌讳的事情。故采购人员要扮演好协调者与监督者的角色，督促供应商按预定时间交货。

（二）适价原则（right price）

适价，即适当的价格。企业在采购中最关心的要点之一就是采购能节省多少采购资金，因此采购人员应该把相当多的时间与精力放在和供应商的“砍价”上。物品的价格与该物品的种类、是否长期购买、是否大量购买及市场供求关系有关，同时与采购人员对该物品的市场状况的熟悉程度也有关系。如果采购人员不能把握市场脉搏，在供应商报价时就有可能被“蒙骗”。一个合适的价格往往要经过以下几个环节的努力才能获得。

1. 多渠道获得报价

要获得合理的报价，不仅需要渠道供应商报价，还应该要求一些新供应商报价。企业与某些现有供应商的合作可能已达数年之久，但他们的报价未必优惠。获得多渠道的报价后，企业就会对该物品的市场价有一个大体的了解，并进行比较，最终确定价格。

2. 比价

俗话说“货比三家”，专业采购的物资价值高，采购人员必须谨慎行事。由于供应商的报价单中往往包含不同的条件，所以采购人员必须将不同供应商报价中的条件转换一致后才能进行比较，只有这样才能得到真实可信的比较结果。

3. 议价

经过比价环节后，可以筛选出最适当的2—3个报价的供应商。随着进一步的深入沟通，不仅可以将详细的采购要求传达给供应商，而且可进一步“杀价”，因为供应商的第一次报价往往含有水分。但如果采购物品为卖方市场，即使是面对面地与供应商议价，最后所取得的实际效果也可能比预期的要低。

4. 定价

经过上述三个环节后，买卖双方均可接受的价格便作为日后的正式采购价。一般情况下，需保持2—3个供应商的报价，这几个价格可能相同，也可能不同。

思考：什么样的价格才是“合适的价格”？你怎么理解的？

（三）适质原则（right quality）

适质，即适当的质量。适当的质量是指采购物资的质量应该适当。质量是产品的生命，是企业的生命，唯有质量合格的原材料、零部件，才能生产出合格的产品。因此，企业无论是在采购中还是在生产中都要强调质量的重要性。企业应通过价值分析等方法，让各种采购物资的质量与性质相当，不能低于相应的质量标准。

（四）适量原则（right quantity）

适量，即适当的数量。批量采购虽有可能获得数量折扣，但采购量过多会积压采购资金，采购量太少又不能满足生产需要，故合理确定采购数量相当关键。一般按经济订购量采购，采购人员不仅要监督供应商准时交货，还要强调按订单数量交货。

（五）适地原则（right place）

适地，即适当的地点。天时不如地利，企业往往容易在与相距较近的供应商的合作中取得主动权，企业在选择试点供应商时也最好选择近距离供应商。近距离供货不仅使得买卖双方沟通更为方便，处理事务更加快捷，也可降低采购物流成本。越来越多的企业甚至在建厂之初就考虑到选择供应商的“群聚效应”，即在周边地区能否找到企业所需的大部分供应商，这对企业的长期发展有着不可估量的作用。

采购人员都有这样的体会，在实际的采购工作中很难全面满足上述“5R”原则，有时顾及一个方面时，就要牺牲其他方面。因此，采购过程中必须综合考虑多方因素，才能实现最佳采购。

知识拓展

采购的利润杠杆效应

采购在企业管理中具有重要地位的原因首先在于采购存在“利润杠杆效应”。正是这个效应的存在才使得企业的高层管理者想方设法在采购上下功夫，为企业“挤”出更多的利润，也正因为如此，才使得采购部门越来越受到微利时代的企业高层管理者们更多的重视。举个例子，假设一个企业50%的资金用于采购原材料，其税前利润为10%，那么它每收入10万元，将获得1万元的利润，并且这10万元收入中将有5万元用于采购，我们假设采购部经过努力降低了2%的采购成本，那么在利润中将增加1 000元，如果换成通过增加销售来获取这1 000元利润的话，那么要增加10%的销售额才能实现，即多卖1万元才行。但是不能简单地将2%和10%进行比较，因为要降低2%的采购成本看似不难，但在实际作业中可能就要为这2%费尽心机，有时经过了努力但仍无法达不到目标。

任务三　认知采购组织和采购岗位

案例导入

采购中的陷阱

某大型连锁超市的小王是总部的采购员，专门负责采购方便面。最近，他刚和一家方便面企业谈判第二次进货的价格，此时他并没有意识到一场方便面危机已经降临，自己也掉入了卖方陷阱。一个月前，小王在这家方便面公司提供的超低价引诱下，头脑一热签下了一个方便面采购大单，这一大单立刻导致了30多家大型门店严重压库，超市方面只得组织专门力量加强促销来解决这一难题，经过一个月的努力，这家企业的方便面总算基本售完。但这种方便面的严重压库导致其他企业的方便面货品进不来，这一情况却没有引起小王的重视。

出现压库情况后，各门店对小王的评价非常不好，说他是“业余采购”。小王的上司也赶紧提醒他，方便面别一次购入太多。眼看这种方便面已经接近缓冲库存的底线，而小王的上司和门店经理也都没有催促再进这个牌子的方便面，小王心想：“领导们对这个牌子的印象不行啊，谈判的优势在我这边，如果老李（这家方便面的谈判代表）不愿意提供更优惠的价格，我就引入新的牌子，将老李的方便面扫地出门。”

谁知当小王提出降低采购量和采购价格的要求时，谈判对手老李一口回绝了他，“不行，你想都别想”。对此，小王满不在乎地说：“那就这样吧，等你下次再来找我的时候，我会以更低的价格再买。”听完小王的话，老李说：“你下周别来求我”，然后转身离开。

一周以后，上司在电话里责怪小王：“下面门店经理已经在催促了，老李公司的方便面很畅销，有20多家门店断货，你这是怎么回事啊？赶紧上货！”

☞ **案例思考**

1. 小王作为公司采购员，他在此次采购中做错了什么？
2. 采购员的岗位职责是什么？

知识准备

一、采购组织的定义

从管理学的角度来讲，组织是指按照一定目的和程序而组成的一种权责角色结构。采购组织是指为了完成企业的采购任务，保证生产经营活动的顺利开展，由采购人员按照一定的规则组建的一种采购团队。采购组织是基于整个企业的，负责为整个企业所有的采购过程提供支持的一个中心组织，在企业中具有举足轻重的地位，无论生产企业还是流通商贸企业，都需要建立一支高效的采购团队，通过降低采购成本，保证企业生产经营活动的正常进行。

二、采购组织的类型

采购组织的基本类型有集权式采购组织、分权式采购组织和混合式采购组织。

（一）集权式采购组织

集权式采购是指对所有生产或经营的物料、商品集中进行采购与供应。在这种制度下，各分公司、各部门都无采购权利，只在公司的总部设有一个中心采购部门。即将采购相关的职责或工作集中授予一个部门来执行，这是为了建立综合的物料管理体系而设立的管理责任一元化的组织机构。该组织结构如图 1-2 所示。

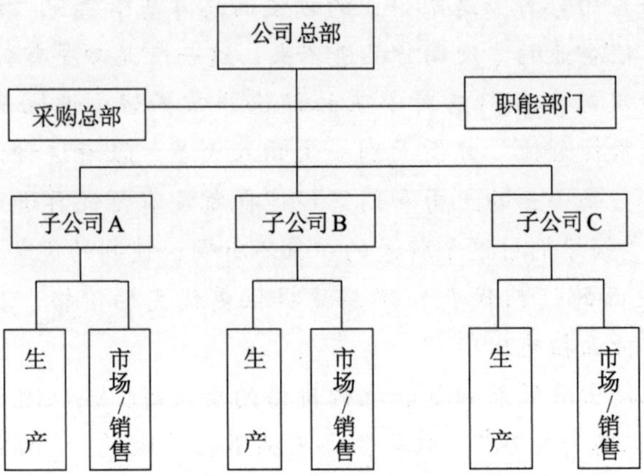

图 1-2　集权式采购组织结构示意图

1. 集权式采购组织的优点

（1）减少作业费用，获得价格折扣、运输等方面的多种优惠，形成规模效益，降低采购和物料成本。

（2）采购功能集中，便于人员分工，提高效率，培养专业人才。

（3）易于稳定与供应商的关系，实现长期稳定的合作。

（4）公开采购、集体决策、阳光操作，可有效防止腐败。

（5）便于实行采购程序标准化，减少分散采购的重复作业，从而提高采购效率。

2. 集权式采购组织的缺点

（1）采购手续较多、过程较长、耗费时间较多，不利于进行紧急、临时的采购。

（2）专业性强，责任重大，采购绩效很难评估，容易出现采购物品与使用单位所需不符的现象。

3. 集权式采购组织的适用条件

（1）大宗和批量物品的采购。

（2）价格较高的物品。

（3）关键的零部件。

（4）保密性强的物品。

（5）易出现问题的物品。

（6）定期采购的物品。

（7）连锁经营、特殊经营的物品。

（二）分权式采购组织

分权式采购是指采购是通过组织机构中的分公司或分部门来完成，通过把采购相应的职责和工作予以授权下放来实现的。这样，各分公司或分部门自己负责完成自身的采购任务，无须向公司总部通报。这种制度下，企业中没有统一集中的采购部门，而是在企业总部下属的分公司或分部门中设立相应的采购中心，这一中心须完成的主要工作与集权式采购中采购部门的工作类似，只是相应的规模以及工作范围要小些。该组织结构如图 1-3 所示。

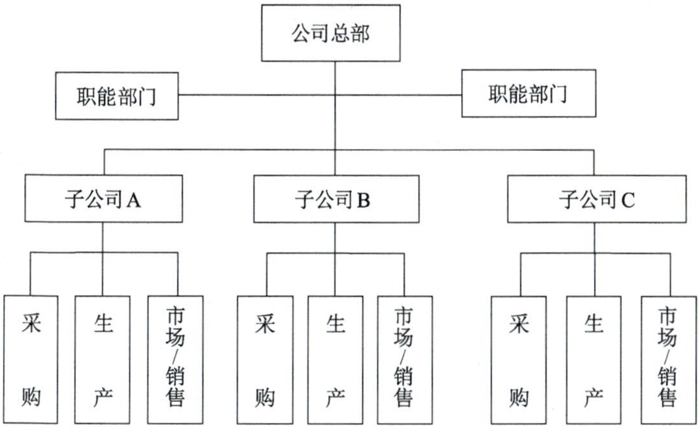

图 1-3　分权式采购组织结构示意图

1. 分权式采购组织的优点

（1）紧急采购时可争取时效，能够机动配合生产需要，及时提供最佳服务。

（2）有利于地区性物资的采购，仓储管理方便，占用库存空间小，占用资金少。

（3）采购手续简便，过程短，如有问题能够快速直接反馈。

2. 分权式采购组织的缺点

（1）权利分散，无法获得集权式采购的价格折扣，难以培养专业人才。

（2）对供应商的政策可能不一致，可能出现多部门与同一个供应商就同一种产品进行谈判，达成了不同的采购条件。

（3）决策层面低，易产生暗箱操作。

（4）作业分散，手续重复，致使成本增加。

3. 分权式采购组织的适用条件

（1）小批量采购。

（2）采购物价值较低。

（3）市场资源有保证。

（4）距离总部较远（如异国、异地供应）。

（5）研发实验物品的采购。

（三）混合式采购组织

混合式采购集合了集权式采购和分权式采购的特点，采购通过组织机构中实行决策集中，执行分散，通过二者的协调运用，实现整个机构的有效运作。在这种制度下，企业在总公司设立总的中心采购部，其主要工作是实现对共同所需物品、采购金额或数量较大的物品、国外采购的物品，以及政策性和技术性物品的采购；同时还在下属分公司或分部门设立相应的采购分部，其主要工作是完成对一些小额或低值的订单、分部的专用物品采购及紧急采购，即为了避免生产中断而由下属分公司或分部门自行处理的产品采购以及通过就地采购以节约运输成本。该组织结构如图 1-4 所示。

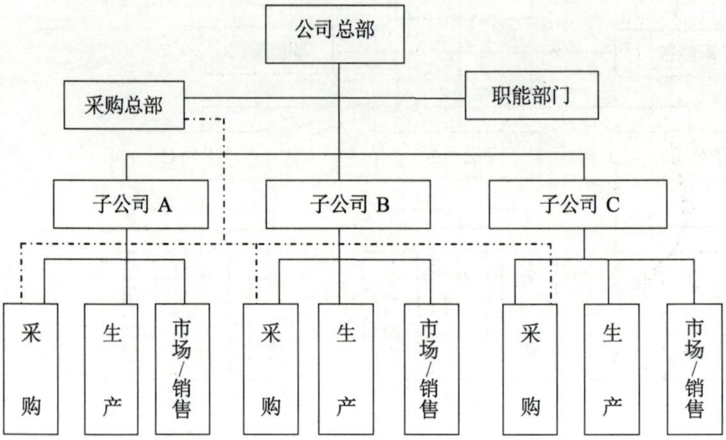

图 1-4　混合式采购组织示意图

短视频：高效采购组织的 9 个习惯

三、采购部门的组织机构设置

（一）采购部门组织机构设置方式

采购部门的组织机构，或称采购组织内的部门化，也就是将采购组织应负责的各项功能整合起来，并以分工方式建立不同的部门来加以执行。根据部门设置的具体标准不同，采购管理部门的设置有不同的方法。常见的采购部门组织机构设置有以下几种。

1. 按采购地区设置

按采购地区设置是指将企业采购的目标市场划分为若干个区域，一个或几个采购人员负责一个区域的全部采购业务。如图 1-5 所示，可将采购部分为国内采购科和国外采购科。这种建立方式主要是由于国内、国外采购的手续及交易对象有显著差异，因而对于采购人员的工作条件也有不同的要求。由于国内、国外采购作业方式的不同，因此分设采购部门有利于管理。上级主管必须就所购买的物品比较国内、国外采购的优劣，判定采购事务交给哪一部门承办，才能收到事半功倍的效果。

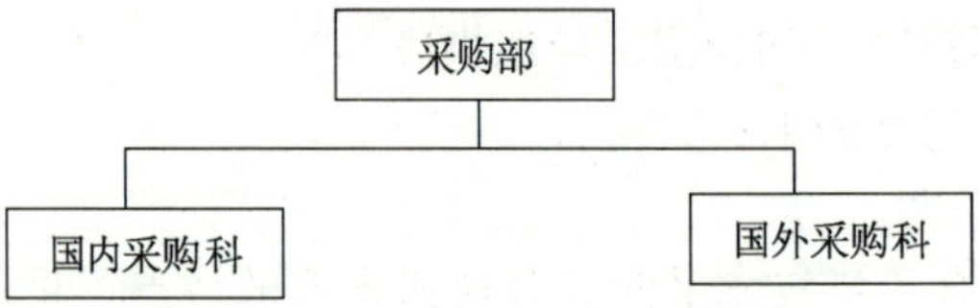

图 1-5　按采购地区设置的采购部门

2. 按物品采购类别设置

按物品采购类别设置如图 1-6 所示，按主原料、一般物料、机器设备、零部件、办公用品、维护保养品等分别设立采购组，交由不同的采购人员来负责。

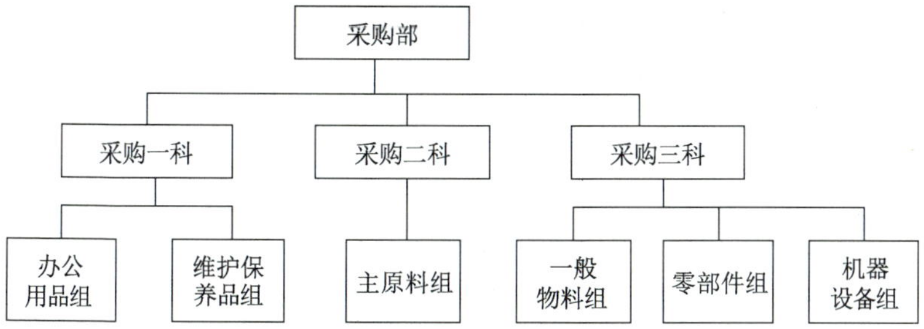

图 1-6　按物品采购类别设置的采购部门

这种采购部门的设置方式，可使采购人员对其经办的项目更加专业，易达到“熟能生巧”及“触类旁通”的效果，这也是采购部门最常使用的设置方式，对于物品种类繁多的企业与机构最为适合。如连锁超市的采购部门分设生鲜采购组、日用品采购组、食品采购组等。

3. 按采购价值或重要性设置

如图 1-7 所示，这种采购组织的设置方式就是把采购次数少但价值高的物品，交由战略物资采购组负责；把涉及关键技术的物品，交由关键物资采购组负责；而对于采购次数频繁，但价值不高的物品，交由一般物资采购组负责。这种采购部门的设置方式，主要是保证主管或有经验的采购人员对重大的采购项目能够集中精力加以处理，达到重点控制的目的。

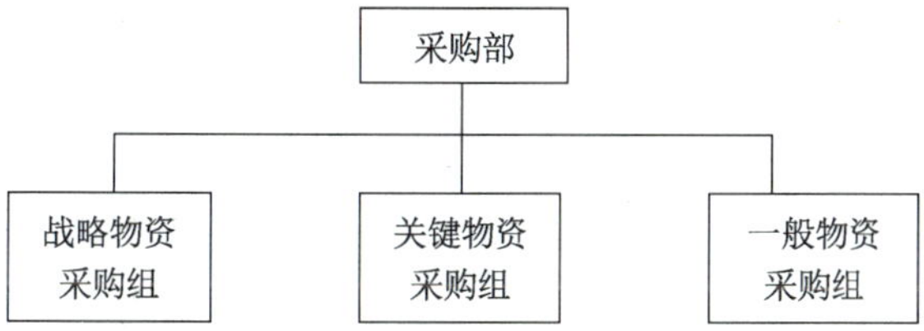

图 1-7　按采购价值或重要性设置的采购部门

4. 按采购过程设置

这种方式是指依照采购过程，把询价、比价、议价、决定等工作分别交由不同人员办理，从而产生内部牵制作用。图 1-8 所示为某单位的采购组织，内购科分别设置访价组负责招标，议价组负责订约，结报组负责付款；外购科的访价与议价功能委托驻外采购单位负责，故只承担签约、履约及综合业务。

这种采购组织设置方式就是依据采购过程，将采购计划、供应商选择与管理、采购谈判等分由不同人员负责，产生内部牵制作用。这种采购部门的设置方式以采购量庞大的企业为宜，可以将采购工作分工专业化，以避免由一位采购员担任全部采购作业可能造成的不利情况。

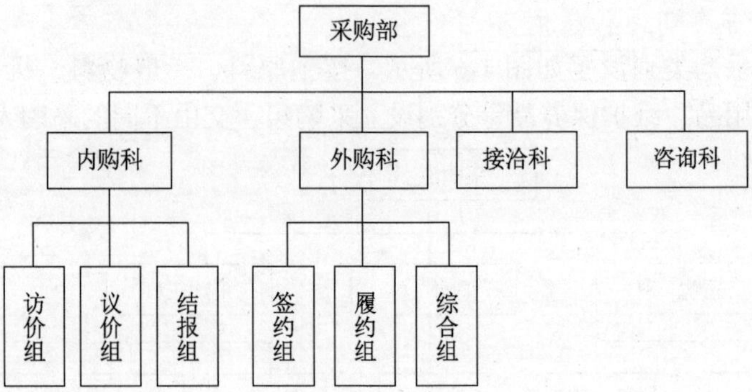

图 1-8　按采购过程设置的采购部门

5. 混合式设置

在许多稍微具有规模的企业或机构中，通常会兼有以采购物品、地区、价值等为基础来设置采购部门的内部组织。某企业采购组织如图 1-9 所示，先以地区划分为外购科及内购科，分设科长掌管，然后再按物品类别，交由不同的采购人员承办。同时，也以价值为基础，由副总经理兼任科长来掌管。因主要原料约占整个部门采购金额的 70%，故另设立原料科，由采购经理直接洽商决定，交授原料处人员办理有关交易的手续。

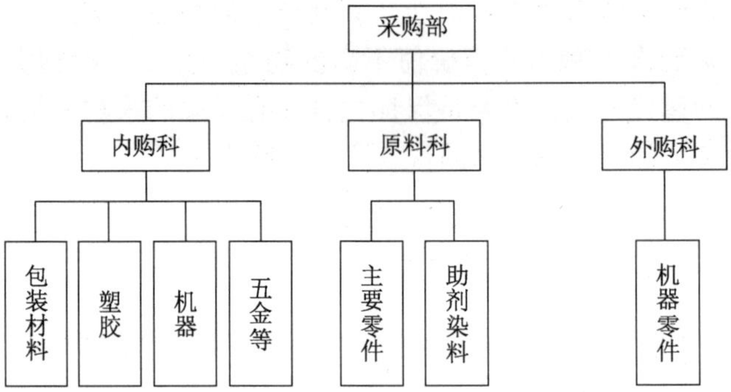

图 1-9　混合式组织结构

（二）采购部门组织机构设置方式优劣的比较

以上采购部门内部组织的方式，第四种以采购过程为基础，即分段作业的组织方式，每位采购人员只承担一个采购事务的部分过程，并承担局部责任；其余第一、二、三种，采购人员担任一个采购事务的全部过程及有关作业，包括开发来源、询价、订购、付款等功能，并承担一切责任，即一贯作业的组织方式。

1. 一贯作业的组织方式

优点：

（1）一位采购人员可以综合管理全部采购过程，权责比较分明。

（2）符合规模经济的原则。

（3）有利于采购人员与供应商建立良好关系。

（4）由于采购人员对供应商有取舍的权利，因此可以增强及时交货及改善品质管理效能。

缺点：

（1）一位采购人员负责全部过程的各项作业，工作相当复杂，无法做到非常专业精通。

（2）采购事务从头到尾由一位采购人员全权负责，使得采购人员的权力过大，容易发生徇私舞弊、贪污受贿的事件。

（3）采购人员常常因为某一采购事务的牵绊，而无法进行其他的采购事务，致使采购效率低下。

2. 分段作业的组织方式

优点：

（1）每位采购人员只负责过程中的一部分，因此能够做到熟能生巧，减少错误的发生，提高办事效率。

（2）一方面是分工合作，另一方面则是内部牵制，不易滋生贪污腐败。

（3）采购过程的每一个阶段均由专业人员负责，可以提升采购作业的品质。

缺点：

（1）采购过程由不同人员分段处理，发收转接手续较多，易延误时效。

（2）各自为政，无人专责，且购用之间，接手人员太多，徒增联系上的困难。

（3）采购人员的工作满足感比较低，其对任何采购案件均无完整的决定权。

四、采购部门和采购岗位的职责

设置好采购部门组织形式之后，首先应明确采购部门和采购岗位的职责，然后就是选聘人员，布置具体的工作职责和任务。采购组织要成功地完成采购任务就需要建设一个高效的采购团队，依靠全体职能部门和员工的相互配合，共同努力完成采购任务。

短视频：采购行为准则

（一）采购部门的职责

1. 采购总部的职责

（1）选择与评价供应商。

（2）协调各下级采购部门的采购工作。

（3）与企业其他部门沟通，制订采购计划，且将重要的采购计划报上级批准。

（4）制定采购制度和设计合理的采购流程。

（5）控制采购风险。

（6）完成采购人员的培训和组织的调整。

（7）完成共同商品的订货和结算处理。

2. 下级采购部门的职责

（1）执行采购总部制订的采购计划，组织具体的采购活动。

（2）对于本部门特有物品的采购，寻找合适的供应商，并且和供应商进行谈判。

（3）核对请购单所购物料的技术规范和技术标准。

（4）收集市场信息，调查分析价格变化。

（二）采购岗位的职责

1. 采购岗位的设置

要想顺利开展采购工作，就要在企业内部建立一个高效率的、团结协作的采购团体，不同的团队发挥不同的采购职能。企业采购组织的岗位设置如下：

（1）采购主管。

（2）采购主管助理。

（3）采购工程师。

（4）采购员。

（5）采购文员。

2. 采购岗位的职责

（1）采购主管的职责。

① 拟定采购部门的工作方针与目标。

② 负责主要原料与物料的采购。

③ 编制年度采购计划与预算。

④ 签订审核请购单与合约。

⑤ 建立与改善采购制度。

（2）采购主管助理的职责。

① 协助主管进行材料采购渠道的搜集，协助采购主管制订计划。

② 调查分析与统计市场行情。

③ 统计与分析供应商评估数据。

④ 培训采购人员。

⑤ 编写有关采购文件。

（3）采购工程师的职责。

① 主要原材料的估价，供应商材料样板品质的初步确认，材料样板的初期制作与更改，替代材料的收集。

② 采购部门有关技术、品质文件的拟制。

③ 与技术、品质部门就有关技术、品质问题展开沟通与协调。

④ 与供应商就有关技术、品质问题展开沟通与协调。

（4）采购员的职责。

① 采购一般性物料，察访厂商，调查市场行情。

② 查证进料的品质和数量。

③ 处理进料品质和数量异常情况。

④ 与供应商就价格、付款方式、交货日期展开谈判。

⑤ 处理一般索赔案件，处理退货，搜集价格信息及替代品。

(5) 采购文员的职责

① 各种采购单据和报表的收集、整理与统计。

② 采购品质记录的保管与维护。

③ 采购事务的传达。

思考：采购人员应具备哪些知识和能力？

知识拓展

采购人员必须具备的基本素质

1. 良好的职业道德。

2. 良好的专业形象。

(1) “三秒钟”印象：衣着和容貌。

(2) 商务礼仪。

3. 具备三种能力。

(1) 语言能力：言语清晰、谈吐自如、条理分明、言简意赅。

(2) 深入能力：与各种不同人的沟通能力，使其对此项业务达到认知、认可并完全接受。

(3) 理解能力：快速学习技术、精通业务、融会贯通、灵活运用。

4. 敬业精神。

积极向上、乐观进取、勇于探索，不断提高自己接受新生事物的能力。

5. 良好的心态。

对公司充满信心，对自己的能力充满信心。全心全意地投入工作，以积极的态度，即强烈的责任感和百分之百的信心来开拓自己的工作领域。

项目小结

采购活动是人类经济活动的基本环节，无论是在生产领域还是流通领域，都离不开采购活动。任何一个企业，不管是生产产品还是提供服务，都需要不断地输入资源才能生存和发展，采购与供应就是负责企业的输入管理。这里面有很多值得关注的问题，比如，对输入资源的商品形态和要求；提供输入的供应商问题；企业内部负责输入的部门和人员效率等。输入是企业最大的购买和开支项目，采购成本占企业总支出的50%—70%，所以不能掉以轻心，必须慎重行事。随着市场经济的发展、技术的进步、竞争的日益激烈，采购已由单纯的商品买卖发展成为一种职能，一种可以为企业节省成本、增加利润、获取服务的资源。总体而言，采购已由战术地位提高到战略地位。

本项目分别介绍了采购的概念、分类、特点和作用，采购管理的概念、主要内容、目标，采购的基本流程和 5R 原则，还介绍了采购组织的概念、类型，采购部门的组织机构设置，采购岗位设置和岗位职责。

思考题

1. 狭义采购和广义采购有什么区别？
2. 为什么说采购在企业中具有重要的地位和作用？
3. 采购管理的主要内容有哪些？
4. 采购的基本流程和原则是什么？
5. 集中采购与分散采购的特点是什么？分别说明其适用的情况。
6. 传统采购和科学采购有什么区别？
7. 简述采购组织的特点和适用条件。
8. 采购主管和采购员的工作职责有何不同？

项目二 采购计划与预算的制订

概　述

本项目主要介绍采购市场调查、采购市场调查方式、采购需求构成要素、采购计划编制、采购预算编制等内容。

教学目标

知识目标：	1. 了解采购市场调查的概念、作用。 2. 理解采购市场调查的方式。 3. 了解采购需求的构成要素。 4. 理解采购需求描述。 5. 掌握采购计划编制的影响因素。 6. 掌握采购预算的编制方法。
能力目标：	1. 能结合案例分析采购计划及预算编制。 2. 能结合企业实际情况完成采购计划及预算编制。
素质目标：	诚实守信，具备法律意识，具备团队协作能力；具有较高的分析能力、预测能力和表达能力。

教学重点

1. 采购市场调查方式。
2. 采购计划编制。
3. 采购预算编制。

教学难点

1. 采购计划与编制程序。

2. 采购预算编制方法。

教学建议

教师引入案例任务，引导学生完成案例任务，理解相关知识点；教学过程中教师要以学生为主体，引导学生探究采购计划与预算的制订，并结合实际帮助学生突破重难点。

建议教学时数：8 学时。

思维导图

- 采购计划与预算的制订
  - 采购市场的调查
    - 概念
    - 作用
    - 方法
      - 询问法
      - 观察法
      - 实验法
    - 步骤
    - 技术
      - 调查表
      - 询问调查
      - 抽样调查
  - 采购需求的确定
    - 定义
    - 构成要素
      - 技术规格
      - 数量
      - 交货要求
    - 需求描述
      - 品牌描述
      - 规格描述
    - 明确和筛选采购需求
  - 采购计划的编制
    - 基本内容
      - 概念
      - 类型
      - 目的
    - 影响因素
      - 年度销售计划
      - 年度生产计划
      - 物料清单
    - 细分程序
      - 准备认证计划
      - 评估认证需求
      - 计算认证容量
      - 编制认证计划
      - 准备订单计划
      - 评估订单需求
      - 计算订单容量
      - 制订订单计划
      - 审批与执行
  - 采购预算的编制
    - 概念
    - 作用
    - 原则
    - 流程
    - 编制方法
      - 弹性预算法
      - 概率预算法
      - 零基预算法
    - 应避免的问题

任务一 采购市场的调查

案例导入

旭日制造公司的采购管理

旭日制造公司于7年前开始生产某型号异步电动机，定价为每台3 500元，主要材料为硅钢片、钢板和其他辅助零件，每台异步电动机成本大约2 500元。虽然存在价差空间，但是该企业总是赚不了钱，原因在于市场竞争激烈，企业的生产受原材料供应和销售市场波动影响很大，生产数量无法控制，生产中有时会剩余大量原材料，加上物流成本不断增加，利润越来越少。

后来旭日制造公司通过市场调查调整了异步电动机所需原材料的采购方法，根据需求统筹安排公司生产的几种型号产品的原料供货，并安排了市场人员跟踪销售信息并进行预测，然后根据原材料清单进行采购。采购方式上也采取了多批次少批量的方法，终于使企业的成本得到了有效控制。

☞ **案例思考**

旭日公司通过市场调查有效控制企业成本，你觉得可以通过哪些方式进行调查？

知识准备

一、采购市场调查的概念

市场调查是社会调查的一个方面，它是以市场及与市场相联系的一切方面为对象，了解其历史、现状及影响其发展变化的各个因素的活动。市场调查有两层含义：一是指以市场为对象的调查研究活动或调查工作过程，它是一种经济调查；二是指研究和阐述市场调查理论和方法的一门科学，它是市场调查实践经验的科学总结，是了解市场、认识市场的有效方法和手段。通常所说的市场调查指前一层含义。

采购市场调查是指企业运用科学的方法，有系统、有目的地收集市场信息，记录、整理、分析市场情况，了解市场的现况及其发展趋势，从而为市场预测提供客观的、准确的资料。

采购市场调查的对象一般为用户、零售商、批发商，在进行市场调查之前应确定到底对哪些群体进行调查。如果供应商太多，一般应对信誉度高、执行合同能力强的供应商进行重点调查。如果调查中缺乏针对性，一则效果不会很明显，二则精力和时间都不允许。

二、采购市场调查的作用

（一）企业进行经营决策的基础

现代企业经营的重心在决策，而信息是企业经营决策的前提。只有通过市场调查，收集准确、及时的市场信息，并科学地加以处理，才能做出正确的决策，减少经营失误，把风险降到最低。

（二）调整和矫正采购计划执行情况的重要依据

通过市场调查可以了解采购市场情况，检查企业采购计划是否正确，在哪些方面还存在不足甚至失误；可以了解客观环境是否发生变化，出现了哪些新问题和新情况，可以为企业提供修改和校正计划的依据。

知识拓展

杯子理论

杯子生产厂家很聪明，会根据市场的需求生产各种各样的杯子。实验室在物品的用量上很有讲究，厂家就生产出量杯以方便实验员的应用；为了防止开水烫手，厂家就生产出带有手柄的水杯；冬天为了保持水温，厂家就生产出保温杯；在酒桌上根据人们的每次饮酒量，厂家就生产出一口一杯的酒杯；在酒吧里为了满足客户追求浪漫和艺术的渴望，厂家就生产出具有艺术造型的高脚酒杯……这些现象说明，市场需要什么样的杯子厂家就可以生产什么样的杯子，反过来不同的杯子只有在相应的市场里才能发挥其最大价值。

（三）改善企业经营管理的重要工具

在市场经济条件下，企业经营的好坏和经济效益的高低是通过市场来检验的。采购市场调查是企业经营管理活动的出发点，也是了解和认识市场的一种有效方法。通过采购市场调查，企业取得经营活动所需的第一手资料，就可以制定正确的采购策略，取得较好的采购效益。

三、采购市场调查的方法

（一）询问法

询问法是指调查者用被调查者愿意接受的方式向其提出问题，得到回答，获得所需要的资料。询问法又分为以下三种方法。

1. 问卷调查法

问卷调查法的基本做法是根据调查目的，在制定好调查提纲的基础上，制作出简明易填写的调查问卷，并将设计好的问卷交给或邮寄给被调查者，请其自行填答后交回或寄回。

2. 面谈调查法

面谈调查法的基本做法是走出去或请进来，由调查人员直接与调查对象见面，当面询问或举行座谈会，互相启发，从而了解历史和现状，搜集信息，取得数据。

3. 电话调查法

电话调查法的基本做法是调查人员根据抽样规定或样本范围，通过打电话询问对方的意见，由调查人员自己来完成问卷的方法。

(二) 观察法

观察法是调查人员在现场对调查对象进行直接观察记录，取得第一手资料的一种调查方法。这种调查方法的基本做法是：调查人员直接到市场对被调查的现实情况和数量进行观察与记录，并辅之以照相、录像、录音等手段，被调查对象往往并不感觉到正在被调查。

观察法的主要优点是调查的结果比较真实可靠，用仪器进行观察比较客观。缺点是只能观察被调查对象的表面活动，不能了解其内在的因素，调查结果是否准确受调查人员的业务技术水平所制约。

(三) 实验法

实验法是把调查对象置于一定的条件下，通过实验了解其发展趋势的一种调查方法。它用于在给定的实验条件下，在一定范围内观察经济现象中自变量与因变量之间的变动关系，并做出相应的分析判断，为企业的预测和决策提供依据。

实验法的优点是可以有控制地分析市场变量之间是否存在因果关系以及自变量的变动对因变量的影响程度，可获得比较准确的结果和数据作为预测和决策的可靠基础。缺点是相同的实验条件不易选择，变动因素不易掌握，实验结果不易比较，且实验时间较长，取得结果和数据的速度慢，费用较高。

短视频：小龙虾供不应求，供应商拦车抢购

思考： 实际生活中，你能运用以上几种调查方法呢？

四、采购市场调查的步骤

采购市场调查既是一项经济工作，又是一项科学实验，它具有很强的科学性。为了保证市场调查的准确性，必须遵循一定的科学程序。采购市场调查一般可分为七个步骤进行。

(一) 确定采购市场调查目标

在调查的初始阶段，要先确定调查的目的、范围和要求，如调查什么问题、解决什么问题、以谁作为调查对象等，只有调查目标明确，才能有的放矢。

(二) 确定调查项目

在认真调查目标的价值、资料获得难易程度和所需费用的基础上，经过对比分析，确定具体的调查项目。

(三) 确定调查方案

根据调查项目的要求，确定调查方案。调查方案包括调查方法、调查对象、调查地点、调查时间、调查次数等。

（四）设计调查表格

调查表格或问卷设计的好坏，直接关系到调查内容的质量。为此，在调查过程中，为了有针对性地收集有关数据或文字资料，事先必须根据调查主题的要求，确定有关指标，设计各种不同的调查表格和问卷。调查表格和问卷的设计必须做到问题具体、重点突出，使被调查者乐于合作，能准确地记录和反映被调查者回答的事项，而且便于资料的整理和统计。

（五）收集调查资料

调查资料的收集是市场调查工作的重点。在一般情况下，企业采购市场调查收集的资料通常分为两种：一种是第一手资料，又称为原始资料，是调查对象的直接信息；另一种是第二手资料，也叫间接资料，它是其他机关或个人搜集并经过加工整理的现成资料，如政府公报、有关单位的海报等。

（六）分析整理

通过市场调查所得的大量信息资料，往往是零星分散的，某些资料甚至是片面和不真实的，不能系统而集中地说明问题。这就需要对资料加以整理分析，严格筛选，去粗取精，去伪存真，以保证资料系统、完整和真实可靠。对资料的整理分析主要包括以下内容：

（1）检查、核实与核对；

（2）分类编号；

（3）统计计算；

（4）得出结论。

（七）编写调查报告

在综合分析整理的基础上，得出结论，提出建议，写成调查报告供决策者参考。采购市场调查报告的内容包括以下内容：

（1）引言，包括标题和前言；

（2）报告主体，包括调查目的、详细的解释方法、调查结果的描述分析、调查结论与结论摘要、意见与建议等；

（3）附件，包括样本的分配、图表及附录。

五、采购市场调查的技术

（一）调查表设计技术

调查表是指系统地记载需要调查的问题和调查项目的表格。它是用来反映调查的基本内容，为调查人员询问和被调查者回答提供依据，是实现调查任务的重要工具。调查表的设计效果如何，直接关系到调查结果的质量。设计不当的调查表，往往会造成调查材料遗漏、错误以致无法进行汇总与分析。

调查表包括调查提纲和调查问卷两种。调查提纲用于定性调查，问题以开放式为主；问卷主要用于定量调查，是一种结构式的问题集合，以封闭式问题为主。

1. 调查表的构成

一张完善的调查表通常由以下四部分组成：

（1）被调查者的基本情况。包括被调查者的姓名、性别、年龄、职业、工作单位等，列入这些项目是为了便于对调查资料进行分类和分析。

（2）调查内容。它是调查表中最主要的组成部分，是指所需调查内容的具体项目，如采购什么、采购多少、什么时间采购等。

（3）调查表填写说明。包括填表目的和要求、调查项目的含义、调查时间及注意事项等的说明，目的在于取得被调查者的合作，明确填表的要求和方法。

（4）调查表编号。有些调查表还应加以编号，以便分类归档，或由计算机处理。

2. 调查表的设计步骤

设计调查表，一般可采用以下步骤：

（1）根据调查目的的要求，拟定调查提纲。调查提纲是调查人员事先准备好的，要向被调查者提出的问题。这些问题的类型一般有是非题、选择题、问卷题、顺位题和评定题五种。

（2）根据调查提纲的要求，确定调查表的形式，开列调查项目清单，编写提出的命题。

（3）按照调查表各个构成部分的要求，设计调查表。

（4）将初步设计的调查表进行实验性调查，然后做必要的修改，以确定最终的调查表。

3. 设计调查表应注意的问题

（1）确定调查的问题与项目，要把调查需要和是否可能结合起来考虑。

（2）调查提纲的拟定要根据调查内容和调查对象的不同特点灵活应用。

（3）调查中使用的命题用语，要通俗易懂，简明扼要。

（4）在调查表的设计过程中，要反复检查修改，发现问题及时纠正。

（二）询问调查技术

1. 自由回答法

自由回答法是指调查人员根据调查主题提出问题，由被调查者不受任何约束自由回答的方法。例如，“你们单位一般在什么时候采购原料？”这种询问法，气氛活跃，回答自由，有利于被调查者思考和回答。

2. 二项选择法

二项选择法又称是非法、真伪法，是指所提的问题只允许在两个答案中选择一个的方法。例如，“你们单位从什么地方采购原料？① 陕西；② 山东。”这种提问，其优点是可以得到明确的答复，而且时间较快，易于统计，缺点是不能表达意见的深度和广度。

3. 多项选择法

多项选择法是指调查人员事先对所提出的问题，拟定若干个答案，供被调查者从中选择一个或数个。例如，“你们单位采购物资的方式是？a. 随时采购（ ）；b. 定时采购（ ）；c. 现货采购（ ）；d 期货合同采购（ ）。”被调查者可在选择的答案的括号中打✓。这种方法可以避免是非题强制选择的缺点，也便于统计。但被选择的答案不宜过多，否则，被调查者难以选择，也不便于归类整理。

4. 顺位法

顺位法是指在多项选择的基础上，由被调查者根据自己的认识程度，对所列答案定出先后顺序。例如，“根据你单位的采购要求，请排出采购因素考虑的先后顺序？① 价格（　）；② 距离（　）；③ 质量（　）；④ 服务（　）。”采用这种方法，答案不宜过多，顺位确定要以调查目的而定。

5. 评定法

评定法是指要求被调查者表示自己对某个问题的认识程度。例如，“你认为本单位采购的物资质量怎样？① 优（　）；② 良（　）；③ 一般（　）。请根据你单位的看法在括号中打✓。”利用这种方法拟定问题时，要注意无关的问题不要列入，所拟问题要在被调查者能够答复的范围内，还要注意询问时的措辞和语气。

（三）抽样调查技术

所谓抽样调查，就是根据一定的原则，从调查对象的总体中抽出一部分样本进行调查，从而推断总体情况的方法。采用抽样调查，必须解决三个问题：一是合理确定抽样的方法；二是合理确定样本的大小；三是判断抽样调查的误差。抽样调查可分为随机抽样和非随机抽样两类。

1. 随机抽样

随机抽样是指在总体中按随机原则抽取一定数量的样本进行观察，用所得的样本数据推断总体情况。随机抽样常用的方法有以下三种：

（1）简单随机抽样。简单随机抽样也称纯随机抽样，就是在总体单位中不进行分组排队，排除任何有目的的选择，完全按随机原则抽样选取样本单位。在采购市场调查中，通常采用抽签法或随机数字表法抽选样本单位。前者是将总体中的每一个个体逐一编排号码，然后随机抽取，直到抽足预先规定的样本数目为止；后者是利用预先编号的随机数字表来抽选样本单位。随机数字表是含有一系列组别数字的表格。它是利用特别的摇号机器，在0—9的数字中，按照每组数字位数的要求，自动地随机摇出一定数目的号码编成，以备查用。

（2）分类随机抽样。分类随机抽样也称分层随机抽样，就是将总体中所有单位按主要特征进行分类，然后在各分类中再用随机抽样方法抽选样本单位。

（3）分群随机抽样。分群随机抽样是将总体先分为若干群体，再从各群体中随机抽取样本，其抽取的样本不是一个而是一群，所以称为分群随机抽样。

2. 非随机抽样

非随机抽样是指不按随机原则，而是按照调查者主观设立的某个标准，抽选样本单位。非随机抽样常用的方法有以下三种：

（1）任意抽样。任意抽样是根据调查者方便与否，随机抽选样本单位的一种抽样方法。这种方法简便易行，调查费用少，但抽取的样本偏差大，结果不够准确，因此在正式调查中很少使用。

（2）判断抽样。判断抽样是根据调查者的主观判断选定样本单位的一种抽样方法。判断抽样有两种做法：一种是由专家判断决定所选样本，一般选取“多数型”或“平均型”的样本为调查单位。另一种是利用统计判断来选取样本，即利用调查对象的全面统计资料，按照一定标准，选取样本。这种方法能适应某些特殊需要，调查的回收率较高，但容易出现因主观判断失误而造成的抽样偏差。

（3）配额抽样。配额抽样是在调查总体中按分类控制特性，先确定样本分配数额，然后由调查人员在规定的分配数额范围内，主观判断样本单位的一种抽样方式。配额抽样可分为独立控制和相互控制两种。前者是指只对某种特定的样本数目加以规定，而不规定必须同时具有两种或两种以上特性的样本数额；后者是指各种特性之间有连带关系，每个样本的数目都有所规定，并按特性配额所规定的样本数额，制成一个交叉控制表。通过此表，调查人员能够确定如何分配，使抽选的样本满足各种特性配额。

任务二　采购需求的确定

案例导入

西班牙的中国超市：都是家乡的味道

马德里市中心的西班牙广场附近，有一家开了近20年的亚洲联合超市，其中有琳琅满目的中国商品，休闲零食、酒水饮料、粮油速食等都是熟悉的品牌。早年间，亚洲联合超市还叫中国货行，其功能是满足华人日常生活之需，同时为中餐馆供货。2007年建立了亚洲联合超市，如今该超市已成为西班牙最大的华人连锁超市之一。2005年前后，中国货行开始在西班牙遍地开花，当时华人群体已成规模，但大型货行只有两家。潘文尧从中发现商机，建立了亚洲联合超市。他说：“中餐馆的食材都是大包装的，大量备货易造成浪费，于是我们放弃中餐馆供货业务，专注为华人家庭提供小包装食品，这也让我们从激烈的市场竞争中脱颖而出。”在超市的方便速食货架上，桶装、袋装的柳州螺蛳粉被放在显眼的位置。螺蛳粉是最早一批进入亚洲联合超市的地方特色小吃，有很多顾客为了它专门来寻货。休闲零食也是亚洲联合超市的优势品类，坚果、炒货、饼干、糖果、膨化食品等应有尽有。“如果想做一桌正宗的中餐，这里可以买到所有你需要的食材。”潘文尧说，超市里有20多种中餐调料，50多种蔬菜，也有各类豆制品和熟食，即便是猪蹄、鸡爪等当地不常见的食材也有售。每逢中国传统节日，超市也会上新应节商品。潘文尧说，端午节时蜜枣粽和腊肉粽很畅销，中秋节前后蛋黄月饼和五仁月饼最受青睐，春节期间他们还会推出春联、福字、灯笼等特色产品，也会设计一些趣味游戏，吸引当地人参与互动。

亚洲联合超市的另外两间连锁店分别位于马德里乌塞拉区唐人街和马德里

仓库区。潘文尧说："仓库区的新店两年前开业，营业面积近 2 000 平方米，能够满足仓库区居民的购物需求，赶上周末，还有很多当地人专门开车来采购。"

案例思考

亚洲联合超市吸引当地消费者，在采购需求上做了哪些工作？

知识准备

一、采购需求的含义

采购需求是指对采购标的的特征描述。要实施采购就一定要搞清楚采购需求，好的采购需求能够合理、客观地反映采购标的的主要特征以及要求供应商响应的条件，符合适用原则、非歧视原则，并能够切合市场实际。

采购过程第一阶段是决定需要什么以及为什么需要，所以采购需求分析应关注以下几个问题：确切的需求是什么？何时需要？何地交货？如何组织运输？如何检测质量？还需要供应商提供什么？如何与供应商进行信息交换？

二、采购需求的构成要素

（一）确认技术规格

采购需求的一项重要内容是确认所需产品的技术规格，如质量、性能、功能、体积、符号、标志、工艺与方法等。一方面，技术规格反映了采购需求，对采购企业而言，这种需求往往是一种基本要求；另一方面，技术规格也将供应商的相应情况作为评审依据。技术规格的编制是一项技术性非常强而又费时的工作，编制的好坏直接影响整个项目的采购效果。

采购单位对采购项目的需求应当明确，采购项目的技术规格、服务要求等应做采购的前期论证，如对采购需求难以明确细化的，可以咨询采购专家或有关行业专家进行采购需求论证。

在确定采购需求前，应当充分了解市场信息，不能只采纳少数供应商推荐的方案作为需求指标。值得一提的是，不合理的、过高的技术规格配置也不能达到实际使用功能要求，因此采购需求应切合实际。采购企业对采购需求进行市场调研和论证后，不应将采购初步需求论证的结果向供应商透露，否则不利于采购过程中参与市场的充分竞争，采购结果也未必理想。很多情况下，造成供应商不能响应采购需求的原因，往往是采购技术规格不清楚、不完整或不合理，足见技术规格的编制是采购中最关键的环节。

实践中，编制技术规格过程中最常见的问题有：编制技术规格的准备时间不足；工作人员业务不精或过于自信；缺乏必要的专业人员、专家的参与和咨询；技术规格过于严格；技术规格带有倾向性或排斥性，如限制竞争等。

（二）确定数量

需求数量指的是全部及每次采购的数量。一般来说，小批量采购已成趋势，这与以前的每次大量采购以获得价格折扣的观点截然不同。理想的情况是，采购企业与供应商力图查明并消除系统中导致库存存在的不确定性根源，从而减少整个系统的库存量。可供选择的战略有由供应商持有库存、准时制采购和托付式采购等。

1. 由供应商持有库存

供应商在管理制成品库存（采购企业的原料库存）方面可能要比采购企业更有效。因为供应商对其经常提供的产品系列的库存管理程序有更多的了解；同时，由于供应商可能在向几家采购企业提供同样的货物，因此它所需要的安全库存量可能会远小于这几家采购企业的安全库存量之和。这一概念对成功实施系统合同是不可缺少的。从战略角度来看，采购部门希望对其所有主要物料的库存状况做出分析，然后与主要供应商达成合伙协议，让供应商同意持有这些库存，并根据采购企业的生产进度需求交付物料。当然，理想的情况是，采购企业和供应商都不持有库存，采购企业设施内的某个区域甚至可能在供应商的管理之下。

2. 准时制采购

如果供应商保证能在特定时间、小批量地交付符合商定质量的物料，采购企业可极大地减少其在库存上的投资，享有连续的供应并减少物料验收费用。要做到这一点，需要由采购企业与供应商共同制订长期计划，双方加强合作与理解。

3. 托付式采购

有时供应商可能在采购企业内拥有库存仓库，但由该采购企业控制。采购企业有责任说明从托付仓库中提出库存的用途，支付这部分货款，并通知供应商补充库存。双方定期共同对库存量进行查验。该战略对供应商（保证了销量）和采购企业（减少了库存投资）都有好处，经常用于分销行业。其他行业也可考虑采用这一方案。

（三）确认交货要求

交货要求主要包括包装、交货时间、验收质量标准、供应商服务与响应等方面。

1. 包装

包装是指在流通过程中保护产品，方便储运，促进销售，按一定的技术方法所用的容器、材料和辅助物等的总称；也指为达到上述目的在采用容器、材料和辅助物的过程中施加一定技术方法等的操作活动。因此，包装一般有两重含义：① 关于盛装商品的容器、材料及辅助物品，即包装材料；② 关于实施盛装和封缄、包扎等的技术活动。

知识拓展

产品包装的标准

在采购过程中，确认包装的质量要求，也应符合相关标准规定。产品包装标准是包装设计、生产、制造和检验包装产品质量的技术依据，是为保障物品在储存、运输和销售中的安全和科学管理的需要，以包装的有关事项为对象所制定的标准。我国的产品包装标准主要包括机械、电工、轻工、邮电、纺织、化工、建材、医药、食品、水产、农业、冶金、交通、铁道、商业、能源、兵器、航天航空、物资、危险品等二十大类。

2. 交货时间

交货时间是指卖方按买卖合同规定将合同货物交付给买方或者承运人的期限。交货时间是买卖合同的主要交易条件。采购过程中，卖方必须在合同规定的日期或一段时间内交付货物。如合同未规定日期或一段交货时间，则应在订立合同后一段合理的时间内交货；如卖方在合同规定的时间前交货，或者迟延交货，买方有权要求拒收货物或损害赔偿，也可宣告合同无效。

3. 验收质量标准

验收质量标准指的是衡量某一产品或某项工作应该达到的水平、尺度和必须遵守的规定，而规定产品质量特性应达到的技术要求，称为“产品质量标准”。质量标准是产品生产、检验和评定质量的技术依据。产品质量特性一般以定量表示，如强度、硬度、化学成分等。对企业来说，为了使生产经营能够有条不紊地进行，则应从原材料进厂一直到产品销售等各个环节，都必须有相应的标准作为保证。它不但包括各种技术标准，而且包括管理标准，以确保各项活动的协调进行。

4. 供应商服务与响应

供应商服务主要是指供应商内部各作业环节，能够配合购买者的能力和需求，如各种技术服务项目、方便采购方的措施、为采购方节约费用的措施等。供应商服务水平可以通过其提供的安装服务、培训服务、维修服务、升级服务、技术支持服务等方面进行评价。

现代经济条件下，市场竞争越来越激烈，客户对企业的要求也越来越高，企业希望供应商有较好的响应能力，要求交货期越来越短。供应商的响应能力取决于其是否能够按约定时间和地点将产品准时运达，这直接影响企业后续生产和供应活动的连续性。通常用响应速度来描述响应能力。响应速度可以从准时交货比率、交货时间柔性、交货期、信息传输及时率、信息准确率等几个方面进行考查。同时，在选择供应商时，应确保供应商具备合法资质，避免与违法企业合作。

知识拓展

编好采购需求需练好六项基本功

1. 市场调查是编制采购需求的前提。
2. 价格预测是采购成功的必要条件。

3. 技术需求一定要考虑采购政策。

4. 不可将标准作为摆设。

5. 练好细化技术参数基本功。

6. 采购需求中要明确采购数量。

三、采购需求的描述

使用、提出请求和编制规格的部门必须能合理地描述需要什么产品，以便采购部门能准确地采购物品。决定需要什么产品主要由使用部门和编制规格的部门负责，但在检查所做的需求描述时，采购部门也负有直接责任。采购人员不能随便改动产品描述和质量，但他们应该有权利要求需求描述准确、详细，以便使每个潜在的供应商都能完全清楚产品的特性。采购者还应该提醒采购部门，让其注意能带来更多价值的其他选择。

（一）品牌描述

与使用品牌有关的问题主要是使用品牌描述的可行性及如何选择某种品牌。通过品牌或商标描述采购需求，意味着采购方对供应商声誉的信赖。采购方认为，供应商渴望保持品牌的声誉并且能够做到这一点。当通过品牌购买一种产品时，如果产品在它最初设想的用途上使用效果令人满意，采购方就会越发相信，以后再购买同样品牌的产品，也会具有同样的质量。有些情况下，通过品牌描述不仅是可行的，也是必需的，如当生产过程是保密的或者产品受专利权保护时，往往得不到产品的规格。

也有人反对购买品牌产品，他们主要出于成本考虑。尽管同其他供应商对类似品牌的要价差异不大，但由于整个品牌产品的价格太高，采购者会寻找非品牌的替代品，甚至在经过分析后，要求按自己的规格供货。

更大的、经常遇到的争议是使用品牌产品会造成对品牌的过度依赖，这会减少潜在供应商的数量，也会使采购者享受不到竞争带来的价格优惠或丧失质量改进的机会。

（二）规格描述

规格描述是所有使用的描述方法中最常见的一种。为了使通过规格购买成为可能，采购方人员已经付出了大量的时间和努力。与此密切相关的工作包括产品规格的标准化，以及标准产品型号、尺寸参数等。

现在，越来越普遍的做法是购买前先规定好试验程序以及必须满足质量标准的试验结果，以此作为规格的一部分。同时它也可以作为一种指导，保证在生产、贴标签、运输以及处理过程中满足规定。具体规格要求有以下几点。

1. 物理和化学特性的规格

通过物理和化学特性制定规格，能够限定采购方所希望的物料属性。产品规格中界定的这些可测量的属性，是保证产品能够被满意使用的必要条件，并且能以最低成本保证质量。

2. 性能或功能规格

性能规格的核心是理解所需要的性能。找出产品所具备的基本功能也是不容易的，随意地忽视功能需求经常会产生不正确的规格。很多这样的麻烦是由于低估了所需要的功能，或者是由于疏忽大意而遗忘了某些功能需求。

用动名词的组合来描述功能时，如提供扭矩、传送电流、盛放液体等，能让人很明确地想到所设想的功能。出于把提供满意产品的责任留给供应商考虑，在某种程度上，性能或功能规格常常和招标并用。由供应商考虑面向使用或结果的性能规格，而自己考虑怎样生产最合适的产品。这使得供应商能够利用最新的技术进步，而不会达不到最小的性能需要。

3. 物料和制造方式规格

这种方式既规定了物料，又限定了制造方式。除了军队、政府购买外，只有当存在特殊要求或者采购方愿意承担后果时，才使用这种方式。很多企业较少采用这种规格方式。

4. 工程制图描述规格

通过蓝图或尺寸图描述是很常见的，也可以和某种描述性的文本资料一起使用。这种方法尤其适用于购买建筑、电子和电气装配线、电动部件等。这种描述方式较为昂贵，不仅在于准备蓝图或计算机程序的成本，还在于用它来描述产品，往往让供应商感到非常特殊，需耗费巨大才能生产。但它可能是所有描述方法中最准确的一种，尤其适用于购买那些生产精度极高的产品。

5. 至少同等规格

在公共部门的发盘或招标中，经常会看到采购方规定一种品牌或生产商的产品型号，紧接着就注明“或者至少同等规格”。在这种情形下，采购方把责任留给了投标者，让它们去制定同等或更高的质量标准，而不必再集资耗费精力去编制详尽的产品规格。

采用规格描述方法进行采购具有很多优点，如在购买前就已经思考和详细研究了需求以及通过何种方式满足需求；可以防止由于物料不合适而造成的拖延和浪费；可以有机会从不同的供应源采购相同技术规格的产品。

采用规格描述方法进行采购也有一些缺点，如有很多产品，对它们的规格无法做出充分描述；尽管从长期来看，使用规格描述可能会节约开支，但它却会增加直接成本；编制的产品规格可能会低于能够获得的标准产品的规格；采购方规定的最低规格很可能是供应商所能提供的最高水平。

（三）市场等级描述

根据市场等级去采购仅仅适用于某些主要物料。小麦和棉花就属于这类产品，木材、钢材、铜以及其他商品也可以应用这种方法。采用此种方法采购是非常令人满意的，因为它的应用价值取决于市场等级的准确程度以及通过检验来判别物料等级的难易程度。而且，评级工作必须由有能力和诚实的一方来完成，这样采购方才能信服评级结果。

（四）样本描述

几乎所有的采购者都会偶尔用此种方法，但它占采购总量的比例很小。能较好地应用这种方法的例子，就是通过视觉来判断产品是否能接受，如木材的品种、颜色、外观、气味等。

（五）多种描述方法的综合运用

采购方通常会用到两种或两种以上的描述方法。对采购方而言，究竟将哪些方法结合使用才能产生最令人满意的效果取决于企业需求的类型。

思考：面对采购需求，还需要有哪些描述呢？

四、明确和筛选采购需求

制订采购计划的一个重要前提，就是明确采购需求。如果不能准确识别采购需求，采购计划就可能出现遗漏或采购过多等情况，影响 JIT 采购的实现。

采购需求识别流程如图 2-1 所示，只有在确认顾客订单需求之后，企业才能结合市场环境对采购需求进行确认，进而对需求进行分解，执行相应的采购任务。如果在需求识别环节出现失误，不仅可能导致采购成本的增加，还有可能损害生产进程及客户体验。

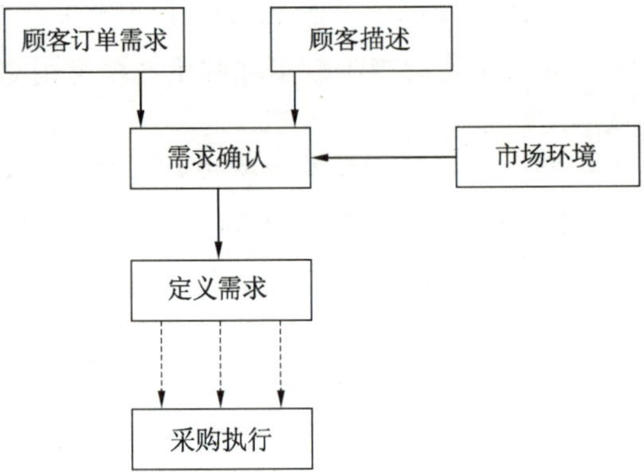

图 2-1 采购需求识别流程

下面介绍在明确采购需求的过程中，很多企业可能陷入的误区及对应的解决办法。

（一）接到需求就制订采购计划

采购需求必须经过评审与确认，才能被列入采购计划。否则，一旦需求出现变化，已经采购的物料就可能失去意义。

（二）所有采购需求都无条件满足

由于市场环境多变，企业在获悉客户的需求之后，应当对相应物料的市场环境进行分析。如果采购需求与企业的发展战略或市场实际情况相悖，企业应当与需求部门进行沟通，修改需求甚至取消需求。

为此，采购需求的明确与筛选，需要经过以下两个关键环节。

1. 对需求进行分解确认

在最初的洽谈中，采购需求通常表现为产品、数量、价格等简单要素的组合，但在采购需求的确认中，采购部门必须对需求进行进一步的分解确认，如确认交期、包装、付款方式及特殊要求等。

针对订单涉及的所有要素，与需求部门进行充分沟通协调并达成一致意见，制作一份完整的需求表。

2. 对采购需求进行评审

接到采购需求后，企业应根据实际情况，安排采购部门或多个部门对采购需求进行评审，以避免采购失败导致订单无法完成，影响顾客体验、损害企业形象。

一旦评审通过，则需要责任人签字确认。此时，采购需求表才能交到采购部门，真正开始执行采购作业。

任务三　采购计划的编制

案例导入

“半份菜”背后的故事

正值午饭时间，某县政府机关食堂内飘出阵阵饭菜香。“师傅，来半份青瓜肉片、半份红烧土豆、一小份米饭。”一会儿，接过师傅递过来的饭菜，小王坐到了餐桌边。

“自从推出‘半份菜’和‘小份饭’做法后，我不再剩菜剩饭，每次吃的菜品还很全，营养也更均衡。”小王满意地说。“我们是‘光盘’食堂，到底‘光’不‘光’，看看它。”该县机关事务服务中心工作人员小郭一边指着食堂角落的泔水桶一边说：“以前每天中午餐余垃圾都能装满两三桶，现在不到一桶，还都是骨头和瓜皮。”

谈起如何避免就餐浪费，小郭打开了话匣子。先是严把采购关，夏季蔬菜、水果消耗量大，但储存周期短，加之用餐人数不固定，一旦采购多了，就容易变质造成浪费。于是他们采取多批次、小批量采购的办法，从源头上杜绝浪费。

推出“半份菜”做法后，不光菜量减半售卖，包子、馒头等面点也都变成“小个头”，果盘里切得薄薄的西瓜整齐摆放，黑籽红瓤分外诱人。

为了避免浪费，厨师们还把切下的西兰花茎、香菜根等“边角料”腌制成泡菜或咸菜，供职工就餐时自由选择食用。

据测算，自开展“光盘行动”以来，该县政府机关食堂盐、油、糖用量较往年同期分别减少 25%、30%和 10%。

“节俭并不是降低饭菜质量，相反，我们会根据职工反馈，不断调整食谱。大家吃得可口，自然就不会浪费了！”小郭说。

12 时 30 分，食堂里越发热闹，前来就餐的职工络绎不绝，身穿红马甲的文明监督员在一旁提醒大家适量点餐。大屏幕的“一粥一饭当思来之不易”“珍惜粮食，杜绝浪费”等宣传语分外抢眼。

☞ **案例思考**

制订采购计划过程中，如何避免浪费现象？

知识准备

一、采购计划的概念

采购计划（Procurement Plan），是指企业管理人员在了解市场供求情况、认识企业生产经营活动过程中和掌握物料消耗规律的基础上，对计划期内物料采购管理活动所作的预见性的安排和部署。它包括两部分内容：一是采购计划编制；二是采购订单制订。

二、采购计划的类型

（1）按计划期的长短分类，可以把采购计划分为年度采购计划、季度采购计划和月度采购计划等。

（2）按物料的使用方向分类，可以把采购计划分为生产产品用物料采购计划、维修用物料采购计划、基础建设用物料采购计划、技术改造措施用物料采购计划、科研用物料采购计划、企业管理用物料采购计划。

（3）按自然属性分类，可以把采购计划分为金属物料采购计划、机电产品物料采购计划、非金属物料采购计划等。

三、编制采购计划的目的

编制采购计划是采购作业的第一步。采购计划是为了维持正常的产销活动，在某一特定时期内，确定应在何时购入何种物料的估计作业，在企业的产销活动中具有重要作用。采购计划的编制应该达到如下目的：

（1）预计物料需用的时间和数量，防止供应中断，影响产销活动。

（2）避免物料储存过多，积压资金，占用库存空间。

（3）配合企业生产计划和资金调度。

（4）让采购部门事先准备，选择有利时机购入物料，确定物料的耗用标准，以便管制物料的采购数量和成本。

思考：根据采购目的，理解为什么要编制采购计划。

四、编制采购计划的影响因素

（一）年度销售计划

除非市场出现供不应求的状况，否则企业年度的经营计划都以销售计划为起点；而销售计划的拟定，又受到销售预测的影响。影响销售预测的因素主要包括两个方面：外部的不可控因素，如国内外经济发展状况（GNP、失业率、物价、利率等）、人口增长、政治体制、文化及社会环境、技术发展、竞争者状况等；内部的可控因素，如财务状况、技术水准、厂房设备、原料零件供应情况、人力资源及企业声誉等。

（二）年度生产计划

一般而言，生产计划根源于销售计划。若销售计划过于乐观，易将多余产量变成库存，造成企业的财务负担；反之，过度保守的销售计划，易造成产量不足，无法满足顾客需求，丧失了创造利润的机会。因此，若因销售人员对市场的需求量估算失当，会造成生产计划朝令夕改，也使得采购计划必须经常调整修正，使物料供需长久处于失衡状况。

（三）物料清单

尤其在高科技行业，产品工程的变更层出不穷，物料清单难以及时反应与修订，以致根据产量所计算出来的物料需求数量与实际的使用量或规格不尽相符，会造成采购数量过多或过少，物料规格过时或不易购得等情况。因此，采购计划的准确性，有赖于最新、最正确的物料清单。

知识拓展

物料清单

采用计算机辅助企业生产管理，首先要使计算机能够读出企业所制造的产品构成和所有要涉及的物料，为了便于计算机识别，必须把用图示表达的产品结构转化成某种数据格式，这种以数据格式来描述产品结构的文件就是物料清单（Bill of Material，BOM）。它是定义产品结构的技术文件，因此，它又被称为产品结构表或产品结构树。在某些工业领域，可能称为“配方”、“要素表”或其他名称。

BOM 的具体用途有以下几点：

（1）它是计算机识别物料的基础依据。

（2）它是编制计划的依据。

（3）它是配套和领料的依据。

（4）根据它进行加工过程的跟踪。

（5）它是采购和外协的依据。

（6）根据它进行成本的核算。

（7）它可以作为报价参考。

（8）它是进行物料追溯的依据。

（9）它使设计系列化、标准化、通用化。

五、采购计划的细分程序

具有丰富的采购计划编制经验、采购经验、开发经验、生产经验等复合知识型人才才能胜任采购计划编制工作，并且要和认证单位等部门协作进行。采购计划环节是整个采购运作的第一步，它包含两部分内容：采购认证计划的编制和采购订单计划的制订。目前公认的采购计划的主要步骤有：准备认证计划、评估认证需求、计算认证容量、制订认证计划、准备订单计划、评估订单需求、计算订单容量、制订订单计划、审批与执行等。下面我们将分别阐述以下九个步骤。

（一）准备认证计划

关于准备认证计划可以从以下四个方面进行详细的阐述。

1. 接收开发批量需求

开发批量需求是能够启动整个供应程序流动的牵引项，我们要想制订比较准确的认证计划的话，首先要做的就是熟悉开发需求计划。目前开发批量物料需求通常有两种情形：一种是在以前或者是目前的采购环境中就能够发掘到的物料供应，例如，以前接触的供应商的供应范围比较广，我们就可以从这些供应商的供应范围中找到企业需要的批量物料需求；另一种情形就是如果企业需要采购的是新物料，而在原来形成的采购环境中不能提供，企业的采购部门就需要寻找新物料的供应商。

2. 接收余量需求

随着企业规模的扩大，市场需求也会变得越来越大，旧的采购环境容量不足以支持企业的物料需求；或者是因为采购环境有了下降的趋势从而导致物料的采购环境容量逐渐缩小，这样就无法满足采购的需求。以上这两种情况都会产生余量需求，也就产生了对采购环境进行扩容的要求。采购环境容量的信息一般是由认证人员和订单人员来提供的。

3. 准备认证环境资料

通常来讲，采购环境的内容包括认证环境和订单环境两个部分。有些供应商的认证容量比较大，但是其订单容量比较小；有些供应商的情况恰恰相反，其认证容量比较小，但是订单容量比较大。产生这种情况的原因是认证过程本身是对供应商样件的小批量试制过程，这个过程需要强有力的技术力量支持，有时甚至需要与供应商一起开发。但订单过程是供应商的规模化的生产过程，其突出的表现就是自动化机器流水作业及稳定的生产，技术工艺已经固化在生产流程之中，所以订单容量的技术支持难度比起认证容量的技术支持难度要小得多。因此，我们可以看出认证容量和订单容量是两个完全不同的概念。

4. 制订认证计划说明书

制订认证计划说明书也就是把认证计划所需要的材料准备好，主要内容包括：认证计划说明书（物料项目名称、需求数量、认证周期等），同时附有开发需求计划、余量需求计划、认证环境资料等。图 2-2 简单说明了准备认证计划过程。

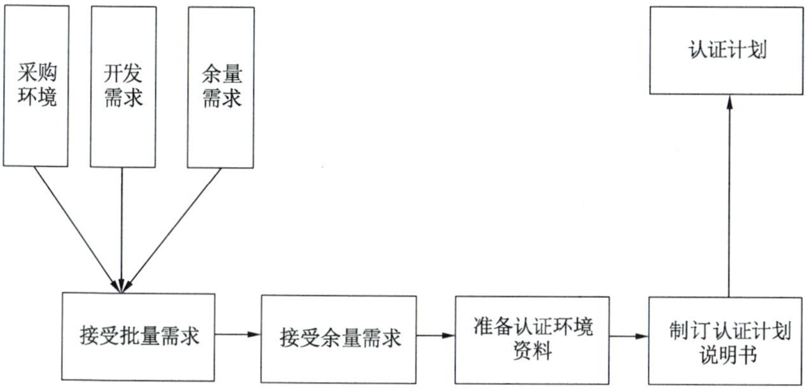

图 2-2　准备认证计划过程

（二）评估认证需求

评估认证需求主要内容包括以下三方面：分析开发批量需求、分析余量需求、确定认证需求。下面我们分别对这三方面进行详细的阐述。

1. 分析开发批量需求

要做好开发批量需求的分析不仅需要分析量上的需求，还要掌握物料的技术特征等信息。开发批量需求的样式是各种各样的，按照需求的环节可以分为研发物料开发认证需求和生产批量物料开发认证需求；按照采购环境可以分为环境内物料需求和环境外物料需求；按照供应情况可以分为可直接供应物料和需要定做物料；按照国界可分为国内供应物料和国外供应物料等。对于如此复杂的情况，计划人员应该对开发批量需求做详细的分析，必要时还应该与开发人员、认证人员一起研究开发物料的技术特征，按照已有的采购环境及认证计划经验进行分类。从以上介绍可以看出，认证计划人员需要兼备计划知识、开发知识、认证知识等，具有从战略高度分析问题的能力。

2. 分析余量需求

分析余量需求要求首先对余量需求进行分类，我们已经说明了余量认证的产生来源：一是市场销售需求的扩大；二是采购环境订单容量的萎缩。这两种情况都导致了目前采购环境的订单容量难以满足用户的需求，因此需要增加采购环境容量。对于因市场需求原因造成的，可以通过市场及生产需求计划得到各种物料的需求量及时间；对于因供应商萎缩造成的，可以通过分析现实采购环境的总体订单容量与原定单容量之间的差别得到。这两种情况的余量相加即可得到总的需求容量。

3. 确定认证需求

确定认证需求可以根据开发批量需求及余量需求的分析结果来确定。认证需求是指通过认证手段，获得具有一定订单容量的采购环境。

（三）计算认证容量

计算认证容量主要包括四个方面的内容：分析项目认证资料、计算总体认证容量、计算承接认证量、确定剩余认证容量。下面我们分别对这四个方面进行阐述。

1. 分析项目认证资料

分析项目认证资料是计划人员的一项重要事务，不同的认证项目其过程及周期也是千差万别的。机械、电子、软件、设备、生产日用品等物料项目，它们的加工过程各种各样，非常复杂。作为从事某行业的实体来说，认证物料是可行的，但是对于规模比较大的企业，要分析上千种甚至上万种物料，其难度则要大得多。

2. 计算总体认证容量

在采购环境中，供应商订单容量与认证容量是两个不同的概念，有时可以互相借用，但绝不是等同的。一般在认证供应商时，要求供应商提供确定的资源用于支持认证操作，或者一些供应商只做认证项目。

总之，在供应商认证合同中，应说明认证容量与订单容量的比例，防止供应商只做批量订单，不愿意做样件认证。计算采购环境的总体认证容量的方法是把采购环境中所有供应商的认证容量叠加，对有些供应商的认证容量需要加适当系数。

3. 计算承接认证量

供应商的承接认证量等于当前供应商正在履行认证的合同量，一般认为，认证容量的计算是一个相当复杂的过程。各种各样的物料项目的认证周期也是不一样的，一般是计算要求的某一时间段的承接认证量。最恰当、最及时的处理方法是借助电子信息系统，模拟显示供应商已承接认证量，以便认证计划决策使用。

4. 确定剩余认证容量

某一物料所有供应商群体的剩余认证容量的总和，称为该物料的剩余认证容量。我们可以用下面的公式简单地进行说明：

物料剩余认证容量=物料供应商群体总体认证容量-承接认证量

这种计算过程也可以被电子化，一般 MRP 系统不支持这种算法，可以单独创建系统。认证容量是近似值，仅作参考，认证计划人员对此不可过高估计，但它能指导认证过程的操作。

采购环境中的认证容量不仅是采购环境的指标，还是企业不断创新，维持持续发展的动力源。源源不断的新产品问世是基于认证容量价值的体现，也由此能生产出各种各样的产品新部件。

（四）制订认证计划

制订认证计划的主要内容包括：对比需求与容量、综合平衡、确定余量认证计划、编制认证计划等。下面我们分别对这四个方面进行阐述。

1. 对比需求与容量

认证需求与供应商对应的认证容量之间一般都会存在差异，如果认证需求小于认证容量，则没有必要进行综合平衡，直接按照认证需求制订认证计划；如果认证需求大大超出供应商容量，就要进行认证综合平衡，对于剩余认证需求需要制订采购环境之外的认证计划。

2. 综合平衡

综合平衡就是指从全局出发，综合考虑生产、认证容量、物料生命周期等要素，判断认证需求的可行性，通过调节认证计划来尽可能地满足认证需求，并计算认证容量不能满足的剩余认证需求，这部分剩余认证需求需要到企业采购环境之外的社会供应群体之中寻找容量。

3. 确定余量认证计划

确定余量认证计划是指对于采购环境不能满足的剩余认证需求，应提交采购认证人员分析并提出对策，与之一起确认采购环境之外的供应商认证计划。采购环境之外的社会供应群体如没有与企业签订合同，那么制订认证计划时要特别小心，并由具有丰富经验的认证计划人员和认证人员联合操作。

4. 编制认证计划

编制认证计划是认证计划的主要目的，是衔接认证计划和订单计划的桥梁。只有制订好认证计划，才能根据该认证计划做好订单计划。

下面我们给出认证物料数量以及开始认证时间的确定方法：

认证物料数量＝开发样件需求数量+检验测试需求数量+样品数量+机动数量

开始认证时间＝要求认证结束时间−认证周期−缓冲时间

（五）准备订单计划

准备订单计划主要分为四个方面的内容：接收市场需求、接收生产需求、准备订单环境资料、制订订单计划说明书。下面我们分别对这四个方面进行阐述。

1. 接收市场需求

市场需求是启动生产供应程序的流动牵引项，要想制订比较准确的订单计划，首先必须熟知市场需求计划，或者市场销售计划。进一步分解市场需求便能得到生产需求计划。企业的年度销售计划一般在上一年的年末制订，并报送至各个相关部门，同时下发到销售部门、计划部门、采购部门，以便指导全年的供应链运转；根据年度计划制订季度、月度的市场销售需求计划。

2. 接收生产需求

生产需求对采购来说可以称之为生产物料需求。生产物料需求的时间是根据生产计划而产生的，通常生产物料需求计划是订单计划的主要来源。为了利于理解生产物料需求，采购计划人员需要熟知生产计划以及工艺常识。在 MRP 系统中，物料需求计划是主生产计划的细化，它主要来源于主生产计划、独立需求的预测、物料清单文件、库存文件。编制物料需求计划的主要步骤包括：（1）决定毛需求；（2）决定净需求；（3）对订单下达日期及订单数量进行计划。

3. 准备订单环境资料

准备订单环境资料是准备订单计划中一个非常重要的内容。订单环境是在订单物料的认证计划完毕之后形成的，订单环境的资料主要包括：

（1）订单物料的供应商消息。

（2）订单比例信息（对多家供应商的物料来说，每一个供应商分摊的下单比例称之为订单比例，该比例由认证人员产生并给予维护）。

（3）最小包装信息。

（4）订单周期是指从下单到交货的时间间隔，一般是以天为单位的。

订单环境一般使用信息系统管理。订单人员根据生产需求的物料项目，从信息系统中查询该物料的采购环境参数及描述。

4. 制订订单计划说明书

制订订单计划说明书也就是准备好订单计划所需要的资料，其主要内容包括：

（1）订单计划说明书（物料名称、需求数量、到货日期等）。

（2）附件：市场需求计划、生产需求计划、订单环境资料等。

（六）评估订单需求

评估订单需求是采购计划中非常重要的一个步骤，只有准确地评估订单需求，才能为计算订单容量提供参考依据，以便制订出好的订单计划。它主要包括以下三个方面的内容：分析市场需求、分析生产需求、确定订单需求。下面我们将分别对这三个方面进行阐述。

1. 分析市场需求

我们知道订单计划不仅仅来源于生产计划。一方面，订单计划首先要考虑的是企业的生产需求，生产需求的大小直接决定了订单需求的大小；另一方面，制订订单计划还要兼顾企业的市场战略以及潜在的市场需求等；此外，制订订单计划还需要我们去分析市场要货计划的可信度。因此，我们必须仔细分析市场已签订合同的数量、还未签订合同的数量（包括没有及时交货的合同）等一系列数据，同时研究其变化趋势，全面考虑要货计划的规范性和严谨性，还要参照相关的历史要货数据，找出问题的所在。只有这样，我们才能对市场需求有全面的了解，才能制订出一个企业远期发展与近期需求相结合的订单计划。

2. 分析生产需求

分析生产需求是评估订单需求首先要做的工作。要分析生产需求，首先要研究生产需求的产生过程，其次再分析生产需求量和要货时间。这里我们通过一个企业的简单例子做一个说明：

某企业根据生产计划大纲对零部件的清单进行检查，得到第一级组成部件的毛需求量。

在第一周，现有库存量是 80 件，毛需求量是 40 件，那么剩下的现有库存量 = 现有库存量 − 毛需求量 = 80 − 40 = 40（件）。第三周预计入库 120 件，毛需求量 70 件，那么新的现有库存量 = 原有库存 + 入库 − 毛需求量 = 40 + 120 − 70 = 90（件）。这样每周都有不同的毛需求量和入库量。这样就产生了不同的生产需求，对企业不同时期产生的不同生产需求进行分析是很有必要的。

3. 确定订单需求

根据对市场需求和对生产需求的分析结果，我们就可以确定订单需求。通常来讲，订单需求的内容是指通过订单操作手段，在未来指定的时间内，将指定数量的合格物料采购入库。

（七）计算订单容量

计算订单容量也是采购计划中重要的组成部分。只有准确地计算订单容量，才能对比需求和容量，经过综合平衡，最后制订出正确的订单计划。计算订单容量主要有以下四个方面的内容：分析项目供应资料、计算总体订单容量、计算承接订单量、确定剩余订单容量。

1. 分析项目供应资料

在采购过程中，大家都非常清楚地知道物料和项目都是整个采购工作的操作对象。对于采购工作来讲，在目前的采购环境中，所要采购物料的供应商信息是非常重要的一项信息资料。如果没有供应商供应物料，那么无论是生产需求还是紧急的市场需求，一切都无从谈起。可见，有供应商的物料供应是满足生产需求和满足紧急市场需求的必要条件。从一个简单的例子来看，某企业需设计一家练歌房的隔音系统，隔音玻璃棉是完成该系统的关键材料，经过项目认证人员的考察，该种材料被少数供应商垄断。在这种情况下，企业的计划人员就应充分利用这些情报，在下达订单计划时就能有的放矢了地做好采购工作。

2. 计算总体订单容量

总体订单容量是多方面内容的组合。一般包括两方面内容：一是可供给的物料数量，另一方面是可供给物料的交货时间。举个例子来说明这两方面的结合情况：供应商华泰公司在 12 月 31 日之前可供应 5 万个特种按钮（A 型 3 万个，B 型 2 万个），供应商鸿运公司在 12 月 31 日之前可供应 8 万个特种按钮（A 型 4 万个，B 型 4 万个），那么 12 月 31 日之前 A 和 B 两种按钮的总体订单容量为 13 万个，其中 B 型按钮的总体订单容量为 6 万个。

3. 计算承接订单量

承接订单量是指某供应商在指定的时间内已签下的订单量。但是，承接订单量的计算过程较为复杂，这里还是以一个例子来说明：供应商华泰公司在本月 28 日之前可以供应 3 万个特种按钮（A 型 1.5 万个，B 型 1.5 万个），若是已经承接 A 型特种按钮 1.5 万个，B 型 1 万个，那么对 A 型和 B 型物料已承接的订单量就比较清楚（A 型 1.5 万个+B 型 1 万个=2.5 万个）。有时供应商在各种物料容量之间进行借用，并且是在存在多个供应商的情况下，其计算则比较复杂。

4. 确定剩余订单容量

剩余订单容量是指某物料所有供应商群体的剩余订单容量的总和。用下面的公式表示就是：

物料剩余订单容量＝物料供应商群体总体订单容量－已承接订单量

（八）制订订单计划

制订订单计划是采购计划最重要的步骤之一。它主要包括以下四个方面的内容：对比需求与容量、综合平衡、确定余量认证计划、编制订单计划。下面我们分别对这四个方面进行详细阐述。

1. 对比需求与容量

对比需求与容量是制订订单计划的首要环节，只有比较出需求与容量的关系才能有的放矢地制订订单计划。如果经过对比发现需求小于容量，即无论需求多大，容量总能满足需求，则企业要根据物料需求来制订订单计划；如果供应商的容量小于企业的物料需求，则要求企业根据容量制订合适的物料需求计划，这样就产生了剩余物料需求，需要对剩余物料需求重新制订认证计划。

2. 综合平衡

综合平衡是指综合考虑市场、生产、订单容量等要素，分析物料订单需求的可行性，必要时调整订单计划，计算容量不能满足的剩余订单需求。

3. 确定余量认证计划

在对比需求与容量的时候，如果容量小于需求就会产生剩余需求，对于剩余需求，要提交给认证计划制订者处理，并确定能否按照物料需求规定的时间及数量交货。为了保证物料及时供应，此时可以通过简化认证程序，并由具有丰富经验的认证计划人员进行操作。

4. 编制订单计划

编制订单计划是制订订单计划的最后一个环节，订单计划做好之后就可以按照计划进行采购工作了。一份订单包含两方面的内容：下单数量和下单时间。

下单数量=生产需求量计划入库量-现有库存量+安全库存量

下单时间=要求到货时间-认证周期-订单周期-缓冲时间

知识拓展

某企业采购计划作业程序

（1）营业部于每个年度开始时，提供主管单位有关各机型的每季度、每月的销售预测。销售预测必须经会议通过，并配合实际库存量、生产需要量、现实状况，由生产管理单位编制每月的采购计划。

（2）生产管理单位编制的采购计划副本送至采购中心，据以编制采购预算，经会议审核通过后，再将副本送交管理部财务单位编制每月的资金预算。

（3）营业部门变更“销售计划”或有临时的销售决策，如紧急订单，应与生产单位、采购中心协商，以排定生产日程，并修改采购计划及采购预算。

（九）审批与执行

1. 审批

采购计划的审批，是指企业内主管物资采购的部门对采购计划的审查和批准。有的采购计划审批还包括企业上级领导机关对采购计划的批准。

物资采购是由下而上进行的，在编制过程中虽做了不少的工作，一般也比较符合实际，但也还会存在一些问题，所以要进行审批。

审批的内容主要包括：

（1）是否符合上级计划安排的原则和国家的方针政策。

（2）任务是否合理适当，物资消耗定额是否准确、先进、可靠。

（3）各期的库存储备量的预计有无高估或低估现象。

（4）各种采购物资是否配套。

（5）是否遵循了成本最优化原则，在保证质量的前提下，企业是否达到了先进性和效益性。

（6）计算是否有误，计划表格中各栏填写是否符合规定要求。

2. 执行

制订计划是为了组织执行，而执行又是检验计划正确与否的过程。企业在执行采购计划的过程中，要做好计划执行情况的检查，如经常检查采购计划的执行情况（包括时间、地点、质量、数量、价格）、主要物资消耗定额的执行情况、关键物资的储备定额与储备资金定额的执行情况，主要是利用各种统计资料的对比分析，以及现场的核对，及时发现问题并加以纠正。

具体要做好以下几方面的工作：

（1）组织物资的订货与采购。

一般来说，企业需要物资的具体品种规格由哪些单位供应、什么时候供应，都要由企业的物资供应部门，通过订货才能具体确定。具体地讲，大宗物资可参加有关订货会议与物资生产企业签订订货合同，直接从生产企业取得物资，不需经过中转机构，这样可优化供需要求的衔接、缩短供货时间、减少流通费用等，这就是直接订货方式。其适用于企业产品定型、生产稳定、需用量大的原材料、燃料、大件设备和专用物资的采购。小额物资可通过中转机构，即通过物资流通企业订购，一般采用就近就地原则，这样可使企业进行灵活采购，减少库存费用等，但需支付中转费用，这就是间接订货方式。其适用于使用量不大，但使用范围较广的通用物资的采购。

非计划分配物资或零星需要的物资，可按实际需要，根据经济合理性原则，向物资部门、商业部门、供销系统和其他企业单位自由组织采购。

（2）慎重选择合适的供货商。

在选择供货商时，应考虑对方的生产能力、技术能力、信誉度和所供物资的质量、价格、数量、服务质量、运输等对本企业是否有利，尽量选择供应条件好的供货商，并尽可能节省采购费用。

（3）加强采购合同管理。

采购合同是根据采购双方协议条件而签订的责任契约，合同应明确规定物资的牌号、规格、质量、数量、交货期、交货方式、运输方式、验收方法、付款形式、违规的处理方法和罚金、赔偿金额等。

知识拓展

编制原材料采购计划的步骤

第一步：收集生产计划任务量信息；
第二步：了解消耗定额；
第三步：分析历史资料数据；
第四步：进行市场商情分析；
第五步：形成原材料采购计划。

任务四　采购预算的编制

案例导入

办公电脑的采购预算

近期，小谢作为一家公司的设备采购人员，要为该公司市场部门的 53 名员工每人配备一台办公电脑，总预算在 300 000 元以内。小谢接到任务后，根据员工的工作性质为其选择最适合的产品。根据该部门的特点，市场推广员和创意专员共有 28 名，在做培训时经常随身携带笔记本电脑，因此为他们采购的电脑应以便携式为主；另外，他们在提供策划方案时，代表着企业形象，所以在选择笔记本时，品牌和性能是首要考虑要素，便携性其次，单台预算在 6 000 元。而 15 名渠道网络传播专员和 10 名策划助理虽然日常工作内容不一样，但有很多共同点，他们对性能、品牌、便携性等都没有太多要求，如果总预算资金少的话，可以选择台式电脑。根据公司给的预算，推荐一款 4 000 元左右的电脑，完全可以胜任日常办公需要。经过分析比较，小谢最终以 268 000 的价格完成此次采购任务。

☞ 案例思考

小谢在做采购预算时主要考虑了哪些方面？

知识准备

编制采购计划是采购员工作的起点，其重点在于确定在何时采购多少物料。采购计划用金额来表示就是采购预算。采购预算是指导和控制采购过程的“生命线”，是开启采购管理的钥匙。采购计划包含预算工作，预算为采购计划提供支持，预算正确与否，关系到采购计划能否成功实施。

一、采购预算的概念

所谓采购预算就是一种用数量来表示的计划，是将企业未来一定时期内经营决策的目标通过有关数据系统地反映出来，是经营决策具体化、数量化的表现。一个采购预算就是一种定量计划，用来帮助协调和控制给定时期内资源的获得、配置和使用。编制预算可以看成是将构成组织机构的各种利益整合成一个所有各方都同意的计划，并在试图达到目标的过程中，说明计划是可行的。采购预算包含的内容不仅是预测，还涉及有计划地巧妙处理所有变量，这些变量决定着公司未来努力达到某一有利地位的绩效。

采购预算的时间范围要与企业的计划期保持一致，绝对不能过长或过短，这是因为长于计划期的预算是没有实际意义的，只会浪费人力、物力和财力，而过短的预测期又不能保证计划的顺利执行。一般有两种基本的采购预算形式：长期预算和短期预算。长期预算主要是指预算期超过一年的预算，是制订公司战略性计划过程中的一个关键内容；短期预算主要是指预算期在一年以内的预算，又称年度预算。时间的长短将两者明显区分，这就提出了一个问题，即预算使用者要受到常规会计年度的适当影响，对每家公司最具意义的预算期应被采纳。例如，某种产品的生命周期从其引入期到淘汰期，从很多方面来说，与其说是日历区间不如说是自然预算期，因为它在统一的基础上将销售、生产和财务计划联系在一起。实际的预算期选择，在很大程度上取决于公司准确预测的能力。准确的预算是以年度为基础来编制的，然而往往由于报告、时间安排和控制的原因，这一时间跨度又被分解为更小的时间间隔（如在生产和销售活动中，按照半年、年度、月份，甚至是星期来做预算）。

二、采购预算的作用

采购预算是采购行为计划的量化，这种量化有助于企业管理者协调、贯彻计划，是一种重要的管理工具。一般来说，采购预算主要具有以下作用。

（一）保障企业战略计划和作业计划的执行

通过编制采购预算，企业采购部门和其他职能部门在计划期间的工作被分别定出了目标，也明确了部门和个人的责、权、利，使个人的利益与企业的经济效益挂钩，促使企业采购部门的员工努力去完成采购目标，从而保证企业战略计划和作业计划的实现。

（二）协调企业各部门之间的合作经营

采购预算使各部门工作有机地结合在一起。各部门通过执行预算，明确各自所处的地位和作用，协调各自的工作步伐，从全局出发，统筹兼顾，全面安排，争取全局计划的最优化。

（三）在企业各部门之间合理安排有限的资源

企业所拥有的资源是有限的，通过编制采购预算和其作业计划期内日常发生的各项经营性活动的预算，能够充分考虑各部门的资源需求，合理安排，保证资源得到充分利用，实现以较少的投入取得较多的经济效益的目标。

(四) 对企业物流成本进行控制、监督

预算是分析、控制各项经济活动的尺度，各部门通过认真编制切实可行的预算，并用其控制各项经济活动，就可以避免不必要的开支，降低物流成本，保证预定目标的顺利完成。

思考：你能理解为什么需要采购预算吗？

三、采购预算编制的原则

采购预算即采购计划的形式以金额来表达，它的编制必须以整个企业的预算制度为基础，并遵循一定的原则。

(一) 实事求是原则

编制采购预算应该本着实事求是的原则，一般以企业所确定的经营目标为前提，不能盲目哄抬目标值。要先确定销售预算，再确定生产计划，然后制订采购计划。不能为了贪图低价，盲目扩大采购量，从而造成了产品的积压。

(二) 积极稳妥、留有余地原则

积极稳妥是指不能盲目抬高采购目标，也不能消极压低采购目标。既要保证采购预算指标的先进性，又要保证采购预算指标的可操作性，充分发挥采购预算指标的指导和控制作用。另外，为了适应市场的变化，采购预算应该留有余地，具有一定的发展空间，以避免发生意外时处于被动，影响企业正常的生产经营。

(三) 比质比价原则

企业在编制采购预算时，应广泛收集采购物料的质量、价格等市场信息，掌握主要物料采购信息的变化，要根据市场信息对比质量和价格来确定所要采购的物料。除了仅有唯一的供应商或者企业有特殊的生产经营要求等情况，企业主要物料的采购都应当选择两个以上的供货商，从质量、价格和信誉等方面择优安排。企业主要物料以及有特殊要求的物料的采购，应该审查供应商的资格。对于已经确定的供应商，应当及时掌握其在质量、价格、信誉等方面的变化情况，以便及时做出调整。企业大宗原料和燃料的采购、基建或技术改造项目所用的主要物料以及其他金额较大的物资的采购等，具备招标条件的，应尽量安排招标采购。

四、采购预算编制的流程

以制造业为例，通常是根据年度经营计划确定业务部门的营销计划，然后制订生产计划。生产计划的预算分为采购预算、直接人工预算及制造费用预算。由此可见，采购预算是采购部门为配合年度的销售预测或生产数量，对需求的原料、零件等的数量和成本所做的详细的估计。所以采购预算的编制，必须以企业整体预算制度为依据。采购预算的编制流程如图 2-3 所示。

短视频：首晒采购预算惊现“天价”引关注

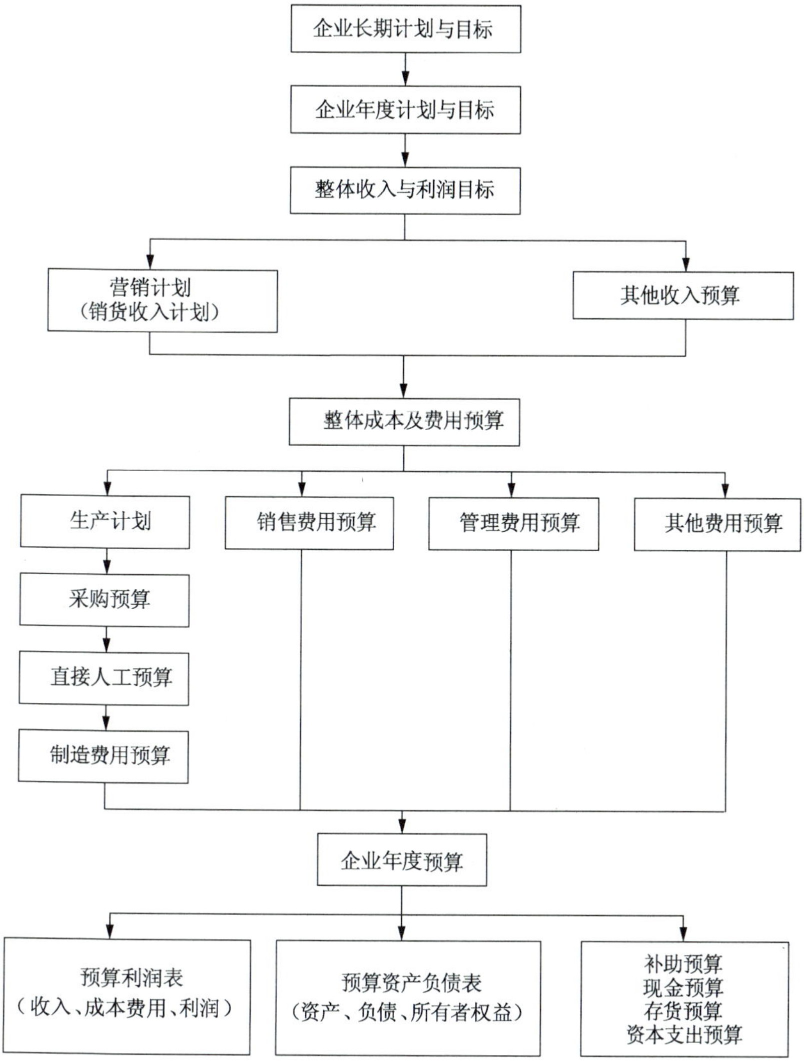

图 2-3　采购预算编制流程

采购预算编制应从采购目标的审查开始，然后确定满足这些目标所需的资源，再据此制订计划或预算。采购预算编制一般包括以下几个主要步骤。

（一）审查企业的长期计划和目标

采购部门作为企业的一个部门，在预算编制时要结合企业的发展计划，从企业总体的发展目标出发，确保采购和企业发展之间的协调和统一。

（二）制订明确的工作计划

采购经理必须了解本部门的各项业务活动，明确它们的特性和范围，制订详细的工作计划。

（三）确定所需的各种资源

有了详细的工作计划表，采购经理要对业务支出做出切合实际的估计，确定为实现目标所需要的人力、物力和财力资源。

（四）确定准确的预算数据

准确的预算数据是企业编制预算的难点之一。目前企业普遍的做法是将目标与历史数据相结合来确定预算数据，即对历史数据和未来目标选项进行分析，使收入和成本费用等各项预算切实可行。有经验的预算人员也会通过以往的经验做出比较准确的判断。

（五）编制总预算

对各部门的预算草案进行审核、归集、调整、汇总来编制总预算。

（六）修改预算

由于预算总是或多或少地与实际有所差异，因此必须根据实际情况选定一个偏差范围。偏差范围的确定可以根据行业平均水平，也可以根据企业的经验数据。设定了偏差范围以后，采购经理应比较实际支出和预算的差距，以便控制业务的进展。如果得出与估计值的差异达到或超过了容许的范围，就有必要对具体的预算提出建议并做出必要的修正。

（七）提交预算

将编制好的预算提交给企业负责人审核。

五、采购预算编制的方法

传统采购预算的编制是将本期应购数量乘以各项物料的购入价格，或者按照物料需求计划的采购数量乘以标准成本，即获得采购预算金额。为了使预算更具有灵活性和适应性，更好地应对意料之外的不可控事件，在编制预算过程中，企业应采取合理的预算方法。这里主要介绍弹性预算法、概率预算法和零基预算法等方法。

（一）弹性预算法

弹性预算也称为变动预算，它是根据计划期内可能发生的多种业务量，分别确定与各种业务量水平相适应的费用数额，从而形成适用于不同生产经营活动水平的费用预算。

由于弹性预算是以多种可能的业务量水平为基础而编制的一种预算，即使企业在计划期内的实际业务发生一定的波动，也能找出与实际业务量相适应的预算数据，从而具有更大的适用性和实用性。具体有以下四个步骤：

步骤一：选择和确定各种经营活动的计量单位物料消耗量、人工小时、机器工时等。

步骤二：预测和确定可能达到的各种经营活动业务量。在确定经济活动业务量时，要与各部门协作，一般按正常生产经营水平的70%—120%范围确定，也可按过去历史资料中的最高业务量和最低业务量为上下限，然后再在其中划分若干等级，编制出的弹性预算较为实用。

步骤三：根据成本性态和业务量之间的依存关系，将企业生产成本划分为变动成本和固定成本两个类别，并逐项确定各项费用与业务量之间的关系。

步骤四：计算各种业务量水平下的预测数据，并用一定的方式表示，形成某一项的弹性预测。

弹性预算法一般用于编制弹性成本预算和弹性利润预算。弹性利润预算是对计划期内各种可能的销售收入所能实现的利润所做的预算，它以弹性成本预算为基础。

（二）概率预算法

概率预算法是指采购人员近似地判断出各种因素的变化趋势、范围、结果后，对各种变化量进行调整，以计算其可能值大小的预算编制方法。在编制预算过程中，涉及的变量较多，如业务量、价格、成本等。具体有以下三个步骤：

步骤一：在预测分析基础上，估计各相关因素的可能值及其出现的概率，可以根据历史资料或经验来进行判断。

步骤二：计算联合概率，即各相关因素概率之积。

步骤三：根据弹性预算提供的预算指标及与之对应的联合概率，计算出预算对象的期望值，即概率预算下的预算结果。

（三）零基预算法

零基预算法是指在编制预算时，对于所有的预算项目均以零为起点，不考虑以往的实际情况，而完全根据未来一定时期内生产经营活动的需要和每项业务的轻重缓急，从根本上来研究、分析每项预算是否有必要支出和支出数额为多少的一种预算编制方法。

零基预算的编制方法大致上可以分为以下三个步骤：

步骤一：提出预算目标。企业内部各有关部门，根据本企业计划期内的总体目标和本部门应完成的具体工作任务，提出必须安排的预算项目，以及以零为基础而确定的具体经费数据。

步骤二：展开成本益分析。预算委员会负责对各部门提出的方案进行成本收益分析，对所提出的每一个项目预算的经济效益进行分析，然后列出所有项目的先后次序和轻重缓急程度。

步骤三：分配资金，落实预算。按照上一步骤所确定的先后次序和轻重缓急程度，结合计划期内可动用的资金来源，分配资金，落实预算。

思考：请查阅资料，看看还有哪些采购预算编制的方法？

六、采购预算编制中应避免的问题

（一）避免预算过于烦琐

采购预算作为一种采购管理控制的手段，应尽量具体化、数量化，以确保其可操作性，但这并不意味着对企业未来采购活动中的每一个细节都做出细致的规定。如果对极细微的支出也做了琐碎的规定，可能会致使各职能部门缺乏应有的自由，还会造成预算的烦琐，加大了员工的工作量，从而影响企业运行的效率。所以，预算不可能也不应太详尽，不是越细越好，而应抓住预算中的关键环节予以列述，以免主次难辨，轻重不分。

（二）避免预算目标与企业目标不协调

在编制预算时，如果没有恰当地掌握预算控制，会导致采购部门设立的预算标准不能很好地体现企业目标的要求；或者企业环境的变化导致了预算目标与企业目标的脱离，若采购部门主管仍热衷于使本部门的采购活动严格按预算的规定进行，则会产生预算目标与企业目标的严重冲突。因此，为了防止这种情况的产生，一方面预算编制要更好地体现计划的要求；另一方面应当掌握预算控制的度，使预算具有一定的灵活性。

（三）避免一成不变

采购预算同采购计划一样，不能一成不变，在预算执行过程中，要对预算进行定期检查，如果企业面临的采购环境或企业自身已经发生重大的变化，就应当及时根据实际情况进行修改或调整，以达到预期的目标。

知识拓展

政府采购预算编制基本原则

政策性：政府采购预算编制必须以国家有关方针、政策和各项财务制度为依据，根据完成事业计划和行政工作任务的需要，正确处理需要与可能之间的矛盾，要保证重点、兼顾一般、实事求是。

完整性：在编制政府采购预算时，必须将采购单位取得的财政拨款和其他各项收入及各项支出形成的政府采购项目资金，完整、全面地反映在各采购单位的部门预算中，不得在预算之外另外保留收支项目。

可行性：采购单位在安排政府采购预算项目时，要精打细算，切不可超前购买和消费。但有时为了满足工作需要，可以适当提高采购项目的技术含量要求，以避免不考虑发展而导致项目刚投入使用即落后的现象，造成更大的浪费。

可靠性：政府采购预算一经批准便要严格执行，一般不能随意调整。因此，采购单位在编制政府采购预算时，既要把根据事业发展需要应该采购的项目考虑好，还要注意政府采购资金的来源是否及时、有无保证，不能预留预算缺口。

统一性：在编制政府采购预算时，一定要按照国家统一设置的预算表格和口径、程序以及计算方法填列有关数字指标。

突出重点：政府采购范围广、项目多，因此预算编制时，要突出重点、有的放矢，先安排必需或紧急的项目。

项目小结

采购计划与预算，是属于生产计划的一部分，也是企业年度计划与目标的一部分。而制订采购计划的目的就是要根据市场的需求、企业的生产能力和采购环境容量等制定采购清单和采购日程表。在采购计划与预算的制订过程中，严格遵守国家相关法律法规是基本要求，这不仅是企业合法经营的前提，也是思政教育在采购管理中的重要体现。强化员工的法治观念，确保采购活动在法律框架内进行，有助于引导员工树立正确的价值观和职业道德观，使他们在制订采购计划与预算时，能够自觉遵守法律法规，维护企业的合法权益和社会声誉。具体做到以下几点：

一、培养节约意识

在采购过程中，强调勤俭节约的重要性，引导员工在制订采购计划与预算时，充分考虑成本效益，避免浪费。通过精准预测需求、合理设置库存、优化采购流程等措施，实现资源的有效配置和利用。

二、提升效率意识

在追求节约的同时，要确保采购活动的顺利进行和高效完成。通过引入先进的采购管理系统、加强供应商管理、提高采购人员的专业素养等措施，提高采购效率，降低采购成本。

三、承担社会责任

引导企业积极承担社会责任，在采购计划与预算的制订中，考虑环境、社会和经济三方面的可持续发展因素，选择符合环保标准的产品和服务，支持中小企业和弱势群体的发展，为社会的和谐与进步贡献力量。

思考题

1. 简述市场调查的方法。
2. 观察法和实验法的优缺点有哪些？
3. 调查表的构成有哪些？设计时需要注意什么？
4. 什么是采购需求？它的构成要素有哪些？
5. 采购编制计划的目的是什么？
6. 什么是BOM？它有哪些用途？
7. 什么是采购预算？采购预算编制的原则是什么？
8. 采购预算编制的步骤有哪些？

项目三 采购数量与质量管理

概述

本项目主要介绍采购库存管理、采购数量决策、采购时机决策、采购质量管理概述、采购质量管理的影响因素、采购质量管理的办法、采购质量管理的策略等。

教学目标

知识目标：	1. 了解库存的定义、分类，库存控制的意义和影响因素。 2. 掌握库存控制主要模式。 3. 掌握采购数量决策。 4. 了解采购质量管理的含义、影响因素。 5. 掌握采购质量管理办法和采购质量管理策略。
能力目标：	1. 能结合企业实际，确定采购数量。 2. 能结合企业实际，选择采购质量管理办法。 3. 能运用所学理论，结合实例进行采购数量和质量管理分析。
素质目标：	爱岗敬业；具备团队协作和信息化处理能力；具有责任意识、效率意识、服务意识和创新意识。

教学重点

1. 采购时机决策。
2. 采购数量决策。
3. 采购质量管理办法。

教学难点

1. 采购数量决策。
2. 采购质量管理办法。

教学建议

注重教学理论与企业采购实务的结合，指导学生理论联系实际，在解决实际问题中突破学习的重难点。

建议教学时数：8 学时。

思维导图

- 采购数量与质量管理
  - 采购数量管理
    - 采购库存管理
      - 库存概述
      - 库存管理的基本概念
      - 意义管理的意义
      - 库存管理的影响因素
      - 库存管理的主要模式
    - 采购数量决策
      - 大批量采购
      - 经济批量采购
    - 采购时机决策
      - 定期订货法
      - 定量订货法
      - ABC分类控制法
  - 采购质量管理
    - 概述
      - 定义
      - 意义
      - 构成
    - 影响因素
      - 人的因素
      - 生产环节中的因素
      - 流通环节中的因素
      - 消费环节中的因素
    - 方法
      - 直方图法
      - 控制图法
      - 因果分析法
      - PDCA循环法
    - 策略
      - 制订联合质量计划
      - 制定采购质量管理体系
      - 运用科学的质量检验方法
      - 定期或不定期监督检查

任务一　采购数量管理

案例导入

某医疗器械公司的原材料采购

某医疗器械公司拥有2 000平方米的厂房，1 000平方米十万级净化无菌车间。正常情况下，5条全自动平面口罩生产线日产平面口罩30万只；2条KN95、N95全自动生产线日产口罩3万只。公司生产部门、仓储中心在上季度的业务报告中发现，近几个月来部门生产所需的聚丙烯无纺布和熔喷布不能满足生产需要，出现缺货现象，同时存在口罩定型棉、鼻梁筋、耳挂、活性炭过滤纸等部分材料存量过大，占用费用多的现象。

☞ 案例思考

假如你是主管采购的经理，了解情况后该如何处理？

知识准备

一、采购库存管理

在信息时代，在如何保证生产与销售的连续性、均衡性的前提下，确定合适的采购数量，保证一个合理、经济的库存量，是库存管理的一个重要课题。

（一）库存概述

1. 库存的定义

传统意义下的“库存”是指处于存储状态的物品或商品。现代意义下的“库存”指为了将来的使用和销售而持有的货物储备，尤其是指存放在仓库中的物品。物流管理中的“库存”是指一切目前闲置的、用于未来的、有经济价值的资源，它是为了提升服务质量、节省订货成本、防止短缺而储存的。本教材认为，“库存”是仓库中实际储存的货物，包括两类：一是生产库存，即直接消耗物资的库存物资，是为了保证单位所消耗的物资能不间断地供应而储存的；二是流通库存，即生产企业的成品库存、生产主管部门的库存和各级物资主管部门的库存。

库存几乎是每一个生产产品和提供服务的企业或组织生产管理的重要组成部分，尤其对生产企业和商业企业来说更是如此。一方面它能有效地缓解供需的矛盾，使生产尽可能均匀，有时甚至还有“奇货可居”的投机功能，为企业盈利；另一方面它占用大量资金，减少了企业的利润，掩盖了企业管理不善的各种矛盾，使企业效益低下甚至导致企业亏损。因此，库存量的确定必须掌握适度定额和合理库存周转量。

2. 库存的分类

(1) 按库存的作用分类。

按库存的作用分类，可将库存分为周转库存、安全库存、在途库存和调节库存。

周转库存又称为周期库存、循环库存，当生产或订货是以每次一定批量而不是以一次一件的方式进行时，这种由批量周期性形成的库存就称为周转库存。周转库存的大小与订货的频率有关，故在订货成本和库存成本之间做出正确选择，是决策时主要考虑的因素。

安全库存又称为缓冲库存，是生产者为了应对需求的不确定性和供应的不确定性，防止缺货造成的损失而设置的一定数量的存货。安全库存的数量受需求、供应的不确定性及企业希望达到的顾客服务水平影响。

在途库存又称为运输库存，是处于相邻两个工作地之间或是相邻两级销售组织之间的库存。包括处在运输过程中的库存，以及停放在两地之间的库存。它取决于输送时间和在此期间的需求率。

调节库存又称为预期库存，是为了应对未来的预期变化而准备的用于调节的库存，包括季节性库存和投机性库存等。由于需求的季节性或是采购的季节性等特点，必须在淡季为旺季的销售或是在收获季节为全年生产储备的存货称为季节性库存。投机性库存是为了投机盈利需要而暂时保持的库存。预期库存的设立除了季节性原因，还出于使生产保持均衡的考虑。

(2) 按用户对库存的需求特性分类。

按用户对库存的需求特性分类，可将库存分为单周期需求库存和多周期需求库存、独立需求库存和相关需求库存、确定需求库存和随机需求库存。

单周期需求库存是指偶尔发生对某种物品的需求的库存，包括仅仅发生在比较短的一段时间内或库存时间不太长的需求的库存，以及经常发生的对某种生命周期短的物品的不定量需求的库存。

多周期需求库存指在足够长的时间内对某种物品重复的、连续的需求的库存。

独立需求库存是指用户对某种库存物品的需求与其他种类的库存无关，表现出对这种库存需求的独立性。

相关需求库存是指用户对某种库存物品的需求与其他种类的库存有内在关联性，根据这种相关性，企业可以精确地计算出它的需求量和需求时间，这是一种确定型的库存。

确定需求库存是指物品的需求量是已知和确定的，补充供应链的前置时间是固定的，且与订货量无关的库存。

随机需求库存是指物品的需求量和补充供应链的前置时间至少有一个是随机变量的库存。

(3) 根据产品特点分类。

根据产品特点分类，可将库存分为单一产品库存、多产品库存、稳定性产品库存和易变质产品库存。

单一产品库存是指同一仓库只有单一产品的库存。

多产品库存是指同一仓库中同时处理很多种产品（甚至是成百上千种产品）的库存。

稳定性产品库存是指能无限期保持可出售状态的产品的库存。

易变质产品库存是指在出售之前仅能在库存中保持非常有限时间的产品的库存。

（二）库存管理的基本概念

1. 库存管理的定义

库存管理又称库存控制，是根据外界对库存的要求、企业订货的特点，预测、计划和执行补充库存的一种行为，并对这种行为进行控制。

库存管理的主要目的是为了合理控制库存量的大小，内容包括需求预测、确定物资的订货量和订货时间、给库存物资合理分类，以便于管理人员抓住重点，区别对待各种物资。

2. 对库存管理的理解

（1）狭义与广义的库存管理观点。

狭义的库存管理观点认为，库存管理主要是针对仓库的物料进行盘点、数据处理、保管、发放等，通过执行防腐、温湿度控制等手段，达到使保管的实物库存保持在最佳状态的目的。其实质是实物库存控制。它是实现公司财务目标的一种手段，或是整个库存管理的一个必要的环节。

广义的库存管理观点认为，库存管理是为了达到公司的财务运营目标，特别是现金流运作，通过优化整个需求与供应链管理流程，合理设置 ERP 控制策略，并辅之以相应的信息处理手段和工具，从而实现在保证及时交货的前提下，尽可能地降低库存水平，减少库存积压、报废、贬值的风险。广义的库存管理应该是整个需求与供应链管理部门乃至整个公司的责任。

（2）企业对库存管理的认识。

不同的企业对于库存管理，历来都有不同的认识。概括起来主要有以下三种：

一是持有库存。一般而言，在库存上有更大的投入可以带来更高水平的客户服务。长期以来，库存作为企业生产和销售的物资保障服务环节，在企业的经营中占有重要地位。企业持有一定的库存，有助于保证生产正常、连续、稳定地进行，有助于保质、保量地满足客户需求，也有助于维护企业声誉、巩固市场的占有率。

二是保持合理库存。库存管理的目的是保持合理的库存量，既不能过度积压也不能短缺。让企业管理者困惑的是：库存控制的标准是什么？库存控制到什么量才能达到要求？如何配置库存是合理的？这些都是库存管理的风险计划问题。

三是以日本丰田为代表的企业提出的所谓“零库存”的观点，它是一种准时化（Just In Time，简称 JIT）生产方式。这种观点认为，库存即是浪费，零库存是一项高效库存管理的改进措施。

知识拓展

什么是零库存

零库存是一种特殊的库存概念，零库存并不是等于不要储备和没有储备。所谓的零库存，是指物料（包括原材料、半成品和产成品等）在采购、生产、销售、配送等一个或几个经营环节中，不以仓库存储的形式存在，而均是处于周转的状态。

零库存管理包含以下两层含义：一是库存货物的数量趋于零或等于零；二是库存设施、设备的数量及库存劳动耗费同时趋于零或等于零。

零库存主要形式有：委托保管方式、协作分包方式、轮动方式、准时供应系统、看板方式、“水龙头”方式、无库存储备、配送方式等。

思考： 假如你到一家物流企业仓储部门实习，发现该企业库存管理存在很多问题，比如库存摆放无序、记载不规范、管理货损率高等，你会利用所学知识给企业提出哪些合理化建议?

（三）库存管理的意义

（1）有利于科学管理库存物资。通过库存控制，使必需的物资按需要量供应，保证企业生产急需的物资及时供应，保障持续生产。

（2）有利于开展仓库管理工作。通过库存控制，可使得原来零散放置的物料整理有序，废旧物料堆放整齐，仓储整洁干净，实现文明生产。

（3）有利于提高资金利用效果。通过库存控制，缩短订货提前期，生产企业顺利采购所需的物品，使得企业的经营活动更为灵活，加速资金周转。

（四）库存管理的影响因素

1. 需求

需求是指在一定时期内从库存中取出的产品数量，以应对某种用途（如生产或销售）。

2. 产品特征

产品特性是影响库存决策的因素之一，不同类型的产品其库存控制方法有所不同。

3. 订货期/生产提前期

在库存控制中，企业往往根据库存储备将要消耗完的时间，提前一个订货期/生产提前期提出订货，以避免在订货到达之前发生缺货。在订货期/生产提前期内应储备多少存货也是库存控制的一项重要决策。

4. 物资单价

物资的价格越高，会占用的库存资金数额也就越多，可以通过增加采购次数的方式来缩减库存量，这也是库存控制的手段之一。

5. 服务水平

服务水平即供应对需求的满足程度。服务水平的高低将对库存控制决策产生重要的影响，如要100%满足顾客需求，即服务水平为100%，则需要增加库存。

6. 采购费用和保管费用

采购费用与订货次数成正比，若采购费用大，应考虑减少订货次数。有了库存就必须进行保管，也就需要保管费用，因此保管费用与库存量成正比，故保管费用高的产品物资应该把库存控制在适当的水平上。

（五）库存管理的主要模式

1. 供应商管理库存

（1）主要思想。

供应商管理库存（Vendor Managed Inventory，简称VMI）理念通过集中管理库存和各个零售商的销售信息，使生产商或分销商补货系统建立在真实的销售市场变化的基础上，能够提高零售商预测销售的准确性，缩短生产商和分销商的生产和订货提前期，在链接供应和消费的基础上优化补货频率和批量。

在“互联网+”背景下，越来越多的企业开始尝试供应商管理库存。有学者认为这种库存管理方式是未来的发展趋势，甚至认为它会导致整个配送管理系统的革命。

（2）运作原理。

供应商管理库存环境下的库存运作模式，本质上是将多级供应链问题变成单级库存管理问题。VMI是以实际或预测的消费需求和库存量，作为市场需求预测和库存补货的解决方法，即由销售资料得到消费需求信息，这样供货商可以更有效地计划、更快速地反应市场变化和消费需求。供应商管理库存是以供应商为中心，以双方最低成本为目标，在一个共同的框架协议下把下游企业的库存决策权代理给上游供应商，由供应商行使库存决策的权利，并通过对该框架协议经常性的监督和修改实现持续改进。供应商收集分销中心、仓库和POS数据，实现需求和供应相结合；下游企业只需要帮助供应商制订计划，即可实现零库存，从而使供应商的库存也大幅度地减少。VMI是一种很好的供应链库存管理策略，它能够突破传统的条块分割的管理模式，以系统的、集成的管理思想进行库存管理，能够使供应链系统获得同步化的运作。

（3）运作阶段。

第一个阶段是前期准备阶段。主要体现在战略层次上，包括采取哪种供应商管理库存形式；选定哪一个供应商作为自己实施的合作伙伴，制定相互之间的契约关系及供应的目标。

第二个阶段是实施阶段。该阶段是最为重要和复杂的，主要体现在战术层面上，包括适应供应商管理库存的组织机构的变革；买方企业和自己的合作供应商共同组建一个工作团队，设立一些新的职能部门；整个供应商管理库存系统是如何具体运作的。

第三个阶段是评估改进阶段。本阶段根据双方企业实施供应商管理库存之前制定的目标，确定一些经济指标，对实施前后作一个对比。如果达到预期效果就进入全面实施阶段；如果达不到就返回到上一个阶段，进行改进和完善，直至通过再进入下一个阶段。

2. 客户管理库存

（1）主要思想。

客户管理库存（Custom Managed Inventory，简称 CMI）是与供应商管理库存相对的库存控制方式，该模式认为：在配送系统中，零售商在配送系统中由于最接近消费者，在了解消费者的消费习惯方面最有发言权，因此应该是最核心的一环，库存自然应归零售商管理。

（2）实施内容。

第一，实施 1.5 倍原则。1.5 倍原则是经过很多公司的销售实践总结出来的库存管理的安全存货原则，具体数据是建立在上期客户的销量基础上的，是本期建议客户订单的依据。按 1.5 倍原则备货是销售人员必须掌握的工作职责之一，是主动争取客户订货量并时刻掌握客户销售情况的营销策略。实施 1.5 倍原则，可以保证客户有充足的存货，减少断货、脱销的可能性，保证客户随时都能买到所需产品，帮助客户不漏掉任何一次成交的机会。

第二，实施存货周转。首先明确存货周转的内容。存货周转要求销售人员一方面应及时向客户的货架上补充货物，保证货架里面的产品陈列符合生动化标准；另一方面应遵循先进先出的原则进行存货周转，目的是保证客户提供给消费者的产品永远是新鲜的。实际上，所谓存货周转就是对暂时未卖出的货架上的产品依据先进先出的原则进行循环，可以有效促进存货周转。销售人员一方面根据公司的规定和标准及时更换不良品，对客户的存货进行管理，努力做好客户的专业顾问，主动为客户提供全面的存货管理服务；另一方面必须了解各种包装产品的适用范围和库存量的多少，遵守动手周转货架上的陈列产品、落实先进先出的原则及把存货数记入客户卡的原则。此外，存货周转讲究方法和技巧，如全面的产品知识可以帮助掌握保质期、储存条件、消费者购买的最佳时机设定；对各种包装产品的适用范围和库存量的熟悉可以帮助销售人员判断不同零售商执行的分销标准，根据该零售商的出货情况设定合适的库存数量；预测机会可以帮助销售人员更加理性地思考问题并提前考虑到一些影响销售的因素；了解经营和空间上的限制条件，帮助销售人员根据这些情况发展不同的生意主张并成功地销售给零售商，从而取得合作和促进业绩提升的机会等。

3. 联合管理库存

（1）主要思想。

联合库存管理（Jointment Management Inventory，简称 JMI）是一种在 VMI 的基础上发展起来的上游企业和下游企业权利责任平衡和风险共担的库存管理模式。它强调供应链中各个节点同时参与，共同制订库存计划，使供应链过程中的每个库存管理者都从相互之间的协调性考虑，保持供应链各个节点之间的库存管理者对需求的预期保持一致，从而消除了需求变异放大现象。

（2）实施策略。

第一，建立供需协调管理机制。为了发挥联合库存管理的作用，供应链各方应建立供应链协调管理的机制，建立合作沟通的渠道，明确各自的责任，为联合库存管理提供有效的保障机制。只有管理机制协调，才能进行有效的库存管理。

第二，建立信息沟通渠道。为了提高整个供应链需求信息的一致性和稳定性，减少由于多重预测导致的需求信息扭曲，应增加供应链各方对需求信息获得的及时性和透明性。整个供应链通过构建库存管理网络系统，使所有的供应链信息与供应链的管理信息同步，提高供应链各方的协作效率，降低成本，提高质量。为此，应建立一种信息沟通的渠道或系统，以保证需求信息在供应链中的畅通和准确。可以将条码技术、扫描技术、POS系统和EDI集成起来，并且要充分利用互联网的优势，在供应链中建立畅通的信息沟通桥梁和联系纽带。

第三，发挥第三方物流系统的作用。为更好地实现联合库存，可借助第三方物流（Third Party Logistics，简称TPL），即把库存管理部分功能代理给供需双方以外的第三方物流公司，使企业更加集中于自己的核心业务，增加了供应链的敏捷性和协调性，提高了服务水平和运作效率。

思考：若你是采购总监，你会主张采用哪种库存控制模式？若你站在消费者角度，你会主张采用哪种库存控制模式？

二、采购数量决策

采购商品的数量会影响商品的销售和库存，关系到销售成本和经营效益。企业商品的采购方式，一般有大批量采购和经济批量采购两种。

（一）大批量采购

大批量采购是指一次性大批量地采购商品。

1. 大批量采购的优缺点

这种方式的优点是：价格优惠，通过大批量采购可获得供应商的价格折扣，可大大降低采购价格；可节省采购费用，进行大批量采购可以减少采购次数，进而节省这一部分费用。

其缺点是：需要占用大量资金和仓储设施，而且容易出现滞销而导致仓库积压。

2. 大批量采购的适用情况

大批量采购的商品数量一般很难找出规律性，主要依靠企业的经营需要、仓储条件和采购优惠条件等情况确定，一般适用于以下几种情况：

（1）市场需求量巨大的商品，可以采用大批量采购。有些价格弹性较大的商品，价格降低一定幅度以后，可以引起需求量迅速增加。有些企业针对这一点，大量进货，压低进货成本，再采取薄利多销的促销策略吸引消费者购买，从而加速商品周转。对于那些价格比较敏感而销售量大的商品，可以采取大批量采购的方法。

（2）供货不稳定的商品，可以采用大批量采购。有些商品的供应时断时续，没有规律可循。当市场上供应这种商品时，企业可以大批量采购并储存起来，供以后陆续销售。在这种情况下，企业必须准确估计需求量以及商品供应不稳定的缺货时间，否则会承担商品积压的风险。

（3）共同采购的方式下，可以采用大批量采购。共同采购，即许多独立中小企业为降低采购成本而联合起来的一种联购分销的采购方式，这种方式在国外零售业中非常普遍，而在国内还比较少见。在这种采购方式下，尽管具体到每个企业的采购量不大，但各个企业联合起来采购，聚沙成塔，就可以采用大批量采购方式。

（二）经济批量采购

1. 经济批量采购概述

经济订货批量（Economic Order Quantity，简称 EOQ）指在一定时期内在进货总量不变的条件下，使采购费用和储存费用总和最小的订货批量。经济订货批量模型是雷蒙德·费尔菲尔德于 1931 年在一本论经济订购批量的书中提出的，是固定订货批量模型的一种。此模型可以用来确定企业一次订货（外购或自制）的数量。当企业按照经济订货批量来订货时，可实现订货成本和储存成本之和最小化。

2. 经济批量采购的计算公式

根据采购成本控制原理得知，年库存总成本＝购入成本+储存成本+订货成本。若用 P 表示单位货物采购价格（元/件）；R 表示某库存物品年需求量（件/年）；C 表示单位订货成本（元/次）；Q 表示订货批量；F 表示单位库存保管费用与单件库存采购成本之比；PF 和 H 表示单位库存平均年度保管费用（元/件·年）；EOQ 表示经济订货批量数量。

代入年库存总成本，则 $TC(Q) = PR+CR/Q+PFQ/2$

经过换算，经济订货批量（EOQ）用数学公式表达如下：

$$EOQ=\sqrt{\frac{2\times\text{年采购总量}\times\text{一次性采购费用}}{\text{单位商品储存费用}}}=\sqrt{\frac{2CR}{PF}}=\sqrt{\frac{2CR}{H}}$$

【例 3-1】 某公司预计全年销售聚丙烯无纺布 20 万卷，已知每卷的采购费用是 5 000 元，每卷价格为 2 万元，年保管费用率为 2.5%，求经济订货批量。

根据公式可得

$$EOQ=\sqrt{\frac{2\times\text{年采购总量}\times\text{一次性采购费用}}{\text{单位商品储存费用}}}=\sqrt{\frac{2\times200\ 000\times5\ 000}{20\ 000\times2.5\%}}=2\ 000\ (\text{卷})$$

通过上述计算可以得知，每次采购数量在 2 000 卷以上或 2 000 卷以下的年度总费用都高于 2 000 卷采购批量的年度总费用。只有每次采购批量在经济采购批量附近时，才能使年度总费用最小。如果远离经济采购批量而盲目进货，企业无法取得良好的经济效益。

企业在计算出商品的经济订货批量后，还要考虑到实际需求，数量折扣及可变的订货成本和占用成本等方面的变化，以确定实际的采购数量。

3. 经济批量采购的适用情况

经济批量采购的运用必须符合一定的条件，主要包括：（1）商品的采购需求量应当均衡、稳定，计划期（如一年）的采购总量是一定的，并且是已知的；（2）货源充足，库存量不允许发生短缺；（3）商品单价和运费率固定，不受采购批量大小的影响；（4）每次的采购费用和每单位商品的储存费用均为常数；（5）仓储和资金条件等不受限制。许多日用工业品适于用经济批量采购，因为大多数日用工业品属于常年生产、销售均匀的周转性商品。

三、采购时机决策

采购时机决策与库存控制策略基本一致，主要通过控制订货和进货时机来控制库存，关键是解决订货时机、订货数量及订货操作方法等问题。这里重点介绍定期订货法、定量订货法和 ABC 分类控制法。

（一）定期订货法

1. 定期订货法的计算方法

定期订货法是指预先确定订货时间间隔和一个目标库存水平，然后按照规定的订货周期进行订货，以补充库存的一种库存控制方法。订货周期一般由企业预先设定，依据是企业采购该种商品的备运时间、平均日销售量及企业储备条件、供货商的供货特点等因素。周期长度随企业情况不同而不等（10 天、15 天或更长）。订货数量则不固定，每次采购前，必须通过盘点了解企业的实际库存量及销售数量，再决定采购数量。定期订货法的特点是有固定的采购周期，没有固定的采购数量。定期订货法的原理如图 3-1 所示。

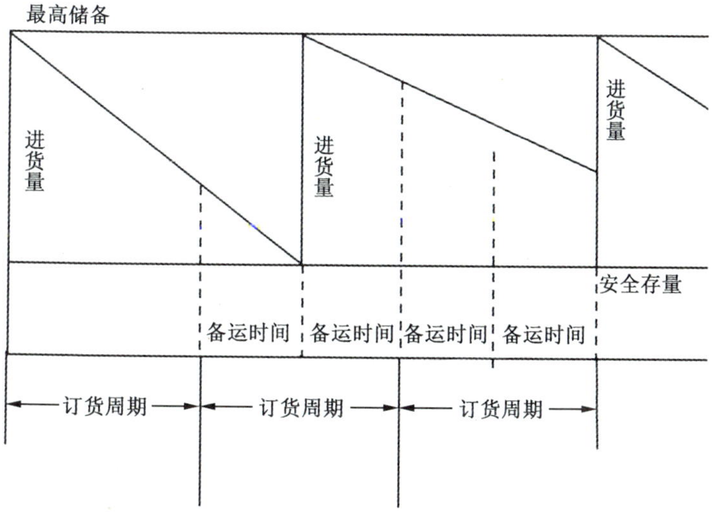

图 3-1　定期订货法示意图

其计算公式为：

采购数量=平均日销售量×采购周期+安全库存量−实际库存量

在上式中，安全库存量是防止由消费需要发生变化和延期交货引起脱销的额外库存量。

【例 3-2】某企业日销售口罩 300 包，安全库存定额为 3 天的需求量，订货日实际库存量为 400 包，进货周期为 15 天，则

采购数量=300×15+3×300−400=5 000（包）

可以看出，进货周期为 15 天，一般情况下，采购数量应为 4 500 包，而本次采购需 5 000 包，说明安全库存量不足，必须在采购时适当补足。

2. 定期订货法的优缺点

定期订货法的优点是：采购时间固定，有充分的时间制订周密的采购计划，便于采购管理，利于多种商品合并采购。定期订货法的缺点是：不能随时掌握库存动态，易出现缺货现象，盘点工作较为复杂。

定期订货法适用于零售商品、销售量不稳定或品种数量多的商品。

（二）定量订货法

1. 定量订货法的计算方法

定量订货法是指每次订货的数量相同，而每次订货的时间则根据库存量降到一定点来确定，也称为订货点法。定量订货的特点是有固定的采购批量，而没有固定的采购时间。

定量订货的采购批量可以参考经济订货批量的计算方法。这种采购的关键实际上是确定订货点的库存量。定量订货法如图 3-2 所示。

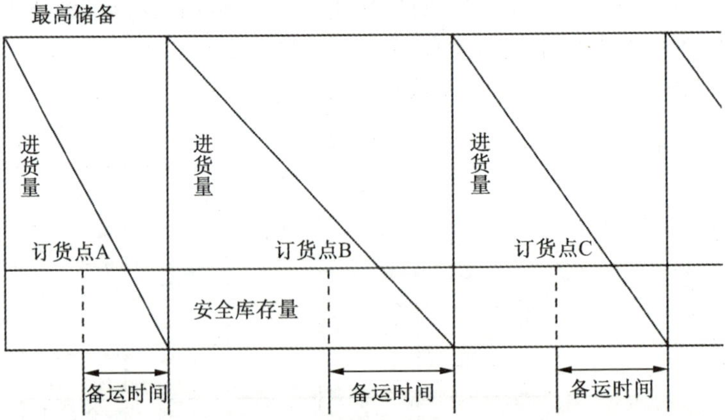

图 3-2　定量订货法示意图

由图 3-3 可知，从订货点开始到可以销售，一般需要一定的间隔时间，不可能随进随销。这段间隔期也称为备运时间，包括商品在途运输时间、商品验收入库时间、销售前整理加工时间及其他时间等。在这段时间内，存货通过逐日销售下降，如果存量下降到订货点 A 而不开始采购，企业就会面临脱销的风险；如果存量尚未下降到订货点 A 就提前采购，企业则要面临积压的风险。因

此，当库存量下降到订货点 A 或 B 时，是开始采购的最佳时间。订货点的计算公式如下：

订货点 = 平均日销售量×平均备运时间+安全库存量

【例 3-3】某公司平均日销售量口罩为 300 包，备运时间为 10 天，安全库存量为 600 件，则

订货点 = 300×10+600 = 3 600（件）

因此，当口罩库存量超过 3 600 件时，公司无须考虑采购；当库存量降到 3 600 件时，公司应及时按预定的采购数量或经济订货批量进行采购。

2. 定量订货法的优缺点

定量订货法的优点是：能随时掌握商品变动情况，采购及时，不易出现缺货现象。定量订货的缺点是：由于各种采购时间不一致，难以制订周密的采购计划，不便于采购管理，也不能享受集中采购的价格优惠。

定量订货法一般适用于单价较低、不便于少量订货的产品，比如螺丝、纽扣等；需求难以预测的物资；品种数量繁多、库房管理事务量大的物品；消费量计算复杂、通用性强、需求量比较稳定的产品。

（三）ABC 分类控制法

1. ABC 分类控制法概述

ABC 分类控制法是由意大利经济学家维尔弗雷多·帕累托首创的。1879 年，帕累托提出了“关键的少数和次要的多数理论”，即占人口总数 20% 的人手中掌握着社会总财富的 80%，而占人口总数 80% 的人手中掌握着社会总财富的 20%，该理论被称为帕累托原则或 80/20 法则。帕累托法则被不断应用于管理的各个方面。1951 年，管理学家戴克将其应用于库存管理，命名为 ABC 法。1963 年，彼得·德鲁克将这一方法推广到全部社会现象，使 ABC 法成为企业提高效益普遍应用的管理方法。

1951 年，美国通用电器公司的迪克在对公司的库存产品进行分类时，首先提出将公司的产品根据销量、前置时间等分成 A、B、C 三类：A 类库存为最重要的产品，B 类库存为次重要的产品，C 类库存为不重要的产品。

目前，ABC 分类控制法广泛应用于工业、商业、物资、人口及社会学等领域，以及物资管理、质量管理、价值分析、成本管理、资金管理等许多方面。它的特点是既能集中精力抓住重点问题进行管理，又能兼顾一般问题，从而做到用最少的人力、物力、财力实现最好的经济效益。

2. ABC 分类控制法的原理

将采购物料按品种和占用资金的多少分为最重要的物料项目（A 类）、次重要的物料项目（B 类）和不重要的物料项目（C 类），然后针对不同等级分别进行管理与控制。其核心是“抓住重点、分清主次”，如表 3-1 所示。

表 3-1　ABC 分类控制法分类标准

分类	品种比例/%	品种累计比例/%	资金比例/%	资金额累计比例/%
A	10	10	70	70
B	20	30	20	90
C	70	100	10	100

注：ABC 分类控制法的分类指标多种多样，可结合具体情况选取相应指标，如采购数量和资金额、销售数量和销售额等。

3. ABC 分类控制法的步骤

（1）确定统计期间（一年、一个季度或一个月等），收集相关数据（品种数、单价、采购量等）。

（2）计算好各种物料的采购金额，并记入 ABC 分析卡，如表 3-2 所示。

表 3-2　ABC 分析卡

物料名称：		物料编号：
单价：	采购数量：	采购金额：

（3）按采购金额的大小将卡片进行排序。

注意：如果物料项目繁多，逐一列出很麻烦，可先按金额大小排序之后，再按一定的标准把采购金额分成段，计算出各个段的百分比，结果一目了然。

（4）列表计算品种数、占全部品种的百分比、品种累计数、占全部品种的累计百分比、采购额、占采购总额的百分比、累计采购额、占采购总额的累计百分比等，如表 3-3 所示。

表 3-3　ABC 分类控制法计算表

物料名称	品种数	占全部品种的百分比	品种累计数	占全部品种的累计百分比	采购额/万元	占采购总额的百分比	累计采购额/万元	占采购总额的累计百分比
…								
合计								

（5）根据 ABC 分类标准制作 ABC 分类控制法分析表，如表 3-4 所示。

表 3-4　ABC 分类控制法分析表

分类	品种数	占全部品种的百分比	占全部品种的累计百分比	采购额/万元	占采购总额的百分比	占采购总额的累计百分比
A						
B						
C						

（6）对 A、B、C 类物料实施不同的管理策略。

4. ABC 分类控制法的采购方案（表 3-5）

表 3-5　ABC 分类控制法的采购方案

物料品种	采购方案
A 类	A 类物料品种数量少，但资金占用量大，对采购成本的影响举足轻重，必须重点管理。采购计划建议按月计划，每 10 天一个交货周期进行定期采购，采购量严格由系统按物料清单确定（售后配件需求除外）。严格控制库存，尽可能将库存放在供应商预测库存中
B 类	B 类物料，采购成本按次重点管理。采购计划建议按月计划，按月交付。B 类物料的需求量由系统自动确定，可根据当时市场行情等因素（如原材料价格处在低谷时、供应出现瓶颈时等）灵活选用库存控制方法
C 类	C 类物料品种数量多，但资金占用量小，因此精力可以少放在此类物料的采购上，C 类物料通用性强或是价值低，形成呆料的风险小，因此建议按季度用量定量采购或用双仓法、红线法进行粗略控制，相应减少订货次数

知识拓展

双仓法、红线法的含义

双仓法就是将存货分别放在两个储存空间（如两堆、两箱、两桶等）中，当第一个空间的存货用完后，即发出订货单，并同时从第二个空间开始供货；当第二个空间的存货用完后，第一个空间的货物到货，开始供应。如此交替存货，不断往复循环，以满足生产、经营上的需要。

红线法是指在存放货物的箱子上，从底部起在一定的高度处画一条红线，红线以下的数量代表安全库存量和提前期内的需要量，当货物在供应中降至红线时，即进行订货，以便把存货恢复到原有水平。

短视频：ABC 分类控制法在库存管理中的运用

5. ABC 分类控制法的计算

【例 3-4】某医疗器械公司周生产需要的物料数量及采购单价如表 3-6 所示，请用 ABC 分类控制法确定该公司的采购方案。

表 3-6　某医疗器械公司物料采购列表

物料序号	周使用量/件	单价/元
1	10	500
2	15	200
3	20	40

续表

物料序号	周使用量/件	单价/元
4	20	30
5	30	20
6	35	20
7	30	10
8	40	5
合计	200	—

（1）计算各种物料的数量与资金的累计百分比（表 3-7）。

表 3-7　各种物料数量与资金计算表

物料序号	数量/件	单价/元	占用资金/元	占用资金百分比	资金累计百分比	占品项的百分比	品项累计百分比
1	10	500	5 000	44.6%	44.6%	5.0%	5.0%
2	15	200	3 000	26.8%	71.4%	7.5%	12.5%
3	20	40	800	7.1%	78.6%	10.0%	22.5%
6	35	20	700	6.3%	84.8%	17.5%	40.0%
4	20	30	600	5.4%	90.2%	10.0%	50.0%
5	30	20	600	5.4%	95.5%	15.0%	65.0%
7	30	10	300	2.7%	98.2%	15.0%	80.0%
8	40	5	200	1.8%	100.0%	20.0%	100.0%
合计	200	—	11 200	—	—	—	—

（2）编制 ABC 分类表（表 3-8）。

表 3-8　物料采购 ABC 分类表

物料序号	数量/件	单价/元	占用资金/元	占用资金百分比	资金累计百分比	占品项的百分比	品项累计百分比	分类
1	10	500	5000	44.6%	44.6%	5.0%	5.0%	A
2	15	200	3000	26.8%	71.4%	7.5%	12.5%	A
3	20	40	800	7.1%	78.6%	10.0%	22.5%	B
6	35	20	700	6.3%	84.8%	17.5%	40.0%	B
4	20	30	600	5.4%	90.2%	10.0%	50.0%	B
5	30	20	600	5.4%	95.5%	15.0%	65.0%	C
7	30	10	300	2.7%	98.2%	15.0%	80.0%	C
8	40	5	200	1.8%	100.0%	20.0%	100.0%	C
合计	200	—	11 200	—	—	—	—	—

（3）得出结论。

根据 ABC 分类表中品项累计百分比（%）和资金累计百分比（%），进行 A、B、C 三类商品的分类。

A 类：第 1 项和第 2 项物料，品项累计百分比为 12.5%，资金累计百分比为 71.4%。

B 类：第 3 项、第 6 项和第 4 项物料，品项累计百分比为 37.5%，资金累计百分比为 18.8%。

C 类：第 5 项、第 7 项和第 8 项物料，品项累计百分比为 50%，资金累计百分比为 9.8%。

思考：假如你是某上游企业的采购总监，你发现合作的一家下游企业的选用订货策略更利于你所在的企业，你会给对方采用更好的订货策略吗？如何采用？

任务二　采购质量管理

案例导入

“奥运口罩”风波

随着东京奥运会的圆满闭幕，大家发现不少奥运相关产品也都火了起来，比如，奥运场馆里的玩偶、胸章等。对于中国观众来说，中国体育代表团佩戴的“奥运口罩”更加吸引人。“奥运口罩”整体设计简约大气，又不失细节，口罩整体采用中国国旗的红黄配色，口罩左下角的五角星图案采用中国书法的艺术造型，将厚重的东方文化底蕴与国际化的现代风格融为一体，呈现出了新时代的中国新形象。同时，这个图案也代表着青春和朝气、梦想和未来，整体颜色明亮鲜艳、积极向上，具有很高的辨识度。

后来有不少商家也售卖起了东京奥运会的同款口罩，而此前口罩生产方某制药有限公司曾发布声明，表示为奥运代表团制作的口罩不会对外销售，且公司在运动员出发前就已将所有口罩交付，目前并未有新的生产。为此，2021 年 7 月 26 日，这家制药公司在网上公开声明：现在网络上所售卖的所谓“正版”东京奥运会口罩全部都是盗版，并且有可能还无法达到医用外科防护级别，甚至有侵权问题。购买口罩需谨慎，不要为了赶潮流买假货。

☞ 案例思考

为什么会有这么多商家销售东京奥运会同款口罩？在企业经营中如何做好采购质量管理？

知识准备

一、采购质量管理概述

采购质量管理是采购管理中的一个非常重要的问题，一个企业生产的最终产品的质量取决于采购的原材料质量、生产过程的质量控制以及出货质量控制。因此，采购质量管理的水平是影响产品质量的第一关。采购质量管理的目的就是保证从供应商处所采购的物料质量可靠，符合生产部门的需要。从供应链管理来看，质量管理要拓展到对供应链上游的供应商的质量管理，扩展到企业内部和外部所有与供应商有关的活动，所以，采购质量管理是采购管理的重点，它将影响和决定企业今后的生存和发展。

（一）采购质量管理的定义

产品质量是商品满足规定或潜在要求的特性的总和。企业在进行商品采购时，要保证商品的质量，这是做好采购工作的基础。对商品质量进行检验，应该有一定的依据。

1. 规定

国家或国际法规有关质量标准或买卖双方合同要求等方面的人为界定。《中华人民共和国产品质量法》及国际法规规定了各种产品的质量要求。

2. 质量标准

质量标准是对商品的质量及与质量有关的各个方面所做的统一的技术规定，是评定、监督和维护商品质量的准则和依据。

采购质量管理是指对采购质量的计划、组织、协调和控制，通过对供应商质量评估和认证，从而建立采购管理质量保障体系，保证企业的正常物资供应活动。

知识拓展

我国采用的产品质量标准

产品质量标准是根据产品生产的技术要求，将产品的主要的内在质量和外观质量从数据上加以规定，即对一些主要的技术参数所作的统一规定。它是衡量产品质量高低的基本依据，也是企业生产产品的统一标准。我国采用的产品质量标准有以下四种：

1. 国际标准

国际标准是指某些国际组织，如国际标准化组织（ISO）、国际电工委员会（IEC）等规定的质量标准，也可以是某些有较大影响力的公司规定的并被国际组织所承认的质量标准。

2. 国家标准

国家标准是在全国范围内统一使用的产品质量标准，主要是针对某些重要产品而制定的。

3. 行业标准

行业标准也称部颁标准，它是指在全国的某一行业内统一使用的产品质量标准。

4. 企业标准

企业标准是企业自主制定的，并经上级主管部门或标准局审批发布后使用的标准。一切正式批量生产的产品，凡是没有国家标准、行业标准的，都必须制定企业标准。

企业可以制定高于国家标准、部颁标准的产品质量标准，也可以直接采用国际标准、国外先进标准，但企业标准不得与国家标准、部颁标准相抵触。

把产品实际达到的质量水平与规定的质量标准进行比较，凡是符合或超过标准的产品称为合格品，不符合质量标准的称为不合格品。合格品中按其符合质量标准的程度不同，又分为一等品、二等品等。不合格品中包括次品和废品。

（二）采购质量管理的意义

企业进行采购质量管理是保证产品质量的必要措施。因此，采购人员应正确认识采购商品质量的地位，并采取有效措施，在采购的全过程中重视和加强对商品的质量管理和控制，促进采购商品质量的不断提高。

采购质量管理的意义体现在以下几个方面：

1. 有利于提升产品品牌和企业声誉

在经济全球化趋势和市场竞争愈演愈烈的严峻形势下，商品质量竞争已成为贸易竞争的重要因素。商品质量是吸引顾客的关键，任何一家企业如果不加强质量管理，建立完善的质量管理体系，在市场竞争中就有被淘汰的危险。

2. 有利于降低采购商品质量风险

商业企业商品价值中80%左右是进货成本，商品是经采购由供应商提供的。在商品采购过程中，由于供应商提供的商品质量不符合要求，会给消费者造成经济、人身安全方面的损害，从而给采购方的效益和声誉带来严重的损失，这就是采购商品的质量风险。采购商品的质量风险源于供应商，但也可能与企业内部有关。由于受利益的驱动，目前社会上还存在不少不法商贩以次充好，提供不符合质量标准的假冒伪劣商品，如果不加强采购商品质量管理与控制，不按规章制度进行检查和验收，那么假冒伪劣商品很可能会蒙混过关，造成质量风险。

3. 有利于生产持续进行

只有在适当的时候，保证适当数量和适当质量的原材料，企业生产才可以有条不紊、按计划地持续进行，企业的经营活动才能有序地展开。

（三）采购质量的构成

采购质量是指与采购活动相关的质量，采购质量的好坏直接影响企业的最终产品的质量。采购质量管理就是采购企业对供应商提供的产品进行选择、评价和验证，确保采购的产品符合规定的质量要求。采购质量由性能、安全性、可信性、经济性、适应性和时间性六个要素构成。

1. 性能

性能是指物料满足一定使用要求所具有的功能，包括外观性能和使用性能两部分。其中，物料的款式、造型、色彩等属于外观性能，物料的各种技术性能指标（如物理、化学、机械性能指标）则属于使用性能。

2. 安全性

安全性是指物料在加工、制造、流通、储存和使用过程中，对损坏或伤害的风险按可接受的水平加以限制的状态，如有害物质超标、材料的安全因素等，都可能对用此物料制成的产品的使用者造成伤害，并对环境造成污染。

3. 可信性

可信性是指物料的可靠性、可维修性和维修保障性等性能。其中，物料的可靠性是指物料在规定条件下及规定时间内完成规定功能的能力；物料的可维修性是指物料在规定条件下及规定时间内，按规定的程序和方法维修时，保持或恢复到规定功能的能力；维修保障性是指维修保障资源能满足物料完好性和使用要求的能力。

4. 经济性

经济性是指合理的物料寿命费用，包括开发研制、生产制造、流通使用过程及用后处置的费用总和，对企业来说，是物料价格和使用费用之和。经济性好的物料能够满足社会要求和顾客需要，经济性差的物料即使质量特性很好，也难以在市场上长期立足。

5. 适应性

适应性是指物料适应外界环境变化的能力，包括自然环境和社会环境。如气候、地理、湿度、温度和气压等，以及政治、风俗、习惯、特定需求等。

6. 时间性

时间性是指在规定时间内满足企业对物料交货期和数量要求的能力，以及满足随时间变化企业需要变化的能力。物料的技术含量和知识含量随科学技术的进步越来越高，物料的市场生命周期越来越短，几乎所有的物料都面临越来越激烈的市场竞争。

二、影响采购质量管理的因素

（一）人的因素

人的因素是影响质量的最根本因素，其他因素通过人的因素才起作用。从生产、流通和消费全过程的各个环节无一不在人的控制下完成。

人的质量意识是决定商品质量的关键因素。商品质量、服务质量和工作质量是在人们头脑中反映的，是人的思想意识和专业素质的具体表现。企业员工的技术水平（专业知识和技能）和质量管理水平（质量管理知识、方法和组织能力）则是保证和提高商品质量的必要前提。

（二）生产环节中的因素

生产过程中的市场调研、商品开发设计、原材料的采购、生产工艺和设备、质量控制、成品检验及包装等环节均会影响商品的质量。因此从产品的市场调研开始都要树立全面质量管理的理念。通过市场调研了解市场对产品质量的要求；通过商品开发设计确定最终的质量标准；通过原材料的采购确定产品的质量基础；通过生产工艺和设备保证生产环节的质量要求；通过质量控制和成品检验保证供应市场的产品的合格率；通过包装环节完善产品的质量。

（三）流通环节中的因素

流通环节影响采购质量，是因为采购的商品在流通过程中，需要运输和仓储，因此运输不当或仓储不当都会影响商品质量。

1. 运输装卸

运程时间、运输的气候条件、运输路线、运输方式、运输工具和装卸工具等受到温度、湿度、风吹、日晒和雨淋等气候条件的影响，以及在装卸过程中可能会发生的商品碰撞、跌落、破碎、散失等现象，都会造成货损并降低商品质量。

2. 仓库储存

仓库储存是指商品脱离生产环节，尚未进入消费领域之前的存放。商品在储存期间的质量变化与商品的耐储性、仓库内外环境条件、储存场所的适宜性、养护技术和措施，以及储存期的长短等因素有关。要保证仓储过程中的商品质量就要满足其储存的日光温度、湿度、氧气、水分、臭氧、尘土、微生物和害虫等条件要求。

3. 销售服务

销售服务过程中的进货验收、入库短期存放、商品陈列、装配调试、包装服务、送货服务、技术咨询、维修和退还服务等各项工作的质量都是影响消费者所购商品质量的因素。售前、售中及售后服务质量已逐渐被消费者视为商品质量的组成部分。采购方进行采购时，应尽量减少退换货的可能性，这样可以尽量避免不必要的商品流通，以免造成浪费或损坏商品的质量。

（四）消费环节中的因素

在使用过程中，为了实现商品的最大使用价值，应注意以下商品消费环节中的事项：

（1）商品采购之后，应该在商品的适用范围内使用。

（2）应掌握正确的使用方法，具备商品维修保养的基本知识。

（3）废弃物处理尽量科学化，处理回收产品时要加以区分不能或不值得回收的产品，这样可以使回收产品的质量得到保障。

三、采购质量管理的方法

（一）直方图法

直方图又称质量分布图，是一种几何形图表。它是根据从生产过程中收集来的质量数据分布情况，画成以组距为底边、以频数为高度的一系列连接起来的直方型矩形图。

直方图的主要用途：整理统计数据，了解统计数据的分布特征，即数据分布的集中或离散状况，从中掌握质量能力状态；观察分析生产过程中质量是否处于正常、稳定和受控状态，以及质量水平是否保持在公差允许的范围内。

【例 3-5】某企业生产一种零件，技术标准为220±20mm，经抽样得到10组数据，如表3-9所示。

表 3-9　抽样数据

单位：mm

第1组	208	202	210	219	215	218	212	216	213	211
第2组	216	220	204	225	237	231	214	218	220	221
第3组	215	214	228	222	213	221	219	223	229	220
第4组	220	231	232	221	206	219	220	227	213	229
第5组	212	206	220	233	218	226	218	235	217	220
第6组	221	220	207	221	220	218	223	230	217	217
第7组	228	207	227	218	220	221	215	217	234	219
第8组	224	223	208	221	222	224	220	216	226	216
第9组	217	224	218	215	209	210	217	205	225	210
第10组	214	211	209	212	225	223	211	218	211	222

根据资料可知：组数为10，组距=（237−202）÷10=3.5≈4。

记录各组数据，整理成频数分布表3-10。

表 3-10　频数分布表

组号	组距/mm	频数	中心值/mm
第1组	200—204	1	202
第2组	204—208	6	206
第3组	208—212	11	210
第4组	212—216	13	214
第5组	216—220	22	218
第6组	220—224	25	222
第7组	224—228	10	226
第8组	228—232	6	230
第9组	232—236	5	234
第10组	236—240	1	238

根据频数分布表，画出该企业的零件质量直方图（图3-3）。

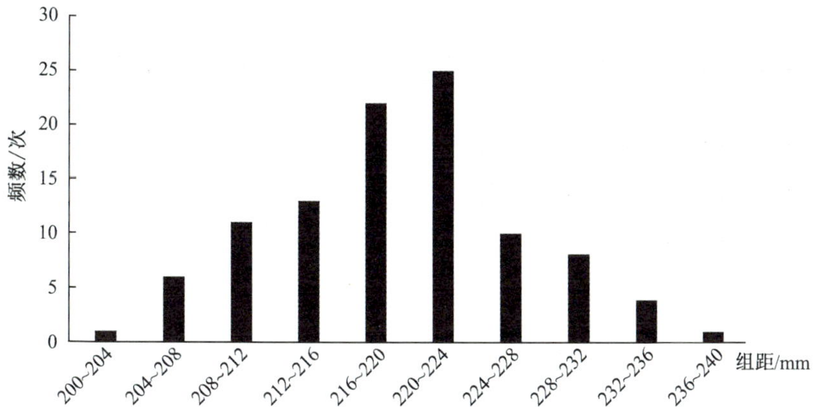

图 3-3　零件质量直方图

分析：如图 3-4 所示，该企业零件质量的直方图基本属于对称型（正常型），中间为高，两侧逐渐减小，呈对称分布；零件质量特性范围落在 200 mm 至 240 mm 之间，说明总体已出现一定数量的次品，应该设法使其分布更加集中，提高工序能力。

（二）控制图法

控制图法又称管理图法，它是画有控制（或管理）界限的一种图表，用来区分质量波动究竟是由于偶然因素引起的还是由于系统原因引起的，分析和判断工序是否处于稳定状态，从而判断商品质量是否处于控制（或管理）状态，预报影响质量的异常原因。它利用图表形式来反映生产过程中的运动状况，并依此对生产过程进行分析、监督和控制。

【例 3-6】根据例 3-5，该企业各组零件的质量平均技术标准数据如表 3-11 所示。

表 3-11　各组零件的质量平均技术标准数据　　　单位：mm

第 1 组	第 2 组	第 3 组	第 4 组	第 5 组	第 6 组	第 7 组	第 8 组	第 9 组	第 10 组
212. 4	220. 6	220. 4	221. 8	220. 5	219. 4	220. 6	220	215	215. 6

则该企业零件质量平均技术标准控制图如图 3-4 所示。

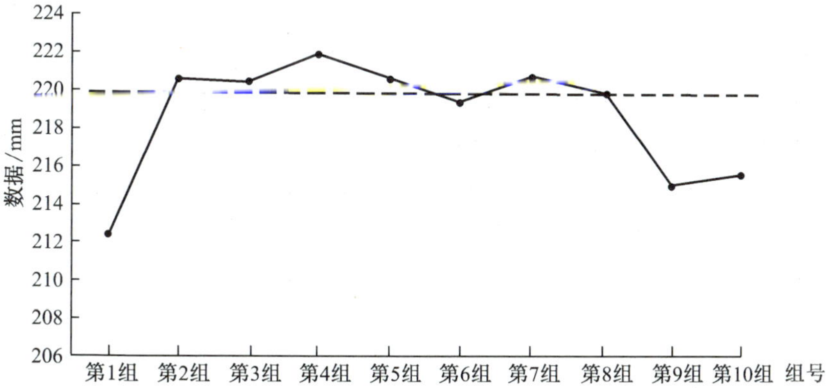

图 3-4　零件质量控制图

（三）因果分析法

因果分析图，又称鱼骨图，用来分析各种质量问题产生的原因，如图 3-5 所示。分析步骤如下：

（1）明确分析的对象，分析是什么产品、什么工序、什么问题。

（2）由大到小、由粗到细查明原因。

（3）明确关键原因，用不同的标志标记出来。

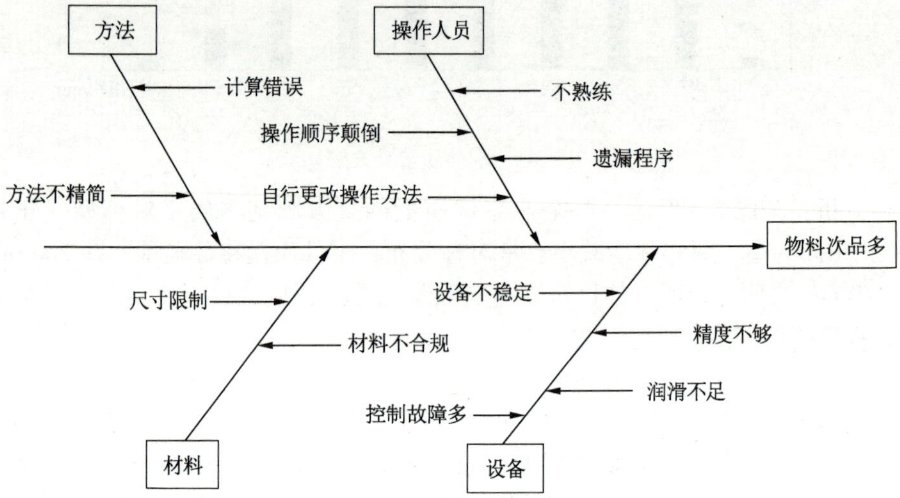

图 3-5　因果分析图

（四）PDCA 循环法

1. PDCA 循环概述

PDCA 是英语单词 Plan（计划）、Do（执行）、Check（检查）和 Action（行动）的首字母组合，PDCA 循环就是按照这样的顺序进行质量管理，并且循环不止地进行下去的科学程序。PDCA 循环又叫戴明环，是美国质量管理专家戴明博士首先提出的，它是全面质量管理应遵循的科学程序。全面质量管理活动的全部过程，就是质量计划的制订和组织实现的过程，这个过程就是按照 PDCA 循环，不停顿地周而复始地运转的。

2. PDCA 循环的特点

PDCA 循环作为全面质量管理体系运转的基本方法，其实施需要收集大量数据资料，并综合运用各种管理技术和方法。PDCA 循环的特点如下。

（1）各级质量管理都有一个 PDCA 循环，形成一个大环套小环、一环扣一环、互相制约、互为补充的有机整体，如图 3-6 所示。在 PDCA 循环中，一般来说，上一级的循环是下一级循环的依据，下一级的循环是上一级循环的落实和具体化。

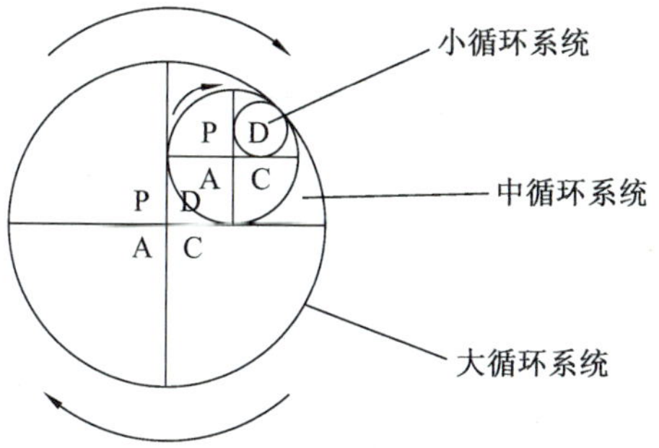

图 3-6　多层次的 PDCA 循环

（2）每个 PDCA 循环都不是在原地周而复始地运转，而是像爬楼梯那样，每一次循环都有新的目标和内容，这意味着质量管理经过一次循环解决了问题，质量水平有了新的提高。

（3）在 PDCA 循环中，A 是一个循环的关键，离不开多种科学管理方法的综合应用。

3. PDCA 循环的运用方法。

PDCA 循环的运用方法如表 3-12 所示。

表 3-12　PDCA 循环的运用方法

阶段	步骤	主要办法
P	1. 分析现状，找出问题	直方图、控制图
	2. 分析各种影响因素	因果图
	3. 找出主要影响因素	直方图、因果图
	4. 针对主要原因，制定措施、计划	回答“5W1H”： 为什么制定该措施（Why）？ 达到什么目标（What）？ 在何处执行（Where）？ 由谁负责完成（Who）？ 什么时间完成（When）？ 如何完成（How）？
D	5. 执行、实施计划	—
C	6. 检查计划的执行结果	直方图、控制图、因果图
A	7. 总结成功经验，制定相应标准	制定或修改工作规程、检查规程及其他有关规章
	8. 把未解决或新出现的问题转入下一个 PDCA 循环	

四、采购质量管理的策略

（一）制订联合质量计划

采购产品或原材料时，不仅要购买商品本身，还要购买供应商在产品设计、制造工艺、质量控制和技术帮助等方面的服务。要有效地购买供应商的这些服务，需要把供需双方的能力对等协调起来，协调的办法就是制订联合质量计划。联合质量计划一般要包括经济、技术、管理三个方面。

（二）制定采购质量管理体系

采购质量管理体系是指企业为了保证采购工作质量和采购物资质量，运用系统方法，依靠必要组织结构，把采购各部门、各环节的质量管理活动严密组织起来，把影响采购质量的一切因素控制起来，形成一个有明确任务、职责、权限，相互协调、相互促进的采购管理整体。这个体系能保证采购质量长期稳定地提高，它从组织上、制度上对采购质量实行强有力的控制，使采购质量控制有章可循、有法可依。

（三）运用科学的质量检验方法

在采购过程中，依据采购物资的不同种类，可以采取不同的采购措施，主要包括感官检验法、理化检验法、生物检验法、抽样检验法、全数检验法和包装检验法等。

（四）定期或不定期监督检查

采购方可根据实际情况派技术人员或专家对供应商进行定期或不定期的监督检查。通过监督检查，全面把握供应商的综合能力，及时发现其薄弱环节并要求其改善，从而从体系上保证了供货质量。主要监督检查双方合同的执行情况，重点监督检查拟购商品的质量情况。例如，在生产前主要监督检查原材料和外购件的质量状况；在生产中主要监督检查各工序半成品的质量状况；在生产后主要监督检查产成品的检验、试验及包装情况。需要注意的是，必须对关键工序或特殊工序进行重点监督检查。

知识拓展

ISO9000 族标准简介

ISO9000 族标准是国际标准化组织于 1987 年制定，后经不断修改完善而形成的系列标准。现已有 90 多个国家和地区将此标准等同转化为国家标准。我国等同 ISO9000 族标准的国家标准是 GB/T19000 族标准。该标准是国家标准化组织（ISO）承认的中文标准化。

一般来讲，企业活动由三方面组成：经营、管理和开发。在管理上又主要表现为行政管理、财务管理、质量管理。ISO9000 族标准主要针对质量管理，同时涵盖了部分行政管理和财务管理的范畴。

ISO9000 族标准并不是产品的技术标准，而是针对企业的组织管理结构、人员和技术能力、各项规章制度和技术文件，以及内部监督机制等一系列体现企业保证产品及服务能力质量的管理措施的标准。

ISO9000 族标准认证，也可以理解为质量体系认证，就是由国家批准的、公正的第三方认证机构依据 ISO9000 族标准，对企业的质量体系实施评定，向公众证明该企业的质量体系符合 ISO9000 族标准，企业可提供合格产品，公众可以相信该企业的服务承诺和企业产品质量的一致性。

ISO9000 族标准不仅在发达国家推行，发展中国家也正在逐步加入此行列中，ISO 已成为一个名副其实的技术上的世界联盟。

思考： 假如你是采购总监，你发现采购的一批物资存在质量问题，在和供应商沟通处理时发现该公司的销售总监是自己的好朋友，你会如何处理？

项目小结

一个企业生产的最终产品的质量首先取决于采购的原材料质量，因此，采购质量管理的水平直接影响到最终产品的质量，影响到消费者对产品的满意程度。从全面质量管理的意义上看，采购质量管理的含义已扩展到企业内部和外部所有与供应商有关的活动。

本项目遵循“廉洁采购、科学采购、创新采购”课程思政主线，在学习采购数量管理和采购质量管理基础知识点的基础上，分析了影响库存和采购质量的主要因素，介绍了库存控制的主要模式，阐述了采购数量管理决策和采购质量管理方法，重点介绍了采购数量管理中的经济批量法和 ABC 分类控制法，以及采购质量管理中的 PDCA 循环法，旨在课堂传授与实务操作，突出学生动手能力的培养，注重将知识转化为能力，达到学以致用的目标，培养学生胜任采购工作岗位的相关能力。

思考题

1. 什么是库存？库存的分类有哪些？
2. 有人认为“零库存”就是没有库存，这个观点是否正确？
3. 库存控制的影响因素有哪些？
4. 库存控制的主要模式有哪些？它们的特点是什么？
5. 什么是经济批量法？其适用范围是什么？
6. 小张认为：根据 ABC 分类控制法，对 A 类物资重点管理，对 C 类物资不用管理，这个观点是否正确？
7. 将库存风险由上游企业和下游企业共同承担，这种库存控制模式是什么？其具体做法是什么？
8. 采购质量管理的意义是什么？
9. 采购质量管理有哪些策略？

项目四 采购价格与成本管理

概述

本项目主要介绍采购价格和采购价格的种类及影响因素，采购价格的确定方法，控制采购价格的途径，采购成本的含义、构成及影响因素，采购成本管理的意义及措施，采购成本控制的方法及策略。

教学目标

知识目标：	1. 了解采购价格的种类和采购价格的影响因素。 2. 理解采购价格的确定方法。 3. 理解采购成本的构成、影响因素。 4. 掌握采购成本管理的内容和采购成本的控制方法。
能力目标：	1. 能够合理使用定价方法确定采购价格。 2. 能够利用所学成本构成知识确定采购成本。 3. 能够利用 ABC 控制法及定期定量采购对所采购物资的成本进行控制。
素质目标：	具备分析能力；具备协同沟通能力；具备团队协作能力；具备成本意识、法治意识；能做到实事求是、客观公正。

教学重点

1. 采购价格决策过程。
2. 采购成本的构成。
3. 采购成本管理的内容。

教学难点

1. 采购价格的影响因素。
2. 采购成本的降低途径。
3. 采购成本的控制方法。

教学建议

确定教学活动中学生的主体地位，发挥教师的主导作用。教师通过案例引入任务，激发学生学习兴趣，引导学生探究新知，并结合生活实际完成任务，突破重难点，有效培养学生自学能力、思维能力、实践能力和创造能力。

建议教学时数：10 学时。

思维导图

- 采购价格与成本管理
  - 认知采购价格
    - 概述
    - 影响因素
    - 折扣
      - 数量折扣
      - 现金折扣
      - 季节折扣
      - 交易折扣
      - 回扣和津贴
  - 采购价格的确定
    - 价格调查
      - 主要范围
      - 信息收集方式
      - 信息收集渠道
      - 调查资料处理方式
    - 市场分析
      - 完全竞争市场
      - 完全垄断市场
      - 垄断竞争市场
      - 寡头垄断市场
    - 经济环境
    - 确定方式
      - 报价采购
      - 招标采购
      - 谈判协议
    - 控制途径
  - 采购成本
    - 定义
    - 构成
      - 购入成本
      - 订购成本
      - 维持成本
      - 缺料（或缺货）成本
    - 影响因素
      - 采购批量和采购批次
      - 采购价格及谈判能力
      - 企业采购战略
      - 企业产品成本结构
      - 供应商成本结构
  - 采购成本管理
    - 意义
    - 成本居高不下的原因
    - 强化措施
      - 做好市场调查
      - 制定采购预算与估计成本
      - 采取议标订货
      - 确保供应主渠道畅通
  - 采购成本的控制
    - 现状
    - 基础工作
      - 建立完善的采购制度
      - 建立供应商档案和准入制度
      - 建立价格档案和价格评价体系
      - 确立物料的标准采购价格
    - 方法
      - ABC分类控制法
      - 定期采购控制法
      - 定量采购控制法
    - 策略
      - 集中采购
      - 联合采购
      - 第三方采购
      - 网上采购
      - 标准化采购
    - 应注意的问题

任务一　认知采购价格

案例导入

猪肉价格为什么大涨

2020年，老百姓生活中最关心的一件事是什么？不少老百姓都会告诉你现在吃不起猪肉了，市场价每千克将近60元，是2019年的3倍。2020年8月14日，国家统计局表示，猪肉价格上涨主要是两方面因素：一方面是由于企业复工复产，餐饮服务逐渐恢复，与餐饮相关的猪肉需求有所扩大；另一方面是由于7月份南方汛情对于生猪生产和调运产生不利影响，导致猪肉价格涨幅过大。猪肉价格上涨是从去年开始的，上涨的主要原因就是国外发生了猪瘟，导致猪肉进口缩减，同时我国的猪肉供应很难满足我们的日常需要。

一件商品的价格不仅与生产成本有关，更重要的是供求结构，造成2020年猪肉价格上涨的原因是多方面的，其主要原因是供求结构的变化，毕竟粮食的价格变化不是很大，猪肉的生产成本也不会很大。

☞ 案例思考

请分析2020年猪肉价格为什么大涨？

知识准备

一、采购价格概述

（一）采购价格的概念

采购价格是指企业进行采购作业时，通过某种方式与供应商之间确定的所需采购的物品和服务的价格。

（二）采购价格的种类

采购价格一般由成本、需求及交易条件决定，依据不同的交易条件，采购价格会有不同的种类。一般有送达价、出厂价、现金价、期票价、净价、毛价、现货价、合约价、实价等。

1. 送达价

送达价指供应商的报价中包含负责将商品送达指定地点时所发生的各项费用。在国际贸易上，送达价即到岸价加上运费（包括在出厂商所在地至港口的运费）和货物抵达买方之前的一切运输保险费，还有进口关税、银行费用、利息及报关费等。这种送达价通常由国内的代理商，以人民币报价方式（对应国内采购）向外国原厂进口货品后，再售予买方，一切进口手续皆由代理商办理。

2. 出厂价

出厂价指供应商的报价不包括运送服务的价格。这种情形常出现在销售商拥有运输工具或供应商加计的运费偏高时，或当卖方市场时，供应商不再提供免费的运送服务。

3. 现金价

现金价指以现金或相等的方式支付货款的价格，但是“一手交钱，一手交货”的方式并不多见。按零售行业的习惯，月初送货、月中付款或月底送货、下月中付款，即视同现金交易，并不加计延迟付款的利息。现金价可使供应商免除交易风险，企业也享受现金折扣。例如，在美国零售业的交易条件若为“2/10 净价 30”，即表示 10 天内付款可享受 2%的折扣，否则 30 天内必须付款。

4. 期票价

期票价指企业以期票或延期付款的方式来采购商品的价格。通常企业会在售价中加计迟延付款期间的利息。如果卖方希望获得现金周转，会将加计的利息超过银行现行利率，以使供应商舍去期票价而采用现金价，另外，从现金价加计利息变成期票价，有用贴现的方式计算价格。

5. 净价

净价指供应商实际收到的货款，不再支付任何交易过程中的费用，这点通常在供应商的报价单条款中会写明。

6. 毛价

毛价指供应商的报价，可以因为某些因素加以折让。例如，供应商会因为企业采购金额较大，而给予企业一定百分率的折扣。如采购空调设备时，商家的报价已包含货物税，只要买方能提供工业用途的证明，即可减免增值税 50%。

7. 现货价

现货价指每次交易时，由供需双方重新议定价格，若有签订买卖合约，也以完成交易后即告终止。在企业众多的采购项目中，采用现货价交易的方式最频繁；买卖双方按交易当时的行情进行，不必承担预立约后价格可能发生波动的风险或困扰。

8. 合约价

合约价指买卖双方按照事先议定的价格进行交易。合约价涵盖的期间依契约而定，短的几个月，长的一两年。由于价格议定在先，经常造成与时价或现货价的差异，使买卖双方在交易时发生利害冲突。因此，合约价必须有客观的计价方式或定期修订，才能维持公平、长久的买卖关系。

9. 实价

实价指企业实际支付的价格。特别是供应商为了达到促销的目的，经常提供各种优惠的条件给买方，例如，数量折扣、免息延期付款、免费运送等，这些优待会降低企业的采购价格。

思考：你能区分不同种类的采购价格吗？

二、采购价格的影响因素

在采购中，采购价格的高低受各种因素的影响。对于国外采购来说，各国、各地区的政治经济条件均有不同，采购价格受到市场的供应关系及其他许多因素的影响，包括规格、服务、交货期限、运输及保险等都对价格有相当大的影响。而对于国内采购而言，尽管商业环境、地区、时间与人力关系等方面有所不同，但其价格变动还是比较容易预测与控制的。

影响采购价格的因素主要有成本结构和市场结构两个方面。成本结构是影响采购价格的内在因素，主要受生产要素成本（如原材料、劳动力价格、产品技术要求等）影响；市场结构则是影响供应价格的外在因素，包括经济、社会政治及技术发展水平等。不同商品的采购价格影响因素的构成如表 4-1 所示。

表 4-1　不同商品的采购价格影响因素的构成

产品类别	成本结构为主	侧重于成本结构	50%成本结构 50%市场结构	侧重于市场结构	市场结构为主
原材料				✓	✓
工业半成品			✓	✓	
标准零部件		✓	✓	✓	
非标准零部件	✓	✓	✓		
产成品	✓	✓	✓		
MRO 产品		✓	✓	✓	
服务	✓	✓	✓	✓	✓

（一）供应商成本

这是影响供应价格最根本、最直接的因素。供应商进行生产，其目的是获得一定利润，否则生产无法继续。因此，供应价格一般在供应商成本之上，两者之差即为供应商获得的利润，供应商的成本是供应价格的底线。一些采购人员认为，采购价格的高低是双方谈判的结果，可以随心所欲地确定。其实这种想法是完全错误的。尽管经过谈判后供应商大幅降价的情况时常出现，但这只是供应商报价的水分太多的缘故，而不是谈判决定价格。

（二）规格与品质

采购方对采购品的规格要求越复杂，供应价格就越高。价格的高低与采购品的品质有很大的关系。如果采购品的品质一般或质量低下，供应商会主动降低价格，以求赶快脱手，有时甚至会贿赂采购人员。因而首先应确保采购物品能满足本企业的需要，质量能满足产品的设计要求，千万不要只追求供应价格最低而忽略了质量。

实例展示

某钢铁厂有两种可供选择的铁矿石，生铁售价均为 500 元/吨，铁矿石品质：方案 A 25%，方案 B 30%，炼铁设备相同，但生产过程及辅料消耗有所不同，方案 A 和方案 B 都购买 1 吨矿石，用于提炼铁。方案 A 通过提炼获得利润为 14.5 元，方案 B 通过提炼获得利润为 24 元。

问：我们选择哪种铁矿石对企业经济效益较为理想？

产品规格与品质是产品管理中的两个关键点，它们共同决定了产品在市场上的竞争力和消费者的满意度。产品规格的准确表述和品质的真实性是企业诚信的体现，强调产品品质的重要性，对产品质量的高度重视，体现了对消费者负责的态度。通过重视产品规格与品质，企业可以提高市场竞争力，赢得消费者的信任，实现可持续发展。

（三）采购数量

商品的采购单价与采购的数量往往成反比。如果采购数量大，采购方就会享受供应商的数量折扣，从而降低供应价格。供应商为了谋求大批量销售的利益，常采用价格折扣的促销策略。所谓价格折扣，是指当采购方采购数量达到一定值时，供应商适当降低商品单价。因此，大批量、集中采购是一种降低采购价格的有效方法，如表 4-2 所示。

表 4-2 不同采购数量的报价不同

一次采购数量/个	单价/美元
100	6.88
200	6.40
400	6.28
600	6.18
1 000	6.13

（四）交货条件

交货条件也是影响采购价格的重要因素。交货条件主要包括运输方式、交货期的缓急等。如果货物由采购方来承运，则供应商就会降低价格，反之就会提高价格。有时为了争取提前获得所需货物，采购方会适当提高价格。

（五）付款条件

在付款条件上，供应商一般都规定有现金折扣、期限折扣，以刺激采购方能提前用现金付款，从而影响采购的价格。不同付款方式的报价不同，如表 4-3 所示。

表 4-3 不同付款方式的报价不同

现金价与期票价的比较
现金价格：567 美元/吨
30 天期票价：582 美元/吨
60 天期票价：603 美元/吨
90 天期票价：610 美元/吨
120 天期票价：618 美元/吨

（六）生产季节与采购时机

企业处于生产的旺季时，对原材料需求紧急，因此不得不承受更高的价格。避免这种情况的最好办法是提前做好生产计划，并根据生产计划制订出相应的采购计划，为生产旺季的到来提前做好准备。

实例展示

C 公司决定向 A 公司采购某种零件，C 公司调查得知 B 公司一直在向 A 公司订购该种零件，价格为 1 200 元/单位，目前 A 公司的机械设备利用率仅为 70%，如 C 公司向 A 采购，A 公司不必因此增加新的机械设备，因此 C 公司要求价格定为 1 000 元/单位，A 公司接受了这个价格。

思考：A 公司为何接受降价要求？

（七）供求关系

若企业所采购的商品供大于求，则采购方处于主动地位，通常可以获得最优惠的价格；若需要采购的商品为紧俏商品，则供应方处于主动地位，价格可能会被抬高。供求关系往往受到市场竞争条件的影响，市场的竞争结构不同，供应的价格也会出现较大差异。

知识拓展

市场供求关系

市场供求关系是指在商品经济条件下，商品供给和需求之间的相互影响、相互制约关系，它同时也是生产和消费之间的关系在市场上的反映。市场供求关系呈现以下几种状态：

1. 供不应求

供不应求是指在一定时间内，市场上生产部门生产出的商品，也就是提供给人们消费的商品总额小于（落后）人们在这段时间内满足物质资料生活所需产品的总额。在这种情况下，需求大于供给，这时市场就成了卖方市场，卖方处于有利的地位。

2. 供大于求

供大于求是指在一定时间内，市场上生产部门生产出的商品，也就是提供给人们消费的商品总额大于（超出）人们在这段时间内满足物质资料生活所需产品的总额。这使得供给大于需求，这时市场成了买方市场，买方处于主动地位。

3. 供求平衡

供求平衡是指在一定时间内，商品的供给与人们的需求达到了理想的对等状态，即供给刚好满足需求。这种平衡只是一种趋势，只能是相对的平衡，这需要在严格的假定条件下才能实现。在这种情况下，买方和卖方处于对等关系，双方的关系是相对和谐、稳定的。

三、采购价格的折扣

价格折扣是指对基本价格做出一定的让步，直接或间接降低价格，以鼓励顾客及早付清货款、大量购买，或者是为了促进淡季的销售而给予对方价格上的优惠。相对而言，采购方为了降低单位采购成本，往往也会直接或间接地去争取这些折扣，因此采购价格折扣是采购经济行为中常见的现象。其中，日常采购活动中主要的采购价格折扣有数量折扣、现金折扣、季节折扣、交易折扣、回扣和津贴。

（一）数量折扣

数量折扣是按照顾客购买商品数量的多少，企业给予大小不同的折扣。采购数量多则折扣率也越高，目的在于鼓励顾客大量购买，以扩大销售数量。

数量折扣又分非累进折扣和累进折扣两种。非累进折扣，应用于单次购货，数量越多折扣越高。这不但可以鼓励顾客大量购买，而且可以节省销售费用，对于加速企业的资金周转也有利。累进折扣，应用于批发交易，规定在一定期限（如一个月、半年或一年）以内，顾客购买货物总量超过一定数额时，按其总量的多少给予不同的折扣。采用这种折扣的目的是稳定交易关系，增加可信赖的经常性顾客。一个企业经常性顾客越多，就越易于估计其销售数量，使企业的销售计划和生产计划趋于稳定。

（二）现金折扣

现金折扣是供应商针对其客户在付款方面所采取的一种手段，是对于那些按约定日期付款的顾客，给予一定减价优待的折扣。例如，某项商品的成交价为 85 万元，交易条款注明“2/10 净价 30”意思是：如果在成交后 10 天内付款，照原价可以少收 2%，但最迟应在 30 天内付清全部货款。这样，使用现金折扣时实际包括三项内容：折扣大小；给予折扣的限期长短；付清货款的期限。有些公司，对于比约定日期提前付款的，给予更多的折扣，其目的是鼓励顾客提早付清货款，可以加速本企业的资金周转。做过采购的人都知道，供应商最担心的就是卖出货后不能按时收回货款或收不回货款，所以一个供应商在开发一个新客户时，必定会了解这个新客户在货款支付方面的信誉。

（三）季节折扣

季节折扣也称季节差价，是企业给购买过季商品或服务的顾客减价的一种销售策略。有些产品的生产是连续的，而其消费却具有明显的季节性。为了调节供需矛盾，这些产品的生产企业便采用季节折扣的方式，对在淡季购买商品的顾客给予一定的优惠，使企业的生产和销售在一年四季都能保持相对稳定。例如，服装生产经营企业，对不合时令的服装，给予季节折扣，以鼓励中间商和用户提前购买、多购买；旅游公司在旅游淡季，给旅客以价格折扣，是为了招徕更多的生意。季节折扣比例的确定，应考虑成本、储存费用、基价和资金利息等因素。

（四）交易折扣

交易折扣指生产企业按照各类中间商在市场营销中所担负的不同功能，而给予他们的不同的折扣，所以又叫作“功能性折扣”。生产企业往往根据实际情况采取不同的政策，例如，当批发商起的作用较大时，可给予批发商以较大的折扣，以鼓励其大量批发，而给零售商的折扣则较小；当零售商在市场营销中起的作用较大时，则给予零售商较大折扣，让零售商以低于市场的牌价出售，以吸引广大顾客，扩大销路。通常的做法：先定好零售价，再按相应的折扣确定各环节的价格。如交易成本“25-10-5”，表明零售商获得了价格表上的25%折扣，批发商从零售商的采购价格中取得10%的折扣，制造商从批发商的采购价格中取得5%的折扣。

实例展示

具体分析以100元零售价为基础的“25-10-5”一系列折扣情况。

零售商：折扣为100元×0.25=25元，实际采购价格为100元-25元=75元。批发商：折扣为75元×0.10=7.50元，实际采购价格为75元-7.50元=67.50元。制造商：折扣为67.50元×0.05=3.38元，实际采购价格为67.50元-3.38元=64.12元。

（五）回扣和津贴

回扣是指购买者在按价格目录将货款全部付给销售者以后，销售者再按一定比例将货款的一部分返还给购买者，它是间接折扣的一种形式。津贴是企业为特殊目的，对特殊顾客以特定形式所给予的价格补贴或其他补贴。例如，当中间商为企业产品的广告宣传、样品陈列窗设置等促销活动提供便利时，企业给予中间商一定数额的资助或补贴。又如，对于进入成熟期的消费者，开展以旧换新业务，将旧货折算成一定的价格，在新产品的购买价格中扣除，顾客只支付余额，以刺激消费需求，促进产品的更新换代。这也是一种津贴形式。

思考：在日常生活中我们会看到很多商品打折现象，请分类举例。

任务二　采购价格的确定

案例导入

采购价格谈判

采购商A和供应商B谈好一款产品的进口价格为到货价10元/个。这款产品的到货价和国内高品质产品价格一致，经过谈判协商，降价到8元/个。采购商A后来了解到，国内一家经销商C在供应商B那里拿到了6元/个的到货价。采购商A试探性地找供应商B谈判，供应商B坚持认为给到采购商A的价格已经很低。但是采购商A了解的信息是，国内经销商C一年的货量在5—7个高柜，和自己预估的全年量差不多。这个时候谈判陷入了僵局。

☞ **案例思考**

出现僵局的原因是什么？在信息不完全对称的情况下，要确定采购价格，如何做有价值的准备？

知识准备

一、价格调查

一个企业所需使用的材料，少则几种，多则上万种，按其性质划分，可分为“高价物品”、“中价物品”及“低价物品”三类。如果有人问：“怎样才能够有效降低采购成本？”正确的回答是：“要做好采购价格调查。”

（一）价格调查的主要范围

在大型企业里，原材料种类不下万种，但限于人手，要做好采购价格调查，却又谈何容易。因此要了解“重要的少数”，是指通常数量仅占10%左右，但其价值却占总值70%—80%的那部分材料。假如企业能掌握住这80%左右价值的“重要的少数”，那么，就可以达到控制采购成本的真正目的，这就是重点管理法。根据一些企业的实际操作经验，可以把下列6个项目列为主要的采购调查范围。

（1）20—30种主要材料，其价值占总价值的70%—80%。

（2）属于大量采购项目的常用材料、器材。

（3）一旦供应脱节，可能会导致生产中断的性能比较特殊的材料、器材（包括主要零配件）。

（4）突发事件紧急采购项目。

（5）价格波动性物资、器材。

（6）数量巨大，对经济效益影响深远的计划外资本支出、设备器材。

上面所列6个项目，虽然种类不多，但所占的比例很大或影响经济效益甚广。其中（1）（2）（5）三项，应将其每日行情的变动制作成调查记录卡（表4-4），并于每周或每月做一个“周期性”的行情变动趋势分析。由于项目不多，而其金额又占全部采购成本的一半以上，因此必须做详细的调查记录。至于（3）（4）（6）三项，则属于特殊性或例外性采购范围，价格差距大，也应列为价格调查的重点。

表 4-4　调查记录卡

原材料名称	今日价格	昨日价格	增减幅度%	上周价格	上月价格

在一个企业中，为了便于了解占总采购价值 80%的“重要的少数”材料的价格变动行情，就应当随时记录，真正做到了如指掌。久而久之，对于相关的项目，它的主要材料一旦涨价，就可预测到成品价格会上涨。

（二）价格信息的收集方法

根据统计，采购人员约有 27%的时间从事信息收集，足见采购信息的重要性。价格信息的收集方法可分为以下三类：

（1）上游法。即了解拟采购的产品是由哪些零部件或材料组成的，换言之，查询产品的制造成本及产量资料。

（2）下游法。即了解所采购的产品用在哪些地方，换言之，查询产品的需求量及售价资料。

（3）水平法。即了解采购的产品有哪些类似产品，换言之，查询产品的替代品或新供应商的资料。

（三）价格信息的收集渠道

（1）杂志、报纸等媒体。

（2）信息网络或产业调查服务业。

（3）参观展览会或参加研讨会。

（4）加入相关协会或工会。

不过由于商情范围广阔，来源复杂，加之市场环境变化迅速，因此，必须筛选正确有效的信息以供决策。近年来对国外采购信息的需要越来越迫切，企业除了派人亲赴国外收集信息外，也可利用外贸协会信息处收集的名录、企管新知、电话簿、统计资料、市调报告、报刊、非书资料（录音带、录像带、磁盘、统计微缩片等）及其他途径获取资料。此外，国外驻华使领馆或文化经济交流协会等机构，也均能提供采购商情。通过网络也可直接阅览国外产品的信息。

（四）调查资料的处理方式

企业可将采购市场调查所得的资料加以整理、分析与检讨，在此基础上编制调查报告并进行商业环境分析，对本企业提出改进建议，根据科学调查结果研究出更好的采购方法。

思考： 如果你准备调查一种商品的采购价格，你将如何实施采购价格调查流程？

二、市场分析

供应商的市场结构对价格有较大影响。市场结构是指一个行业中的竞争者数量、产品的相似程度，以及新的竞争者进入该行业的各种障碍等状况。各种不同的市场结构在完全竞争到完全垄断两个极端之间连续变化，处于中间阶段的是垄断竞争和寡头竞争。卖方所在行业的市场结构能够对供应商的价格决定产生直接影响。

（一）完全竞争市场

完全竞争市场是一种竞争不受任何阻碍和干扰的市场，没有垄断，完全由买卖双方自由竞争。该市场上的产品无差异，市场上有许多生产者和消费者，且规模较小，处于该市场上的产品的价格是由整个市场的供求关系决定的。

在这种市场条件下，商品采购价格的核定往往表现为对市场价格的择优选择，可以在一定范围内讨价还价。当然，卖方可能为出售更多的商品而降低价格，但长期下去会造成收入损失。

（二）完全垄断市场

完全垄断市场是指整个行业的市场完全处于独家厂商所控制的状态下，该独家厂商决定商品供应数量和商品的市场价格。在这种情况下，一家厂商可以实行价格歧视，即在同一时间，厂商对同一种商品向不同的采购者索取不同的价格。

在完全垄断的市场条件下，采购价格的核定必须考虑以下几个方面：物品的需求性，即对供应商有无依赖；是否有代替品；国家有关政策，如对处于完全垄断市场的物品的限价政策。

（三）垄断竞争市场

垄断竞争市场（不完全竞争市场）是指一种既有竞争又有垄断的市场，其特征是众多的生产者出售相似而又有些差别的产品。理论上，众多的生产者提供大量的不同产品，单个生产者的行为对整个市场的影响非常有限，甚至几乎没有影响。因为单个生产者不能控制整个行业，所以买方能够依靠其采购需求的数量影响卖方。

在这种市场条件下，产品采购价的核定应以品牌、优质产品的价格为标准。若选购的是非名牌的一般产品，其价格应低于名牌产品的价格。

（四）寡头垄断市场

寡头垄断市场是指少数几家厂商垄断某一行业的市场，控制了该行业的供给，产品可能有差别，也可能无差别。在我国，寡头竞争行业包括钢铁、汽车以及电信行业等。产品价格的形成有以下两种情况：

（1）其中一个或少数几个厂商实力雄厚、产品成本低，在市场上处于支配地位，可以作为价格领导者提高或降低价格，其他厂商也追随其后改变产品的价格。

（2）各寡头为了共同利益，达成统一价。在这种市场条件下，企业采购价格的核定有较大波动，有可能的话，可考虑替代品。

总之，以上四种类型的市场中，完全竞争市场和完全垄断市场在现实生活中较少，买方对价格的影响力最小。垄断竞争市场和寡头垄断市场广泛存在，特别是垄断竞争市场大量存在。企业的采购部门要对处于市场中的产品认真分析，制定决策，买方拥有的卖方市场竞争结构知识越多，就能在确定价格与谈判策略时做更好的准备。

实例展示

1. 农产品市场（如小麦市场）

特点：农民生产几乎相同的小麦，买家可以轻易地从一个卖家转向另一个卖家。

价格决定：价格通常由市场供求决定，农民作为价格接受者，没有能力单独设定价格。

影响因素：天气条件、种植面积、政府补贴等。

2. 电力供应公司（某些地区的电力供应）

特点：由于基础设施投资巨大，进入壁垒高，一个地区可能只有一个电力供应商。

价格决定：电力公司可以设定价格，但需考虑政府监管和消费者支付能力。

影响因素：政府政策、技术进步、能源成本等。

3. 快餐行业（如汉堡店）

特点：许多快餐店提供类似但有细微差别的产品，如不同口味的汉堡。

价格决定：价格受品牌、产品质量、顾客忠诚度等因素影响。

影响因素：品牌营销、产品创新、顾客偏好等。

4. 汽车行业

特点：市场上只有几家大型汽车制造商，它们控制了大部分市场份额。

价格决定：价格可能由市场领导者设定，其他竞争者跟随；或者寡头之间通过协商形成统一价格。

影响因素：研发能力、品牌影响力、全球供应链、政府政策等。

思考：这四种行业分别属于哪种市场？

三、经济环境

通常经济环境决定市场是有利于卖方还是有利于买方。当生产率很高（生产紧张）且产品需求旺盛的时候，供给因素与需求因素共同创造了有利于卖方的价格条件。此时，买方通常想使价格或价格的增长低于行业平均水平。当一个行业处于下降时期的时候，买方可借此机会通过谈判获得有利的供给方案。

宏观经济会影响价格。例如，利率水平会影响引起生产性投资的资本总成本，从而影响供应商的内部回报率。甚至本国货币对其他货币的汇率都会影响价格，特别是在国际采购中，劳动力市场供给紧张，使成本增加，也会导致采购价格上升。

经济环境的知识对于确认影响产品供求的市场因素很有帮助。了解当前的市场环境、预测未来的市场环境，不仅有助于制定采购预算与物料的预测，还能为将来制定价格谈判策略提供有益的借鉴。

四、采购价格的确定方式

采购价格随采购方式的不同而不同，采购价格的洽谈，应以达到价格适当为最高目标，使买卖双方达到共赢。而采购方式有很多种，其中最为常见的是报价采购、招标采购、谈判协议采购等。

（一）报价采购

所谓报价采购，即采购方根据需要采购物品向供应商发出询价或征购函，是正式报价的一种采购方式。通常供应商寄发报价单，其内容包括品名、规格、数量、单位、价格、交易条件及有效时间等，有时供应商为取得采购商的信任，会主动提出信用调查资料供参考，有时也会寄上样品、图片及说明书，如果采购商完全同意报价内容，此项报价采购买卖契约即算成立。

1. 报价采购的种类

报价采购的权、责与约束力要视合约内容而定。由于要约内容不同，报价采购的种类亦各异。一般而言，报价种类主要分两大类，即确定报价与条件式报价。

（1）确定报价。

确定报价是指在某特定期限内才有效的报价。换言之，此种报价是指在有效期内，供应商所提价格为采购商所接受，即得到承诺，此种契约成立；若是逾期对方不寄发接受通知，此种契约不成立，买卖交易行为不受法律约束。但是若买方在接受此报价时，尚附有条件，则原有“确定报价”即告失效，而成为一种新的要约。确定报价目前是国际贸易中最普遍的一种报价。

（2）条件式报价。

条件式报价是指供应商在报价时附有其他条件的报价。由于条件内容不一，因而其形态十分复杂。

① 无承诺的报价。无承诺的报价一般仅可作为参考，供应商是按当天市价报价，若遇物价波动，供应商须自行调整其价格，所以这种报价寄发时，必须声明“本报价不受承诺的约束”，或“本报价价格须按市价而增减”，或“价格须随时适时变更，无须通知”。

② 供应商确认的报价。供应商确认的报价必须经供应商确认后才能生效，此类报价较无承诺的报价要好些，可以对采购商表达出交易的诚意，又可防范风险。不过若遇特殊理由，供应商可说明原因而取消确认。

③ 可以先销售的报价。可以先销售的报价对供应商较有利，即供应商以一批货同时向两家以上采购商报价，如果其中有人先接受此报价，则后接受者对该批已售的货品的报价自动失效。

④ 买方同意后的报价。买方同意后的报价又称为许可退货的报价，即买方须看到货品满意后才成立的报价方式，这种报价对供应商极不利，因此很少

采用。

当采购方决定要实行报价采购时，必须按照基本的步骤进行：应该对可靠的、潜在的货源进行仔细的初选；对报价要求进行精确的措辞；要有足够的供应商报价以保证真正的公开报价；一旦接受报价，应该对报价单正确对待；在决定谁成为最终供应商之前应该对报价单进行仔细分析。

（二）招标采购

公开招标也称无限竞争性招标。它是一种由招标人按照法定程序，公开发布招标公告，所有符合条件的供应商或承包商都可以平等参加，从中择优选择中标者的招标方式。邀请参加招标的供应商或承包商必须为不特定的法人或其他组织。公开招标是目前最常用的定价方法。对于一些非标准物料或以供应商标准生产的物料产品，没有现成的市场价格可以参照时，可以采用公开招标的方式决定其价格。先由参与竞争的供应商提出报价，然后由采购方选择。

当供应商的报价与采购方的底线价格差距过高时，可以不采用，而过低的报价是否可靠也必须加以考虑，采购方应运用判断力、经验以及市场调查所得的价格资料，加以综合比较。

招标方式是采购企业确定价格的重要方式，其优点在于公平合理。因此，大批量的采购一般采用招标方式。但采用招标方式受几个条件的限制：所采购商品的规格要求必须表述清楚、明确、易于理解；必须有三个以上供应商参加投标。这是采用招标方式采购的基本条件。

需要注意的是，很多采购人员往往只把目光放在所购产品的价格和质量上，忽视了交货期、物流服务、售后服务等因素，导致最终所采购的产品不能按时交付，或者在以后的使用中出现问题而不能很好地解决，所以公开招标的方式不一定是最适当的价格确定方法。

（三）谈判协议采购

谈判协议方式是价格确定过程中最复杂，也是成本最高的一种方式。以谈判协议确定价格的方式比公开招标确定价格的方式较易接近适当的价格，因为买卖双方可以充分地陈述己见，在互惠互利的前提下，通过谈判协商取得双赢的局面。谈判是确定价格的常用方式，适合各种类型的采购。

谈判需要通过商讨来就某一项采购合同的主要条款达成一致，如规格、数量及配套服务等。由于这些因素及其他许多因素之间的相互关系，试图通过谈判来使双方达成各自目标还是比较复杂的。参与谈判的人员，要明确影响价格的诸多因素。

1. 材料规格

不同的国家、不同的企业的生产标准、生产能力都不尽相同，因此相同规格的情况下，产品的效果和功能是不一样的，所以其价格就有差异。

2. 采购数量

采购数量不但涉及采购方的经济批量，也涉及供应商的经济生产量，采购数量的多少往往会影响价格的走向。

3. 季节性变化

许多商品的价格受季节影响，如农产品，如果能利用旺季采购，则价格就会比较合理，而且还容易获得比较好的品质。

4. 交货期限

商品交货期限的急缓会影响供应商对价格的确定，交货时间紧的商品，其价格也相对较高。

5. 付款条件

在付款方式上，如能事先预付款项，肯定可以得到一定的价格优惠。如分期付款方式采购机器设备，由于多了利息一项，所以价格就比现价采购高。

6. 采购地区

国外采购与国内采购以及采购国的远近都会使运费有很大的差距，因此价格也不同。

7. 供求关系

市场供求与价格紧密相关，价格还会受到市场景气度、通货膨胀等因素的影响。

8. 包装方式

材料的包装是用货柜装运还是散装或是船舶装运，价格也会受到影响。

以上这些因素都会直接或间接地影响到价格的确定，要切记，最终的商定价格应该是一种“适当合理”的价格，谈判不一定要在较低的价位上才能达成。在某些偶然情况下，采购方可能会作出把供应商的初始报价抬高的修正。如果在谈判过程中，采购者清楚地了解到供应商可能对规格存在误解，也可能低估了完成任务所需耗费的资源，那么采购者可以提供相关信息以引起供应商的注意，从而相应调整供应商报价。

思考： 不同采购方式的区别和适用范围是什么？

五、采购价格的控制途径

成功的采购就是要获得理想的价格。材料的价格受诸多因素影响，通常波动较大。影响材料价格的主要因素有市场货源的供求状况、采购数量的多少、原材料的上市季节、供货渠道、需求市场的需求程度、供应商之间的竞争，以及气候、交通、节假日等。面对诸多的影响因素，企业很有必要对材料的采购价格进行控制。企业控制原材料采购价格的途径主要有以下几个方面。

（一）限价采购

限价采购就是对所需购买的材料规定或限定进货价格，这种方法一般适用于鲜活材料。当然，所限定的价格不能单凭管理者的想象，而是要派专人进行市场调查，获得市场的价格行情，然后综合分析提出中间价。

（二）竞争报价

竞争报价是由采购方向多家供应商索取供货价格表，采购方根据所提供的报价单进行分析，确定向谁订购。在确定供应商时，不仅要考虑到供应商供货的价格，还要考虑到供应商的供货信誉等因素，如原料的质量、送货的距离，以及供应商的设施、财务状况。

（三）规定供应商和供货渠道

为了有效地控制采购价格，保证材料的质量，管理层可指定采购人员在规定的供应商处采购，以稳定供货渠道。这种定向采购一般在价格合理和保证质量的前提下进行。在定向采购时，供需双方要预先签订合约，以保障供货价格的稳定。

（四）控制大宗和贵重材料的购货权

大宗和贵重材料的价格是影响成本的主体。因此有些企业对此规定：由生产部门提供使用情况报告，采购部门提供各供应商的价格报告，具体向谁购买必须由管理层来决定。

（五）提高购货量和改变购货规格

根据需求情况，大批量采购可降低材料价格，这也是控制采购价格的一种策略。另外，当某些原料的包装规格有大有小时，购买适用的大规格，也可降低单位价格。

（六）根据市场行情适时采购

当有些原料在市场上供大于求、价格十分低廉且生产用量又较大时，只要质量符合要求，可趁机购买储存，以备价格回升时使用。当应时材料刚上市时，预计后续价格可能会下跌，采购量应尽可能少一些，只要满足需要即可，等价格稳定时再添购。

知识拓展

采购价格的管控工具

（1）报纸杂志上的信息。

（2）淡旺季循环与供需关系变化。

（3）原材料结构分析表（物料成本通常占总成本50%以上）。

（4）成品利润表。

（5）每月实际需求量统计表。

（6）货源变化统计表。

（7）采购物料成本实际变动表。

（8）成本实际售价表。

（9）供应商报价成本分析表。

（10）市价、行情价、同业与同行之间的比价表。

任务三　认知采购成本和采购成本管理

案例导入

华为如何做到降低采购成本

华为采购部门主要通过四招降低采购成本，从而降低总成本，为公司省下可观的现金流，提升内部的话语权和价值，并且还获得外部供应商的大力支持，构建庞大的深度战略合作供应伙伴。

一、华为采购降本第一招

通过ESI，构筑降本良好基因。ESI全称是Early Supplier Involvement，即早期供应商介入。在产品开发的早期，邀请特定的供应商，参与客户的产品设计小组，利用供应商的专业技术知识及经验，来共同设计开发出合适的产品，以有利于后期的批量性制造及采购。

二、华为采购降本第二招

提升采购量，掌握主动权。薄利多销是商家的常用经营手法，虽然单个商品的价格降了，但量大了，整体的效益也上去了，现金流转得更快了。那么华为有哪些手段来提高采购量呢？很重要的一个手段就是建立优选库，减少BOM（物料清单），提高CBB（合同预清基线）共用模块、共用组件和零部件。

三、华为采购降本第三招

建立供应商全流程管理，促进产业链的正向循环。通过供应商认证、供应商选择、供应商绩效管理、供应商组合发展等活动，建立完备的供应商管理流程。建机制、定标准，对供应商进行动态管理，对供应商既有“相马机制”，更有“赛马机制”，结合供应商的绩效进行调整，不断有新供应商进入，引入良性竞争。

四、华为采购降本第四招

把供应商的能力变成自己的能力。采购部门和企业其他部门一定要有一个观念，我们与供应商绝对不是敌对关系，不能只顾自己活得好，而是要从理念上、观念上认识到，供应商是我们的合作伙伴，大家一起赚钱才能持续地赚钱（既要以客户为中心，还要考虑到上游供应伙伴的可持续发展）。

☞ 案例思考

华为是如何做到降低采购成本的？

知识准备

一、认知采购成本

（一）采购成本的定义

采购成本是指企业为经营发展需要，组织相关人员开展采购活动而发生的各项费用。采购成本有广义和狭义之分。狭义的采购成本仅指物料的价款及运杂费等直接采购费用。广义的采购成本不仅包括物料的价款和运杂费，还包括物料的仓储成本及物料的品质成本。本书采用的是广义的采购成本概念。

（二）采购成本的构成

采购成本具体包括购入成本、订购成本、维持成本、缺料（或缺货）成本四部分。

1. 购入成本

购入成本是指为了在预定地点（如仓库）获得货物的所有权而发生的成本，即货物本身的成本。它包括货物的采购价格、运费、装卸费及装卸过程中的损耗等。

（1）采购价格，是指与供应商之间确定的所需采购的物品和服务的价格。

（2）运费，是指将商品从供应商运至购买方需求地过程中所需支付的费用。

（3）装卸费，是指在商品转移至需求地过程中装卸搬运形成的费用。

（4）损耗，是指货物由于自然原因或运输而造成的消耗损失。

2. 订购成本

订购成本是指企业为了完成某次采购而进行的各种活动的费用，如采购人员的办公费、差旅费、邮资和通信费等各项支出。

（1）请购手续费用，是指因请购活动发生的人工费、办公费以及存货检查、请购审查等活动所发生的费用。

（2）采购询议价费用，是指因供应商调查、询价、比价、议价、谈判等活动所发生的通信费、办公费等。

（3）采购验收费用，是指负责采购事项的采购专员参与物料（或货物）验收所花费的人工费、差旅费、通信费，检验仪器、计量器具等费用，以及采购结算发生的费用等。

（4）采购入库费用，是指入库前的整理挑选费用，包括挑选整理过程中发生的费用支出和必要的损耗损失。

（5）其他订购成本，是指发生在订购阶段的其他费用，如结算采购款项所发生的费用。

3. 维持成本

维持成本是指为保有物料（或货物）而开展一系列活动所发生的费用。

（1）存货资金成本，是指因存货占用了资金而使这笔资金丧失使用机会所产生的成本。

(2) 仓储保管费用，是指物料（或货物）存放在仓库而发生的仓库租金、仓库内配套设施的费用，以及因仓库日常管理、盘点等活动发生的人工费等。

(3) 装卸搬运费，是指因仓库存有大量物料（或货物）而增加的装卸、搬运活动所发生的人工费、搬运设备费等。

(4) 存货折旧与陈腐成本，是指存货物在维持保管过程中因发生质量变异、破损、报废等情况而产生的费用。

(5) 其他维持成本，是指发生在维持阶段的其他费用，如存货的保险费用等。

4. 缺料（或缺货）成本

缺料（或缺货）成本是指因采购不及时而造成物料或货物供应中断所引起的损失费用，包括停工待料损失、延迟发货损失和丧失销售机会损失（还应包括商誉损失）等。

(1) 安全库存及其成本，是指企业因预防需求或提前期方面的不确定性而保持一定数量的安全库存所发生的费用。

(2) 延期交货及其损失，是指因缺料（或缺货）而延期交货所发生的特殊订单处理费、额外的装卸搬运费、运输费及相应的人工费等。

(3) 失销损失，是指因缺货致使客户转向购买其他产品而导致企业所受的直接损失。

(4) 失去客户的损失，是指因缺货而失去客户的损失。

采购成本的有效管理对企业至关重要，它不仅直接影响利润水平，而且可以通过激励创新和流程改进来降低成本，同时强调采购人员应保持诚信和正直，遵循职业道德规范，防范腐败风险，以促进企业的可持续发展。

思考：你清楚采购成本的构成吗？

（三）采购成本的影响因素

采购成本是由多方面构成的，但主要还是由订购成本、维持成本、缺料（或缺货）成本构成。同样，影响采购成本的因素也很多，不仅包括采购次数、采购批量、采购价格，同时还受企业采购战略、企业产品成本结构和供应商成本结构、采购谈判能力等方面的影响。其中，最重要和最直接的影响因素还是采购的批量、批次和价格。

1. 采购批量和采购批次

物料采购的单价与采购的数量成反比，即采购的数量越大、采购的价格越低。企业间联合采购，可合并同类物料的采购数量，通过统一采购使采购单价大幅度降低，使各企业的采购费用相应降低。因此，采购批量和采购批次是影响采购成本的主要因素。

2. 采购价格及谈判能力

企业在采购过程中谈判能力的强弱是影响采购价格高低的主要原因。随着社会主义市场经济体制的深入，不同市场形态在供应、需求等方面的要素也不同，企业在实施采购谈判时，必须分析其所处市场的现行态势，有针对性地选取有效的谈判议价方法。根据市场形势呈现的卖方市场、中性市场和买方市场等不同情况，分别采取“忍”“等”“狠”等不同的议价策略，以达到降低采购价格的目的。

3. 企业采购战略

对于一个企业，它的采购战略对采购成本的影响是根本性的，采购战略决定着采购成本的控制力度、措施和方法。毕竟相对于采购部门来说，采购成本仅仅是采购活动中的一个方面而已，而战略采购却统筹着采购活动的方方面面，因此，采购战略直接影响着采购成本。在业界，格兰仕是一个典型的例子，它的低成本采购战略对采购成本的影响是不言而喻的。

4. 企业产品成本结构

企业产品成本结构由于行业或产品类别的不同会有所差别。它包括原材料成本、制造成本、管理费用等。在一定程度上，采购成本中的很大一部分会转移到产品成本中去，因此，它们必然会相互影响。

5. 供应商成本结构

供应商会影响企业的采购活动，这一点毫无疑问。具体到采购活动中，供应商的成本结构也必然或多或少地影响到采购企业的采购成本。

成本、需求、竞争是影响供应商定价的最基本因素，因此，与之相对应，就形成了以成本、需求、竞争为导向的三大基本定价法。

（1）成本导向定价法。

成本导向定价法，又叫成本加成定价法，是指供应商以产品的成本为基础，再加上一定的利润和税金而形成价格的一种定价方法。成本导向定价法简便易行，是现阶段最基本、最普遍的定价方法。实际工作中，作为定价基础的成本，其种类繁多。因此，以成本为基础的定价方法也多种多样，主要包括以下几种：

① 完全成本导向定价法。完全成本导向定价法是将产品的完全成本（固定成本+变动成本+销售费用），加上一定的利润和税金，然后除以产品产量，从而得出单位产品的价格。

② 边际成本导向定价法。边际成本导向定价法，又叫边际贡献导向法，是抛开固定成本，仅计算变动成本，并以预期的边际贡献补偿固定成本以获得收益的定价方式。边际贡献是指供应商增加一个产品的销售，所获得的收入减去边际成本后的数值。如果边际贡献不足以补偿固定成本，则出现亏损。基本公式为

$$\text{价格}=\text{变动成本}+\text{边际贡献}$$

$$\text{边际贡献}=\text{价格}-\text{变动成本}$$

$$\text{利润}=\text{边际贡献}-\text{固定成本}$$

③ 目标成本导向定价法。目标成本是指供应商依据自身条件，在考察市场营销环境、分析并测算有关因素对成本的影响程度的基础上，为实现目标利润而规划的未来某一时间的成本。目标成本加上目标利润和税金，然后除以产品产量便是产品单价。

(2) 需求导向定价法。

需求导向定价法是指供应商根据市场需求状况和采购方的不同反应分别确定产品价格的一种定价方式。其特点是平均成本相同的同一产品价格随需求变化而变化。

需求导向定价法一般是以该产品的历史价格为基础，根据市场需求变化情况，在一定的幅度内变动价格，以使同一产品可以按两种或两种以上的价格销售。这种差价可以因采购方的采购能力、对产品的需求情况、产生的型号和式样，以及时间、地点等因素而采用不同的形式。如以场所为基础的差别定价，虽然成本相同，但具体地点不同，价格也有差别。

(3) 竞争导向定价法。

竞争导向定价法是供应商根据市场竞争状况确定产品价格的一种定价方式，其特点是价格与成本和需求不发生直接关系。

竞争导向定价法的具体做法：供应商在制定价格时，主要以竞争对手的价格为基础，与竞争商品价格保持一定的比例，即竞争商品价格未变，即使产品成本或市场需求变动了，也应维持原价；竞争商品价格变动，即使产品成本和市场需求未变，也要相应调整价格。

思考：不同的因素是如何影响采购成本的？

知识拓展

差别定价

1. 基于顾客差异的差别定价

根据不同消费者消费性质、消费水平和消费习惯的差异，制定不同的价格。如会员制下的会员与非会员的价格差别；学生、教师、军人与其他顾客的价格差别；新老顾客的价格差别；国外消费者与国内消费者的价格差别等，可以根据不同的消费群体的购买能力、购买目的、购买用途的不同来制定不同的价格。

2. 基于不同地理位置的差别定价

由于地区间的差异，同一产品在不同地区销售时可以制定不同的价格。例如，班机与轮船上由于舱位对消费者的效用不同而价格不一样；电影院、戏剧院或赛场由于观看的效果不同而价格不一样。

3. 基于产品差异的差别定价

质量和规格相同的同种产品，虽然成本不同，但企业在定价时，并不根据成本不同按比例定价，而是按外观和式样不同来定价。这里定价所考虑的真正因素是不同外观和式样对消费者的吸引程度。比如说，营养保健品中的礼品装、普通装及特惠装三种不同的包装，虽然产品内涵和质量一样，但价格往往相差很大。

4. 基于时间差异的差别定价

在实践中，我们往往可以看到，同一产品在不同时间段里的效用是完全不同的，顾客的需求强度也是不同的。在需求旺季时，可以提高价格以增加利润；在需求淡季时，可以降低价格以吸引更多顾客。

二、采购成本管理

（一）采购成本管理的意义

采购是企业管理中“最有价值”的部分，采购成本是企业成本管理中的主体和核心部分。在工业企业的产品成本构成中，采购的物料成本占企业总成本的比例因行业而异，大体在30%—90%，平均水平在60%。从世界范围来说，一个典型企业的销售额中，一般采购成本要占60%，工资和福利占20%，管理费用占15%，利润占5%。我国企业采购成本往往要占销售额的70%。在现实中，许多企业在控制成本时将大量时间和精力放在占总成本不到40%的企业管理费用及工资和福利上，而忽视总成本的主体部分——采购成本，这样做的结果往往是事倍功半、收效甚微。

我们来看一个例子：假设某企业每100元销售收入中物料成本占50元，其他成本占40元，税前利润为10元（假设所有的成本费用都随着销售成比例变动）。如果该企业欲将利润提高10%，可以通过提高销售额和降低成本两种途径来解决。如果通过提高销售额，则销售额必须提高10%（增长率为10%）才能实现；如果通过降低物料成本，只需将物料采购成本由50元降低至49元（降低率为2%）即可。

这一例子反映出采购成本降低2%与销售额增长10%对税前利润的影响是对等的。但是，增加销售额则要比降低采购成本付出更多的努力，而且采购成本占总销售额比例越高，这种差别也就越明显。

在当前的社会经济条件下，企业的竞争相当激烈，为了降低成本，取得竞争优势，企业都在千方百计地控制其经营成本。而企业经营成本的绝大多数与采购活动有关，因此采购成本的管理不仅是采购人员的工作重点，也是整个企业的工作重点。

（二）企业采购成本居高不下的原因

1. 企业的经营观念尚未彻底转变

长期以来，一些企业领导一味地抓生产、抓产值，认为无论什么原因都不能影响生产，生产是第一位的，是压倒一切的，自然地就忽视了对材料采购的管理，更没有把它提到企业的议事日程上来加以研究和部署，使采购管理出现了“真空”。

2. 对材料市场缺乏研究，未能把握市场动态

在目前买方市场条件下，部分材料的价格仍然一路走高。其原因之一是企业没有建立自己的价格信息系统，对市场了解不够。二是企业不了解国际市场对国内市场和行业市场、国内市场对区域市场和小市场的影响，以及这些市场对企业所需材料价格的影响。三是企业对市场的了解较浅，造成供应商单一，制约了企业的材料供应。

市场是不断变化的，企业要有市场意识，同时要具备全局观念和战略思维，在采购过程中不仅关注短期成本，还能够预见市场变化，制定长远的采购策略；要以创新思维和持续改进的精神，通过不断地市场研究，发现新的材料来源、替代材料或更高效的采购方法，以提高竞争力。

3. 材料采购的内部控制制度不健全

目前大部分企业都设置了物资管理部门，由其承担着企业材料的计划、采购、存储、保管等工作。技术检查部门负责材料采购入库前的检验，审计部门负责材料采购的监督，财务部门负责材料采购的结算。这样的机构设置从表面上看很合理，但是在一些环节上还存在诸多弊端。如物资管理部门既管计划又管采购，还管价格，造成计划、采购、价格决策没有相互独立，由一个部门说了算的局面，而审计部门的监督在不能系统了解市场价格的情况下也只能进行事后审计，甚至抽查，起不到真正的监督作用。

（三）强化采购成本管理的措施

1. 做好市场调查

影响材料价格的因素较多，价格波动较大，所以采购人员应经常了解并掌握材料的市场供求情况、价格信息，以及行业政策的变化，在物价上涨之前低价位购入适量材料，减少涨价带来的成本上升损失。另外，在目前高度市场化的条件下，实现存货耗用量与销售量保持均衡几乎是不可能的，因此企业必须考虑季节性供求问题。如羽绒服厂是季节性生产厂家，销售旺季为冬季，为了保证羽绒服厂家销售时的货源充足，同时也为了降低羽绒服的生产成本，企业对生产所需的面料等材料的采购应与之相应。为了保证充足的货源和实现采购成本目标，企业必须及时了解和掌握供求变动的规律，避免高价位采购。

2. 制定采购预算与估计成本

制定采购预算是指在实施采购行为之前，对采购成本进行预测，并合理地估计成本。这是对整个采购资金的一种理性规划，不仅可以对采购资金进行合理配置，还可以建立资金的使用标准，以便随时对采购过程中资金的使用情况进行检测和控制，确保资金的使用额度在合理的范围内。

3. 采取议标订货

所谓议标订货，就是需方根据自身的需求拟订一个基本的选标条件和价格文件，向具有一定供货能力的供应商发出标书，供应商依照需方提出的条件向需方投标。在议标会上由需方组织的招标委员会公开唱标。中标条件包括：供应商能满足需方在价格、数量、供货时间等方面的要求；投标文件符合招标文

件的要求，投标价格合理并对需方有利；供应商具有执行合同的能力，能够提供最佳服务及优惠条件等。这种订货方式能比较客观地反映资源分布、生产及价格构成情况，有利于需方选择供应商，确定切实可行的供需关系。

4. 确保供应主渠道畅通

拖欠货款越多，企业的信用度就越低，供货单位因为货款占用周期长而不得不抬高货价，这就有可能造成企业材料采购价格的上升，而材料采购成本的上升比企业拖欠货款产生的利息高得多。在买方市场中，供货单位迫于形势不得已而供之，而一旦市场供求关系发生变化，供应商就会对需方采取清欠货款和限制发货制裁。因此，企业应采取稳定主渠道、及时付款的供应策略，建立起与主渠道供应商协同发展、长久合作的良好关系，这样既可以降低材料采购成本，确保采购主渠道的畅通，又可以通过树立良好的企业形象，强化与供应商的密切合作关系，共同抵御市场风险。

思考：采购成本管理的价值是什么？

任务四　采购成本的控制

案例导入

聚焦原材料采购，美菜网助力餐企实现利润最大化

在餐饮行业，原材料成本过高一直困扰着传统餐饮经营者，如何控制采购成本成为了餐饮企业内控的核心问题。美菜网通过长期的深耕，建设了完善高效的供应链体系，帮助餐饮企业有效解决了原材料采购中存在的问题，助力企业降本增效。

食材从农田到餐桌上的过程十分复杂，需要食材供应商进行多层级的销售，流通环节越多，原材料的储存和流通成本就越高。与此同时，在传统的采购过程中，存在着配送损耗、份量不足等问题，这无形中又加大了餐饮企业的生产成本和运营成本。因此，原材料的采购成本直接影响了企业的利润，如何把控采购成本成为餐饮企业不得不思考的问题。

或许，美菜网就是问题的答案。众所周知，供应链是餐饮企业的命脉。美菜网通过打造一条完善的供应链，去除中间复杂繁冗的环节，规范农产品的标准化，形成产品的规模化，按日期进行先进先出作业，不仅规避了商品超期损耗问题，而且让餐厅拥有稳定的供货渠道，产品售后有保障，既大大地降低了餐饮行业的采购成本，也减少了企业的运营风险。

此外，在传统的原材料采购中，市场诚信与餐饮采购信任的博弈也是一个不可忽视的问题，而透明的采购模式和完善的售后服务体系可以有效解决这个问题。美菜网充分应用智能系统和标准化管理，弥补了传统餐饮采购中存在的不足。餐饮企业可以通过美菜商城或者 APP 查看各种原材料产品的详细价格，而且既有送货之前专业人员的验货环节，又有退换货的保障。既实现了产品价格的透明化，又实现了产品质优与量足的保证。由此可见，餐饮企业和供应链的合作，有助于实现双方利益最大化。

☞ **案例思考**

美菜网是如何进行采购成本控制的？

知识准备

一、采购成本控制的现状

采购成本控制是企业经济活动的重要组成部分，是降低采购成本、增加企业利润的直接途径。目前我国企业采购成本控制的现状如下。

（一）缺少规范的采购制度

一些企业虽然制定了采购制度，但是采购制度不完善，从而造成采购活动的不规范。采购工作无章可依，还会给采购人员提供暗箱操作的机会，在采购的各个环节都增加了不必要的支出，增加了采购成本。

（二）缺乏系统的采购成本控制的概念

企业采购成本控制的观念具有局限性，只注重个别成本项目的控制，缺乏对采购成本的系统性理解与控制。目前企业主要对一些比较容易识别的显性成本进行分析与控制，如采购的产品价格；而忽视对隐性成本的分析与控制，如供应商的管理成本。企业对采购成本项目的控制是单一的，往往只关注可见的产品成本，而对整个采购系统的控制相对较弱，很少从计划、组织和供应链整体方面进行科学系统的管理。降低采购成本并不是采购部一个部门的职责，它需要多个部门的协调配合，需要从战略角度，利用成本管理思想来认识这个问题。

（三）缺乏新颖的采购成本控制的观念

采购管理的核心是如何在与供应商的竞争中，尽可能要求供应商做出更大的让步，在价格、质量等方面为零售商提供更多的盈利空间。目前我国较多企业采购成本控制的观念陈旧，如将与供应商的关系看作对手关系；为了保证销售需要，保持足够的库存，以安全至上；采购价格直接影响商品销售价格，所以在保证质量的前提下，尽可能压低进货价格，增加商品销售利润。这些陈旧观念的存在，反而提高了降低采购成本的难度。

思考：采购成本控制的必要性。

二、采购成本控制的基础工作

做好采购成本控制工作应建立和完善采购制度，做好采购成本控制的基础工作。采购工作涉及面广，并且主要是和外界打交道，因此，如果企业不制定严格的采购制度和程序，不仅采购工作无章可循，还会给采购人员提供暗箱操作的机会。做好成本控制的基础工作，企业必须注意下列四个方面。

（一）建立完善的采购制度

建立完善的采购制度，不仅能规范企业的采购活动，提高效率、杜绝部门之间的扯皮行为，还能预防采购人员的不当行为。采购制度应规定采购的申请、授权人的批准权限、采购的流程、相关部门的责任和关系、各种物料采购的规定和方式、报价程序和价格审批等。比如，可在采购制度中规定采购的物品要向供应商询价、列表比较、议价，然后再选择供应商，并把所选的供应商及其报价填在同一张请购单上；还可规定超过一定金额的采购，须附上三个以上的书面报价等，以供财务部门或内部审计部门稽核。

（二）建立供应商档案和准入制度

企业的正式供应商要建立档案，供应商档案不仅要有编号、详细联系方式和地址，还应有付款条款、交货条款、交货期限、品质评级、银行账号等，每一个供应商档案应经严格的审核后才能归档。企业的采购必须在已归档的供应商中进行，供应商档案应定期或不定期地更新，并有专人管理。同时，要建立供应商准入制度。重点物料的供应商必须经质检、物料、财务等部门联合考核后才能进入，如有必要，还须到供应商的生产地加以考核。企业要制定严格的考核程序和指标，要对考核的问题逐一评分，只有达到或超过评分标准才能成为归档供应商。

（三）建立价格档案和价格评价体系

企业采购部门要对所有采购物料建立价格档案，对每一批采购物品的报价，首先与归档的物料价格进行比较，分析价格差异的原因。如无特殊原因，采购的价格不能超过档案中的价格水平，否则要做出详细的说明。对于重点物料的价格，要建立价格评价体系，由企业有关部门组成价格评价组，定期收集有关的供应价格信息，分析、评价现有的价格水平，并对归档的价格档案进行评价和更新。这种评议一般 3 个月或 6 个月进行一次。

（四）确立物料的标准采购价格

根据市场的变化和产品标准成本，财务部门对重点监控的物料应定期给出标准采购价格，促使采购人员积极寻找货源，货比三家，不断降低采购价格。标准采购价格的确立也可与价格评价体系结合起来进行，并提出奖惩措施，对完成降低企业采购成本任务的采购人员进行奖励，对没有完成采购成本下降任务的采购人员，分析原因，做出相应的处理措施。

通过上述四个方面的工作，虽然不能完全杜绝采购人员的暗箱操作，但对完善采购管理、提高效率、控制采购成本，确实有很大的成效。

三、采购成本控制的方法

（一）ABC 分类控制法

ABC 分类控制法是由意大利经济学家维尔弗雷多·帕累托提出的，体现了其“关键的少数和次要的多数理论”思想，即我们平时所提到的“80/20 法则”：在一个集合中存在着重要的“少数”（20%）和不重要的“多数”（80%），应将管理资源集中于重要的“少数”，而不是不重要的“多数”，即花 80%的时间与精力在最重要的 20%上，而在另外的 80%上，只花 20%的时间与精力，即可得到不错的效果。

具体到一个企业，就是对一定时期（通常为一年）内的物品消耗进行统计，分别计算其品种、金额占总品种、总金额的比例，再将其分成 A、B、C 三类，即最重要、重要和不重要，抓住 A 类，兼顾 B 类和 C 类，做到花较小的代价取得较好的经济效果。

1. A、B、C 三类物品的区分

任何采购物品都可区分为以下三种不同的类型：

A 类物品。高值——其价值占采购总值的 70%—80%，物品数相对较少，通常占物品总数的 15%—20%。

B 类物品。中值——其价值占采购总值的 15%—20%，物品数居中，通常占物品总数的 30%—40%。

C 类物品。低值——其价值只占采购总值的 5%—10%，几乎可以忽略不计，却是物品的大多数，通常占物品总数的 65%—70%。

2. 分类步骤

（1）列出所需采购物品及其年度使用量，然后用单价乘以年度使用量，算出年度使用金额，如表 4-5 所示。

表 4-5　采购物品数据表

编　号	年度使用量/件	单价/元	年度使用金额/元
E-11	50	3.00	150.00
E-13	1 050	1.00	1 050.00
E-15	475	2.00	950.00
E-28	10	10.00	100.00
F-31	2 500	0.60	1 500.00
F-60	500	6.00	3 000.00
F-81	1 000	0.25	250.00
L-3	2 200	10.00	22 000.00
L-15	3 000	0.10	300.00
L-26	100	0.40	40.00
L-48	600	0.10	60.00
N-12	550	2.00	1 100.00
N-25	2 500	0.2	500.00
合计	—	—	31 000.00

（2）按年度使用金额降序排列这些物品，并计算出累计年度使用金额与累计百分数（表4-6）。

表4-6　采购物品累计年度使用金额与累计百分比

序　数	年度使用金额/元	累计年度使用金额/元	累计百分比
L-3	22 000	22 000	70.97
F-60	3 000	25 000	80.65
F-31	1 500	26 500	85.48
N-12	1 100	27 600	89. 03
E-13	1 050	28 650	92.42
E-15	950	29 600	95.48
N-25	500	30 100	97.10
L-15	300	30 400	98.06
F-81	250	30 650	98.87
E-11	150	30 800	99.35
E-28	100	30 900	99.68
L-48	60	30 960	99.87
L-26	40	31 000	100.00

（3）用ABC分类控制法分析，可归纳列表。如表4-7所示。

表4-7　ABC分析表

分类	占年度使用量的百分比	年度使用金额/元	累计百分比
A（L-3）	15.10	22 000	70.97%
B（F-60，F-31，N-12，E-13）	31.60	6 650	21.45%
C（所有其他）	53.30	2 350	7.58%
总计	100	31 000	100%

3. ABC分类控制法的基本法则

ABC分类控制法的四条基本法则如表4-8所示。

表4-8　ABC分类控制法的四条基本法则

法则名称	具体内容
控制程度	（1）对A类商品应尽可能地严加控制，包括最完备、准确的记录，最高层监督的经常评审，要求供应商按订单多批次、小批量交货，尽量缩短提前期； （2）对B类商品做正常的控制，做好良好的记录与常规关注； （3）对C类商品应尽可能使用最简便的控制，如定期检查库存商品、简化的记录，用最简单的标志法表明补充存货、已经订货了，采用大库存量与订货量以避免缺货，另外，在安排车间日程计划时给予低优先级

续表

法则名称	具体内容
采购记录	(1) A类商品要求最准确、完整与明细的记录，要频繁地，甚至实时地更新记录，对事务文件、报废损失、收货与发货的严密控制是不能缺少的； (2) B类商品只要正常地记录处理、成批更新等； (3) C类商品用不同记录或只用最简单的成批更新、简化的记录
优先级	(1) 在一切活动中给A类商品以高优先级，以压缩其提前期与库存； (2) B类商品只要正常处理，仅在关键时给予高优先级； (3) 给C类商品以最低的优先级
订货策略	(1) 对A类商品提供仔细、准确的订货量； (2) 对B类商品，每季度或当发生主要变化时，评审一次EOQ与订货点； (3) 对C类商品不要求做EOQ或订货点计算，手头存货较多时就订下一年的供应量

实例展示

某企业保持有10种商品的库存，如表4-7所示。为了对这些库存商品进行有效的控制和管理，该企业打算根据商品的投资大小进行分类。

(1) 请您使用ABC分类控制法将这些商品分为A、B、C三类。

(2) 请给出A类库存物资的管理方法。

表4-9　某企业库存商品

商品编号	单价/元	库存量/件
A	40.00	300
B	80.00	1 200
C	10.00	290
D	20.00	140
E	10.00	270
F	20.00	150
G	60.00	40
H	20.00	700
I	50.00	50
J	30.00	2 000

(二) 定期采购控制法

定期采购控制法是指按预先确定的订货间隔期间进行采购，补充库存的一种采购成本控制方式。企业根据过去的经验或经营目标预先确定一个订货间隔期间，每经过一个订货间隔期间就进行订货采购，每次订货数量都不同。定期采购中订货量的确定方法如下：

订货量=最高库存量-现有库存量-订货未到量+顾客延迟购买量

定期采购控制法是从时间上控制采购周期，从而达到控制库存量目的的方法，这种方法使采购成本最少，最终达到成本控制的目的。只要订货周期控制得当，既可以不造成缺货，又可以控制最高库存量。

定期采购控制法的优点：由于订货间隔期间确定，因而多种商品可同时进行采购，这样不仅可以降低订单处理成本，还可以降低运输成本。另外，这种方式不需要经常检查和盘点库存，可节省这方面的费用。

定期采购控制法的缺点：由于不经常检查和盘点库存，对商品的库存动态不能及时掌握，遇到突发性的大量需求，容易造成缺货现象，带来销售机会的损失，因而企业为了应对订货间隔期间内需要的突然变动，往往库存水平较高。定期采购控制法适用于品种数量大，占用资金较少的企业的商品采购成本控制。

实际上，订货周期也可以根据具体情况进行调整。例如，根据日历规律，以月、季、年等为周期；根据供应商的生产周期或供应商周期进行调整。

（三）定量采购控制法

定量采购控制法是指当库存量下降到预定的最低库存数量（订货点）时，按规定数量（一般以经济订货批量 EOQ 为标准）进行采购补充的一种采购成本控制方式。

采用该控制法必须预先确定订货点和订货量。

（1）订货点。通常订货点的确定主要取决于需求率和订货、到货间隔时间这两个要素。在需要固定均匀地订货、到货间隔时间不变的情况下，不需要设定安全库存，订货点由下式确定：

$$E=\frac{LT\times D}{365}$$

式中，E 代表订货点的库存量，LT 代表交货周期，D 代表每年的需要量。

当需要发生波动或订货、到货间隔时间变化时，订货点的确定方法则较为复杂，且往往需要设定安全库存。

（2）订货量。订货量通常依据经济批量的方法来确定，即以总库存成本最低时的经济批量（EOQ）为每次订货时的订货数量。

定量采购控制法的优点：由于每次订货之前都要详细检查和盘点库存（看是否降低到订货点），因此能及时了解和掌握库存动态。每次订货数量固定，且是预先确定好的经济批量，方法简便。

定量采购控制法的缺点：必须经常对商品进行详细检查和盘点，工作量大且需花费大量时间，从而增加了库存保管维持成本。该方式要求对每个品种单独进行订货作业，这样会增加订货成本和运输成本。

定量采购控制法适用于品种数目少但占用资金大的物品，即 A 类物品。

思考：请简述定量采购与定期采购的区别。

知识拓展

现代采购成本控制方法

现代企业发展需要企业能在全球化环境下不断提高自身竞争力，企业采购范围也突破了传统的区域限制范围。企业采购需要站在企业战略的高度，对企业整体价值链进行控制，一方面因为全球化环境要求企业在实施走出去战略时必须首先实施采购全球化战略，用战略采购的思路来代替传统的局部和短期成本控制方法；另一方面因为现代信息技术和网络技术为企业价值链管理提供了科学的工具，从而使供应链管理得以实施。

1. 战略采购成本控制方法

通过战略采购来加强企业营运能力及市场定位的系统方法——战略采购方法被引入成本控制过程，可以有效地降低物料价格、简化供应链程序并提高对市场信息的反应速度，进而产生大量的成本节余。因此战略采购可以降低采购物资和服务的成本。

2. 供应链采购成本管理方法

供应链管理（Supply Chain Management）技术是一种新兴的企业成本管理技术。它的定义是“在满足服务水平需要的同时，为了使系统成本最小而采用的把供应商、制造商、仓库和商店有效地结合成一体来生产商品，并把正确数量的商品在正确的时间配送到正确的地点的一套方法。”

供应链管理的作用在于通过系统地设计与管理各供应环节，使企业达到两个目标：一是供应链系统的总成本最优，二是能更好地满足客户需要。这样，供应链管理必然对企业成本管理的诸多方面带来比较大的影响，体现在：供应链管理使企业成本管理的目标具有两重性；供应链管理使企业成本管理活动具有层次性；供应链管理使企业成本管理活动具有整体性；供应链管理使企业成本管理更重视信息技术的应用和信息的收集工作。

四、采购成本控制的策略

企业在面临国际竞争日益激烈、产品生产周期逐渐缩短、消费者需求多样化，以及产品技术层次不断提升的压力下，如无法有效地开源，节流则成为企业能够采取的有效方法之一。尤其在采购成本占平均销售金额比重逐渐增加的趋势下，降低采购成本则是采购人员为企业提供附加值的最直接的方式。

（一）集中采购

集中采购是指集中集团内部各单位或不同部门的需求量，以扩大采购量，其优点是因批量加大而增加了议价空间，避免了各自采购的各种弊端，通过集中采购，最终达到降低采购成本的目标。

（二）联合采购

联合采购一般是多个企业因为有相同的采购需求，因而形成采购联盟的一种采购模式，是委托专业的采购服务机构进行的采购活动，一般是由企业、政府、个体工商户实行区域联合集中采购，使得不同地区的零散项目集合起来，形成大规模采购，以此提高规模经济效益、降低采购成本。如北京的医用耗材实行京津冀联合采购，已经完成了人工关节、心内血管支架等六类耗材采购，使得价格平均下降了15.5%，一年就可以为北京节约医用耗材费用约5亿元。

联合采购作为一种新型采购模式，在欧美等国家已经被广泛使用。例如，美国福特、通用、克莱斯勒三大汽车公司曾宣布高达2 400亿美元的庞大联合全球采购计划；美国第二大零售商标靶与欧洲最大零售商家乐福联手进行了800亿美元的联合采购计划；美国BP、美孚等石油石化公司组成联合采购体，甚至对办公用的杯子也进行了联合采购。

（三）第三方采购

顾名思义，第三方采购是企业将产品或服务采购外包给第三方公司。国外的经验表明，与企业自己进行采购相比，第三方采购往往可以提供更多的价值和购买经验，可以帮助企业更专注核心竞争力。美国各行业都有这样的采购联盟，比如说，美国地方政府采购联盟是一个第三方采购组织，有7 000多个政府机构加入了这个采购组织，使得直接采购成本降低了15%以上。Amerinet是美国最大的医院和诊所的采购组织，平均能为其客户减少近20%的采购成本。

相对于目前我国多数企业的采购模式而言，第三方采购是一种新型的采购模式。它与传统采购模式的最大区别在于，第三方采购力求将物资采购这一职能从企业内部分化出来，实现采购的外部化。也就是说，在第三方采购模式下，大多数企业将无须再设立专门的采购部门和储备大量的库存原料，这一工作将由这一类新型的第三方采购企业来完成。这类第三方采购企业完全独立于客户单位，但不同于一般的采购中介商，它站在客户的立场上，专营某一类或相关的几类物资的第三方采购，拥有自己的仓库和专业化的物资配送队伍，能够在接到客户采购指令后及时、准确地把物资送达客户指定的地点。第三方采购企业通过这种专业的采购方式和高效的物资配送队伍来代替原来由客户单位采购部门进行的工作，能够使自己在得到发展的同时，实现客户单位采购成本的节约。

（四）网上采购

网上采购是指通过互联网来完成采购的全过程，包括网上提交采购需求、网上确认采购资金和采购方式，网上发布采购信息、接受供应商网上投标报价、网上开标定标、网上公布采购结果，以及网上办理结算手续等。

网上采购相对于传统的采购方式，最主要的区别就是采用先进的计算机网络技术，特别是以互联网的应用为工具，把采购项目的信息公告、发标、投标报价、定标等过程放在计算机网络上进行，采购相关的数据和信息实现了电子化。

网上采购作为一种先进的采购方式，其优势主要体现在：大大减少了采购需要的书面文档材料，减少了对电话传真等传统通信工具的依赖，提高了采购效率，降低了采购成本；利用网络开放性的特点，使采购项目形成了最有效的竞争，有效地保证了采购质量，并在一定程度上减少了采购过程中的人为干扰因素。

（五）标准化采购

实施规格的标准化，为不同的产品项目或零件使用共同的设计、规格，或降低订制项目的数目，以规模经济量达到降低制造成本的目的。但这只是标准化的其中一环，更重要的是要扩大标准化的范围，以获得更大的效益。

思考：采购成本控制的策略有哪些，它们各有哪些优势？

知识拓展

学习曲线

学习曲线（The Learning Curve）是分析采购成本、实施采购降价的一个重要工具和手段。学习曲线最早由美国航空航天工业协会提出，其基本概念是随着产品的累计产量增加，单位产品的成本会以一定的比例下降。单位产品的成本的降低与规模效益并无任何关系，它是一种学习效益。这种学习效益是指某产品在投产初期由于经验不足，产品的质量保证、生产维护等需要较多的精力投入，以致带来较高的成本。随着累计产量的增加，管理渐趋成熟，所需的人力、财力、物力逐渐减少，工人越来越熟练，质量越来越稳定，前期生产学习期间的各种改进措施逐步见效，这时成本不断降低。主要表现如下：

（1）随着累计产量的增加，管理逐步进入成长、成熟期，生产经验不断丰富，所需的监管、培训及生产维护费用不断减少。

（2）随着累计产量增加，工人日趋熟练，生产效率不断提高。

（3）生产过程中的报废率、返工率以及产品的缺陷率不断降低。

（4）生产批次不断优化，设备的设定、模具的更换时间不断缩短。

（5）随着累计产量的增加，原材料的采购成本不断降低。

（6）通过前期生产学习，设备的效率及利用率等方面不断得到改进。

（7）通过前期生产学习，物流不断畅通，原材料及半成品等库存控制日趋合理。

（8）通过改进过程控制，突发事件及故障不断减少。

（9）随着生产的进行，工程、工艺技术调整与变更越来越少。

五、采购成本控制过程中应注意的问题

在实际工作中，由于采购过程所遇到的情况千差万别，具体需要采用什么策略，采购人员应根据具体情况灵活应用，也可将两种或两种以上的策略依据实际情况结合起来使用，以达到降低采购成本的目的。具体应注意以下问题。

（一）要依据采购产品或服务的形态，确定采购方法和策略

企业的采购是属于一次性采购，还是持续性采购，对于不同的采购形态就应采用不同的策略。一般来说，持续性采购的要求要远高于一次性采购，但如果一次性采购的金额相当庞大的话，同样也不可忽视其成本节省的效能。

（二）要依据采购产品所处的生命周期阶段，确定采购策略和手段

产品所处的生命周期在哪一个阶段，降低采购成本的策略就可以依产品生命周期中该阶段的特征来确定。

1. 导入阶段

在新技术的制样或产品开发阶段，邀请供应商参与产品从设计到生产的整个过程，价值分析、目标成本法以及为便利采购的设计都是可以利用的策略。

2. 成长阶段

在正式产品大量生产上市，且产品被市场广泛接受时，可以利用产品需求量大幅增长的优势，采用最佳订货批量以获得最低采购价格，提高产品的利润。

3. 成熟阶段

在生产或技术达到成熟的阶段，产品已稳定地供应到市场上，利用价值工程可以更进一步地找出不必要的成本，并达到节约成本的目标。

4. 衰退阶段

在产品或技术即将过时或衰退，并有替代产品出现的阶段，因为需求量已在缩减之中，此时再大张旗鼓地降低采购成本价格或为此而做更多的成本分析已无多大的实际意义了。

（三）以采购物品的年需求量与采购总金额为依据，确定采购策略和手段

所要采购物品的年需求量与采购总金额的多少，关系到在与供应商议价时，是否能得到较好的议价优势。但采购量又与产品所在其生命周期所处的阶段有直接的关系，产品由导入阶段、成长期到成熟阶段的过程中，采购量会逐渐增大，直到衰退阶段出现，采购量才会逐渐缩小。

（四）依据与供应商之间的关系，确定采购策略和手段

从卖方、传统的供应商、认可的供应商，到与供应商维持伙伴关系，进而结为策略联盟，对成本结构资料的分享方式不同。如果与供应商的关系很普通，一般而言，是不可能轻易得到其详细的成本结构资料的，只有与供应商维持较密切的关系，彼此达到互信合作的程度时，才有办法做到。

实例展示

蜜雪冰城作为平价现制茶饮的龙头企业，其采购成本控制是其成功的关键因素之一。通过自建供应链体系，蜜雪冰城实现了原材料的自产自销和质量监控，这不仅提升了议价能力，还保证了产品的成本和质量。例如，蜜雪冰城对柠檬、茶叶和咖啡生豆等原料的采购量在行业中处于领先地位，这有助于降低采购成本，2022 年其采购成本较同行业平均水平分别低约 10%与 20%。

此外，蜜雪冰城的采购管理模式注重供应商的选择与评估，确保供应商能满足质量和供货要求。采购订单通过先进的管理系统自动化处理，当库存低于安全水平时，系统自动生成采购订单并发送给供应商。在采购成本控制方面，蜜雪冰城与供应商进行谈判，争取更有竞争力的价格，并定期评估供应商的性价比，探索潜在的优质供应商，与之建立长期合作关系。

蜜雪冰城的成本管理制度采取统一领导、分级管理的模式，明确各个店面的成本费用标准，并建立了权责分清的成本费用控制责任体系。然而，在成本管理也存在一些问题，如预算管理不严格、成本指标不完善，以及管理层在费用审批中存在越级管理的情况。

在成本战略管理中，蜜雪冰城需要将成本原则与企业的竞争战略挂钩，确保成本消减措施与公司战略相适应。同时，需要提高管理者的成本战略管理观念，站在公司战略的高度进行全面的成本管理。

思考：蜜雪冰城如何有效地控制了采购成本。

项目小结

本项目深入剖析了采购价格与成本管理的全面知识体系，目的在于使企业在市场竞争中通过精细化的采购成本控制来增强盈利能力和市场竞争力。在这一学习过程中，我们不仅掌握了采购价格的构成要素、分类、影响因素，以及采购成本的各个组成部分和影响因素，还深入理解了采购成本管理的战略意义、关键措施和多样化策略。尤为重要的是，我们领悟到采购成本管理是企业经营成本管理中的核心一环，它不仅关乎经济效益，更与培养具有社会责任感、法治意识和创新精神的人才息息相关。

一、诚信与责任的培养

在采购管理的每一个环节，诚信和责任始终是核心原则。我们认识到，无论是供应商还是采购方，都应本着诚信的原则进行交易，确保过程的公正性和透明度。通过合理的价格制定和公正的市场竞争，企业不仅展现了自身的社会责任感，更为建设诚信社会贡献了力量。

二、合作与共赢的实现

我们认识到，通过有效的价格谈判和策略制定，采购双方能够达成互利共赢的合作关系。这种合作关系不仅解决了供需矛盾，还促进了资源的优化配置，为企业的长期发展奠定了坚实的基础。

三、公平与正义的维护

采购价格的制定必须反映市场的公平性，避免信息不对称所导致的不公平交易。这一理念的学习和实践，让我们更加明白在市场经济中维护交易公平的重要性。

四、法治与规范的遵循

采购活动必须在法律法规的框架内进行，规范操作流程，防止违规行为的发生。通过法律手段解决交易纠纷，在保护双方权益的同时，也强化了我们的法治意识。

五、创新与发展的推动

我们鼓励企业在采购管理中积极采用现代信息技术，以提高效率、降低成本。同时，通过技术创新来提升产品质量和市场竞争力，展现了创新在企业发展中的核心地位。

通过本项目的学习，我们不仅对采购价格与成本管理有了全面的认识，更掌握了有效的成本控制方法，为企业提升市场竞争力提供了支持。此外，课程的学习经历也致力于塑造我们的责任感、法治意识和创新思维，引导我们形成正确的世界观、人生观和价值观，为未来的职业发展和个人成长奠定了坚实的基础。

思考题

1. 简述采购价格的概念。
2. 什么是定期采购控制法？
3. 简述采购成本管理的意义。
4. 简述集中采购的优势。
5. 如何理解采购成本控制的必要性？
6. 如何通过采购成本控制提高企业的经济效益？
7. 简述供应链管理在采购成本控制中的作用。
8. 如何建立有效的供应商管理？
9. 什么是学习曲线？它如何影响采购成本？

项目五 供应商选择与管理

概述

本项目主要介绍供应商管理的定义、目的及流程，供应商调查，供应商选择的原则、影响因素、步骤及方法，供应商关系管理，双赢供应关系管理，供应商考核与激励等。

教学目标

知识目标：	1. 了解供应商管理的定义、目的及流程。 2. 了解供应商调查。 3. 理解供应商选择的原则及影响因素。 4. 掌握供应商选择的步骤。 5. 掌握双赢供应关系管理。 6. 理解供应商考核与激励。
能力目标：	1. 能结合案例分析如何做好供应商关系管理。 2. 能结合企业实际情况，选择合适的供应商，并对供应商进行绩效考评。
素质目标：	树立传统文化“和”的精神，奉行合作共赢的理念，提升团队分工协作的能力，培养爱岗敬业、无私奉献、开拓创新的职业精神。

教学重点

1. 供应商选择。
2. 供应商关系管理。
3. 供应商考核与激励。

教学难点

供应商选择。

教学建议

教学中注意从学生实际出发，因材施教，可以采用案例教学、实景模拟等方式提高学生的学习兴趣，注重供应商选择与管理的知识与技能在实际工作中的具体运用，突出课程的职业性、实践性和开放性。

建议教学时数：8 学时。

思维导图

- 供应商选择与管理
  - 供应商管理和供应商调查
    - 供应商管理
      - 含义
      - 目的
      - 流程
    - 供应商调查
      - 资源市场调查
      - 供应商初步调查
      - 供应商深入调查
  - 供应商选择
    - 供应商选择概述
    - 供应商选择的原则
    - 供应商选择的影响因素
    - 供应商选择的步骤
    - 供应商选择的方法
  - 供应商关系管理
    - 供应商关系管理概述
    - 供应商关系管理的演变
    - 供应商关系管理的步骤
    - 供应商关系管理的意义
    - 双赢供应关系的管理
  - 供应商考核与激励
    - 供应商考核的内容
    - 供应商考核的步骤
    - 供应商激励
    - 供应商控制

任务一　供应商管理和供应商调查

案例导入

麦当劳的供应商选择策略

麦当劳选择供应商的策略包含以下三个方面。

一、选择行业里的专家

麦当劳在考虑对方企业合作意识的同时，会根据两大标准进行衡量：

（1）硬件条件——必须具备麦当劳的物流系统认证、生产能力认证、产品质量体系认证、原材料体系认证、食品安全认证。

（2）软件条件——诚恳可信、理念正确、历史良好、管理出色、财政健康。

二、对供应商的管理要求——标准严密，严格执行

麦当劳根据良好生产规范（GMP），严格要求莱迪士食品有限公司（全球最大的快餐连锁公司在中国的唯一蔬菜供应商），以确保整个食品制作过程在清洁卫生的环境下进行。麦当劳对莱迪士蔬菜基地的工作要求如下：

（1）用将近 10 分钟的时间按公司要求的良好操作规范更衣、洗手、风淋和消毒。

（2）工作人员要穿戴层层武装的食品专用工作服，不露一丝头发。

（3）每隔半小时工作人员就要洗手消毒一次。

（4）产品加工区和原料处理区被严格分开，谨防人员交叉，即使是员工的更衣室也都是不同的。

（5）工厂接收原料时要每批抽检，工厂内部每小时检验产品质量一次，麦当劳亚太区实验室每个季度还会对产品进行抽检评估。

三、合作重信义

麦当劳最初遴选供应商的标准是“谁可以与我们同甘共苦，谁就是我们的供应商”。这似乎已成为麦当劳最独特的文化特质。经过多年的磨合与淘汰，麦当劳与供应商之间建立了信任与默契。1983 年，麦当劳的全球供应商开始到中国投资建立工厂和农场；1988 年，麦当劳的土豆供应商首先进入内蒙古，考察当地的气候、土壤和环境，为麦当劳在中国的本土化作铺垫。

在这种“共生”关系中，麦当劳在利益分配方面会更多考虑供应商利益，以有效维系彼此间良好的合作供应关系。

☞ 案例思考

麦当劳是如何找到符合自己策略的供应商的？

知识准备

一、供应商管理

（一）供应商管理的定义

供应商是指那些向买方提供产品或服务并相应收取货币作为报酬的实体，是可以为企业提供原材料、设备、工具及其他资源的企业。供应商既可以是生产企业，也可以是流通企业。企业要维持正常生产，就必须拥有一批可靠的供应商为其提供各种各样的物资，因此，供应商对企业的物资供应有着非常重要的作用，而采购就是从供应商处购买各种各样的物资，由此可以看出供应商管理是采购管理工作中非常重要的一个项目。

供应商管理是对供应商的了解、选择、开发、控制和使用等综合性的管理工作的总称。其中，了解是基础，选择、开发和控制是手段，使用是目的。

（二）供应商管理的目的

供应商管理的目的就是建立起一支稳定可靠的供应商队伍，为企业生产提供可靠的物资供应。

供应商管理的具体目标可以设定为：

（1）获得符合企业质量和数量要求的产品或服务，尽可能提升企业的核心竞争力。

（2）以合适的成本获得产品或服务。

（3）确保供应商提供最优的服务和及时送货。

（4）根据所采购产品的特点和不同的供应商发展并维持良好的关系。

对于供应商来说，供应商管理可以增加了对整个供应链业务活动的共同责任感和利益的分享；可以增加对未来需求的可预见性和可控能力，长期的合同关系使供应计划更加稳定；同时，成功的客户也有助于供应商的成功。

对于制造商来说，供应商管理增加对采购业务的控制能力；通过长期的、有信任的订货合同满足了采购的要求；减少和消除了不必要的对进购产品的检查活动。

思考：你能举例说明供应商管理的好处吗？

（三）供应商管理的流程

1. 供应商调查

供应商调查的目的是了解企业有哪些可供选择的供应商，各个供应商的基本情况如何，这些都是为企业了解资源市场及选择正式供应商做准备。

2. 资源市场调查

资源市场调查的目的是在供应商调查的基础上，进一步了解和掌握整个资源市场的基本情况和基本性质——是买方市场还是卖方市场？是竞争市场还是垄断市场？是成长市场还是衰退市场？此外，还需了解资源生产能力、技术水平、管理水平及价格水平等，为制订采购决策和选择供应商做准备。

3. 供应商开发

在供应商调查和资源市场调查的基础上，可能会发现比较好的供应商，但还不一定能马上得到一个完全符合企业要求的供应商，还需要在现有的基础上进一步开发。采购组织采取一系列活动来帮助供应商提高运营绩效和供应能力，以适应自身的采购需求的过程就是供应商开发过程。

4. 供应商考核

供应商考核是一项很重要的工作，它分布在供应商管理的各个阶段，在供应商开发过程中需要考核、在供应商选择阶段需要考核、在供应商使用阶段也需要考核，不过每个阶段考核的内容和形式都是不一样的。

5. 供应商选择

在供应商考核的基础上，选定合适的供应商。

6. 供应商使用

与选定的供应商开展正常的业务活动。

7. 供应商激励与控制

在与供应商合作过程中对其进行激励和控制。

二、供应商调查

供应商管理的首要工作就是要了解供应商和资源市场，要了解供应商的情况，就是要进行供应商调查。供应商调查是指对供应商基本资信情况进行了解，对初次接触、未经考核评价的供应商进行调查。

供应商调查在不同的阶段有不同的要求，可以分成三种：第一种是资源市场调查，第二种是供应商初步调查，第三种是供应商深入调查。

（一）资源市场调查

1. 资源市场调查的内容

（1）资源市场的规模、容量、性质。例如，资源市场究竟有多大范围、多少资源、多少需求量，是卖方市场还是买方市场，是竞争市场还是垄断市场。

（2）资源市场的环境。例如，市场的管理制度、法治建设、市场的规范化程度、市场的经济环境、政治环境等外部条件如何，市场的发展前景如何。

（3）资源市场中各个供应商的情况。将众多的供应商的调查资料进行分析，就可以得出资源市场自身的基本情况。例如，资源市场的生产能力、技术水平、管理水平、质量水平、价格水平、需求情况及竞争性质等。

资源市场调查的目的，就是要进行资源市场分析。资源市场分析对于企业制订采购策略、产品策略和生产策略都有重要的指导意义。

2. 资源市场分析

（1）要确定资源市场是紧缺型市场还是富余型市场，是垄断市场还是竞争市场。

（2）要确定资源市场是成长型市场还是没落型市场。

（3）要确定资源市场的总体水平，并根据整个市场水平来选择合适的供应商。

（二）供应商初步调查

所谓供应商初步调查，是对供应商的基本情况的调查。主要是了解供应商的名称、地址、生产能力，能提供什么产品，能提供多少，价格如何，质量如何，市场份额有多大，运输进货条件如何等。

1. 供应商初步调查的目的

供应商初步调查的目的：一是了解供应商的一般情况，为选择最佳供应商做准备；二是了解、掌握整个资源市场的情况，因为许多供应商基本情况的汇总就是整个资源市场的基本情况。

2. 供应商初步调查的特点

供应商初步调查的特点：一是调查内容浅，只要了解一些简单的、基本的情况；二是调查面广，最好能够对资源市场中所有供应商都有所调查、有所了解，从而能够掌握资源市场的基本情况。

3. 供应商初步调查的方法

供应商初步调查的基本方法是访问调查法，通过访问有关人员而获得信息。例如，可以访问供应企业的市场部有关人员，或者访问有关用户、有关市场主管人员，或者其他的知情人士，通过访问建立起供应商信息卡片（表 5-1）。

表 5-1　供应商信息卡片示例

<table>
<tr><td colspan="2">供应商名称</td><td colspan="3"></td><td>成立日期</td><td></td></tr>
<tr><td colspan="2">详细地址</td><td colspan="3"></td><td>注册资金</td><td></td></tr>
<tr><td>电话</td><td colspan="2"></td><td>传真</td><td></td><td>邮箱</td><td></td></tr>
<tr><td>联系人</td><td colspan="2"></td><td>公司负责人</td><td></td><td>厂房面积</td><td></td></tr>
<tr><td rowspan="2">人员信息</td><td colspan="2">员工总数</td><td colspan="2"></td><td>管理人员</td><td></td></tr>
<tr><td colspan="2">技术人员</td><td colspan="2"></td><td>质量管理人员</td><td></td></tr>
<tr><td colspan="3">获得产品认证</td><td colspan="2"></td><td>质量管理体系认证</td><td></td></tr>
<tr><td colspan="3">近 3 年的销售额</td><td colspan="4"></td></tr>
<tr><td colspan="3">主要物料合作供应商</td><td colspan="4"></td></tr>
<tr><td colspan="3">主要客户名称</td><td colspan="4"></td></tr>
<tr><td colspan="3">可提供产品类别</td><td colspan="4"></td></tr>
<tr><td>签字/日期</td><td colspan="6"></td></tr>
</table>

在供应商初步调查的基础上，要利用调查的资料进行供应商分析。分析的主要目的是比较各个供应商的优势和劣势，选择企业需要的供应商。

4. 供应商分析的主要内容

对潜在供应商有必要进行以下分析：

（1）产品的品种、规格和质量水平，以及价格水平是否符合企业需要。只有产品的品种、规格、质量水平都适合于企业，才算得上企业的潜在供应商。

（2）企业的实力、规模如何，产品的生产能力如何，技术水平如何，管理水平如何，企业的信用度如何。企业的信用度，是指企业对客户、对银行等的诚信程度，是供应商对自己的承诺和义务认真履行的程度，特别是像产品质量保证、按时交货、往来账目处理等方面是否能够以诚相待，一丝不苟地履行自己的责任和义务。

（3）供应商相对于本企业的地理交通状况如何，进行运输方式、运输时间、运输费用分析，测算运输成本是否合适。

知识拓展

供应商识别方法

一、等待与观望法

供应商和他们的销售代表总是在四处活动，毕竟供应商之间也在相互竞争，都在寻求更多可以增加市场份额的机会。因此，采购公司最好是耐心等待，不要急于采取行动。但要注意到不仅只有供应商之间存在业务竞争，公司本身也在参与竞争，而且还必须保持比竞争对手领先一步的优势。那些到访的销售代表，也很可能会同时拜访其他公司。那些主动与公司接触的供应商可以给公司带来一些好处，因为他们可能非常渴望与公司进行业务合作，这种积极性是很重要的。但是，这些供应商却不一定是你公司身边最有能力的供应商。

二、吸引与观望法

为了更好地吸引供应商，公司应尽可能在最广泛的范围内提高知名度，从而最广泛地吸引潜在供应商。一般来讲，可以通过诸如专业杂志或其他商业信息交换体系等，以广告形式让供应商了解公司的采购需要。公司还可以通过自己的网站向供应商传达需求信息。公司通过这种方式公布其采购需求时，尽可能地体现专业性和竞争力是非常重要的。在公司公布目前和预期的需求的同时，还应公布有关公司采购供应政策和实际作法等信息。

三、寻找与发现法

企业必须从自身的角度出发，利用各种方法去寻找并直接接触潜在的、有价值的供应商。企业可以从分析供应市场开始，识别和评价潜在供应市场以及存在的风险和机会，以确定最适合公司需要的细分市场，进而更容易地找到适合的供应商。应当注意的是，公司应该把寻找供应商的努力重点放在具有最高优先级别的采购品项上。

（三）供应商深入调查

供应商深入调查，是指经过初步调查后对准备发展为自己的供应商的企业进行的更加深入仔细的考察活动。这种考察深入到供应商企业的生产线，各个生产工艺、质量检验环节甚至管理部门，对现有的设备工艺、生产技术、管理技术等进行考察，看看所采购的产品是否满足本企业所应具备的生产工艺条件、质量保证体系和管理规范要求。只有通过这样的供应商深入调查，才能发现可靠的供应商，建立起比较稳定的物资采购供需关系。

1. 供应商深入调查的时机

供应商深入调查，并不是对所有的供应商都必须进行，只有在以下情况下才需要：

（1）准备发展成紧密关系的供应商。例如，在进行 JIT 采购时，供应商的产品需要准时、免检，直接送上生产线进行装配。这时，供应商应与企业结成如同企业的一个生产车间一样的紧密关系。如果要选择这样紧密关系的供应商，就必须进行深入的供应商调查。

（2）寻找关键零部件产品的供应商。如果企业所采购的是一种关键零部件，特别是如精密度高、加工难度大、质量要求高、在企业的产品中起核心功能作用的零部件产品，在选择供应商时，就需要特别小心，要进行反复认真的深入考察和审核。只有经过深入调查证明供应商确实能够达到要求时，才能将其发展为企业的供应商。

思考：为什么企业不能对所有供应商都进行深入调查呢？

2. 供应商深入调查的阶段

供应商深入调查可以分为三个阶段：

第一阶段：通知供应商生产样品，最好生产一批样品，从中随机抽样进行检验。如果抽检不合格，允许其改进，再生产一批并进行抽检，如果还是不合格，则这个供应商就落选，不再进入第二阶段。只有抽检合格的供应商才能进入第二阶段。

第二阶段：对于生产样品合格的供应商，还要对其生产过程、管理过程进行全面详细的考察，检查其生产能力、技术水平、质量保障体系、装卸搬运体系、管理制度等有没有达不到要求的地方。如果基本符合要求，则深入调查可以到此结束。符合要求的供应商，可以中选；不符合要求的，则进入第三阶段。

第三阶段：对于生产工艺、质量保障体系、规章制度等不符合要求的供应商，要协商提出改进措施，限期改进。供应商愿意改进并限期改进合格者，可以中选。如果供应商不愿意改进，或者愿意改进但限期改进不合格者，则落选。深入调查到此结束。

任务二　供应商选择

案例导入

供应商选择的失误

临近春节，上海某通信公司手机生产车间的生产任务特别紧张，办公室人员都被抽调到生产一线增援。然而，手机塑胶外壳的供应商却无法提供有力保障，承诺好的交货期一再延误，喷漆与丝印良好率跌至50%。采购总监驻厂催货也难以确保，为了赶时间，原先公路运输的货物都采用了航空运输。

在做供应商调查时，这家手机塑胶外壳生产商排名数一数二，也一直专注于供应国内知名品牌客户。但在这次合作中却状况百出，究其原因，一是临近春节用工紧缺，产出不足，加上其他客户占据产能而本公司需求的优先级别不高；二是产品外发加工，导致良率低下；三是内部管理混乱，董事长的指令在内部得不到落实。

☞ 案例思考

如何选择合适的供应商？

知识准备

一、供应商选择概述

供应商选择是供应商管理的流程之一，是供应商管理中最重要的工作。选择一批好的供应商，不但对企业的正常生产起着决定作用，而且对企业的发展也非常重要。实际上，供应商选择融合在供应商开发的全过程中。

供应商开发的过程中包含了多次供应商选择过程：在众多的供应商中，每个品种要选择5—10个供应商进行初步调查；初步调查以后，要选择1—3个供应商进行深入调查；深入调查以后，又要做一次选择，初步确定1—2个供应商。初步确定的供应商进入试运行，又要考核和选择，确定最后的供应商选择结果。

知识拓展

好供应商的标准

一个好供应商的标准，一是产品好，二是服务好。所谓产品好，就是要求产品质量好、价格合适、技术先进、发展前景好、货源稳定、供应有保障；所谓服务好，就是要求供应商在供货、送货方面能够及时，有很好的技术支持和售后服务，守信用，愿意协调配合客户企业。因此，一个好供应商需要具备以下条件。

1. 企业生产能力强

产量高，规模大，生产历史长，经验丰富，生产设备好。

2. 企业技术水平高

生产技术先进，设计能力和开发能力强，生产设备先进，产品技术含量高，达到国内先进水平。

3. 企业管理水平高

有一个强有力的领导班子，尤其是要有一个有魄力、有能力、有管理水平的一把手；要有一个高水平的生产管理系统；还要有一个强有力的、具体落实的质量管理保障体系，要在全企业中形成一种严肃认真、一丝不苟的工作作风。

四、企业服务水平高

能对顾客高度负责，服务主动、认真，售后服务制度完备，服务能力强，愿意配合客户企业。

二、供应商选择的原则

供应商选择要本着全面、具体、客观的总原则，建立和使用一个全面的供应商综合评价指标体系，对供应商做出全面、具体、客观的评价，综合考虑供应商的业绩、设备管理、人力资源开发、质量控制、成本控制、技术开发、用户满意度、交货协议等可能影响供应链合作关系的因素。一般来说，供应商选择应遵循以下几个原则。

（一）目标定位原则

这个原则要求供应商评审人员应当注重对供应商考察的广度和深度，应依据所采购商品的品质特征、采购数量和品质保证要求去选择供应商，使建立的采购渠道能够保证品质要求，减少采购风险，并有利于自己的产品打入目标市场，让客户对企业生产的产品充满信心。选择的供应商的规模和层次要和采购商相当，而且采购时的购买数量不超过供应商产能的 50%，反对全额供货的供应商，同类物料的供应商最好保持在 2—3 家，并有主次之分。

（二）优势互补原则

每个企业都有自己的优势和劣势，选择开发的供应商应当在经营方面和技术方面符合企业预期的要求水平，供应商在某些领域应具有比采购方更强的优势，在日后的配合中才能在一定程度上优势互补。尤其在建立关键、重要零部件的采购渠道时，更需要对供应商的生产能力、技术水平、优势所在、长期供货能力等方面有一个清楚的把握。要清楚地知道之所以选择这家厂家作为供应商，是因为它具有某些其他厂家没有的优势。只有那些在经营理念和技术水平符合或达到规定要求的供应商才能成为企业生产经营和日后发展的忠实的合作伙伴。

（三）择优录用原则

在选择供应商时，通常先考虑报价、质量以及相应的交货条件，但是在相同的报价及相同的交货承诺下，毫无疑问要选择那些企业形象好、知名度和信誉度高的厂家作为供应商，信誉好的企业更有可能兑现曾许下的承诺。在此必须提醒，供应商要在综合考察、平衡利弊后择优录用。

短视频：供应商选择的 10 个原则

（四）共同发展原则

如今市场竞争越来越激烈，如果供应商不全力配合企业的发展，企业的实际运作必然会受到影响。若供应商能以荣辱与共的精神来支持企业的发展，把双方的利益捆绑在一起，这样就能共同应对风云变幻的市场，并能以更具竞争力的价位争取更大的市场份额。因此，与重要供应商发展供应链战略合作关系也是值得考虑的一种方法。

知识拓展

供应链战略

供应链战略是基于业务外包的一种互补性的、高度紧密的企业联盟，这个联盟以核心产品、核心资产或核心企业（通常是最终产品的生产者和服务的提供者）为龙头组成，它包括原材料、配件供应商、生产商、配送中心、批发商、零售商和顾客等。这个联盟的目标是通过联盟内各个成员统一协调的无缝隙的工作，以价低质优的产品、及时供货和提供优质的售后服务来提高市场供应的有效性和顾客的满意度，以较高的市场占有率取得竞争优势。

供应链战略与一般意义的企业联盟不一样，供应链战略不局限于企业的相互参股和资本流动，而是以价值链为纽带将企业间的合作与协作拓展到原材料、组件、技术、设备、市场及信息等各个方面。它事实上是将某一行业分散在各地的研究开发、生产加工、资源提供、市场营销等价值链各环节上具有特定优势的不同企业联合起来，实行分工合作、优势互补、利益共享，使生产要素扩张到更广泛的范围。

思考：从开拓创新的角度谈一谈供应链战略的优势。

三、供应商选择的影响因素

供应商选择会受到政治、经济和其他外界因素的影响，主要影响因素有以下几点。

（一）价格因素

价格因素是指供应商所供给的原材料、初级产品或消费品组成部分的价格，供应商产品的价格决定了消费品的价格和整条供应链的投入产出比，对生产商和销售商的利润率产生一定程度的影响。

（二）质量因素

质量因素是指供应商所供给的原材料、初级产品或消费品组成部分的质量，产品质量是供应链生存之本，产品的使用价值是以产品质量为基础的。如果产品的质量低劣，该产品就会缺乏市场竞争力，并很快被市场淘汰。而供应商所提供产品的质量是消费品质量的关键所在，因此，质量是一个很重要的因素。

（三）交货提前期因素

对于企业或供应链来说，市场是外在系统，它的变化或波动都会引起企业或供应链的变化或波动，市场的不稳定性会导致供应链各级库存的波动。由于交货提前量的存在，必然造成供应链各级库存变化的滞后性和库存的逐级放大效应。交货提前量越小，库存量的波动越小，企业对市场的反应速度越快，对市场反应的灵敏度越高。由此可见，交货提前量也是重要的因素之一。

（四）交货准时性因素

交货准时性是指按照订货方所要求的时间和地方，供应商将指定产品准时送到指定地点。如果供应商的交货准时性较低，必定会影响生产商的生产计划和销售商的销售计划及时机。这样一来，就会引起大量的浪费和供应链的解体。因此，交货准时性也是较为重要的因素。

（五）品种柔性因素

在全球竞争加剧、产品需求日新月异的环境下，企业生产的产品必须多样化，才能适应消费者的需求，达到占有市场和获取利润的目的。因此，多数企业采用了 JIT 生产方式。为了提高企业产品的市场竞争力，就必须发展柔性生产能力。而企业的柔性生产能力是以供应商的品种柔性为基础的，供应商的品种柔性决定了消费品的种类。

（六）设计能力因素

集成化供应链是供应链的未来发展方向，产品的更新是企业的市场动力。产品的研发和设计是生产商分内之事，集成化供应链要求供应商也应承担部分的研发和设计工作。因此，供应商的设计能力属于供应商选择机制的考虑范畴。

短视频：供应链一体化

知识拓展

集成化供应链

集成化供应链是指供应链的所有成员单位基于共同的目标而组成的一个“虚拟组织”，组织内的成员通过信息的共享、资金和物质等方面的协调与合作，优化组织目标（整体绩效）。

供应链的集成是在不同层次上进行的。最初，供应链内部的合作企业之间认识到合作的重要性，进而各企业产生进行集成运作的管理战略；在此战略的指导下不断地进行宏观、中观、微观各层次的合作和集成，最终在企业之间形成一条紧密合作的企业链条。这样，集成化供应链就形成了。

集成化供应链要在战略、业务流程、信息共享、联合预测和产品开发等诸多环节上进行全面的合作，做到整条供应链的计划协调、业务通畅。只有建立在此基础上的供应链，才可以说是真正意义上的集成化的供应链。

（七）特殊工艺能力因素

每种产品都具有其独特性，没有独特性的产品，其市场生存力较差。产品的独特性要求特殊的生产工艺，所以，供应商的特殊工艺能力也是影响因素之一。

（八）其他影响因素

其他因素，如项目管理能力、供应商的地理位置、供应商的库存水平等也会成为供应商选择的考虑因素。

思考：你觉得企业在选择供应商时还需要考虑哪些因素呢？

四、供应商选择的步骤

供应商在供应链中担负重要角色，供应商的选择机制是多元化的。因此，企业的决策者选择供应商时要因地制宜，对企业所处的内外部环境进行详细的分析，根据企业的长期发展战略和核心竞争力，选择适合本企业或本行业的理论和方法，制定相应的实施步骤和实施规则。不同的企业在选择供应商时，所采用的步骤会有差别，但基本步骤应一致，如图 5-1 所示。

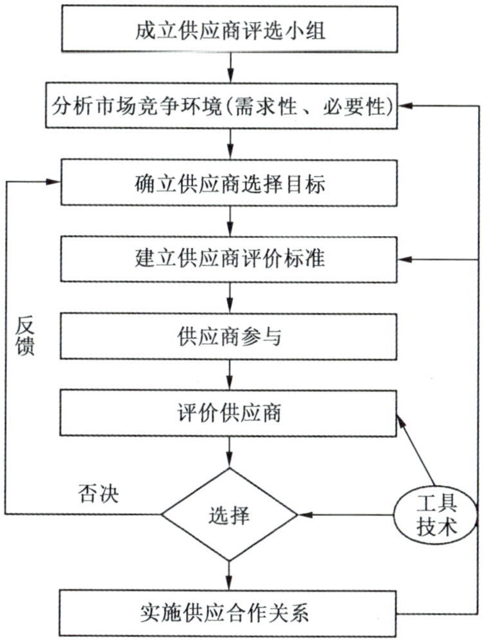

图 5-1　选择供应商的步骤

（一）成立供应商评选小组

企业需成立一个专门的小组来控制和实施供应商评价，这个小组的组员以来自采购、质量、生产、工程等与供应链合作关系密切的部门为主。小组组员必须有团队合作精神，还应具备一定的专业技能，评选小组必须同时得到采购企业和供应商企业最高领导层的支持。

（二）分析市场竞争环境

企业必须知道现在的产品需求是什么、产品的类型和特征是什么，以此来确认客户的需求，确认是否有建立供应关系的必要。如果已经建立了供应关系，需要根据需求的变化确认供应合作关系变化的必要性，分析现有供应商的现状，总结企业存在的问题。

（三）确立供应商选择目标

企业必须确定供应商评价程序如何实施，而且必须建立实质性的目标。供应商评价和选择不仅仅是一个简单的过程，更是企业自身的一次业务流程重构过程。如果实施得好，就可以带来一系列的利益。

（四）建立供应商评价标准

供应商评价指标体系是企业对供应商进行综合评价的依据和标准，是反映企业本身和环境所构成的复杂系统的不同属性的指标，是按隶属关系、层次结构有序组成的集合。不同的行业、企业，不同产品需求和环境下的供应商的评价应是不一样的，但供应商的评价标准应涉及以下几个方面：供应商业绩、设备管理、人力资源开发、质量控制、成本控制、技术开发、客户满意度和交货协议等。根据企业实际状况和供应商选择的时间跨度，对供应商的要求也有所不同，按时间的长短分为短期标准和长期标准，具体如表 5-2 所示。

表 5-2　供应商评价的短期标准和长期标准

供应商选择的短期标准	商品质量合适、成本低、交货及时、整体服务（安装服务、培训服务、维修服务、升级服务、技术支持服务）水平高、履行合同承诺的能力强等
供应商选择的长期标准	供应商质量管理体系健全，供应商内部机器设备先进及保养良好，供应商的财务状况稳定，供应商内部组织与管理良好，供应商员工的状况稳定等

在建立供应商评价标准时，一定要综合考虑短期标准和长期标准，把两者结合起来，才能使所选择的标准更全面，进而利用标准对供应商进行评价，最终找到理想的供应商。

（五）供应商参与

一旦企业决定实施供应商评选，评选小组需尽可能让供应商参与到评选的设计过程中，确认他们是否有获得更高业绩水平的愿望。

（六）评价供应商

评价的主要工作是调查、收集有关供应商生产运作等全方位的信息。在收集供应商信息的基础上，就可以利用一定的工具和技术方法进行供应商的评价了。

（七）选择供应商

在上述步骤的基础上，选择确定供应商。

（八）实施供应合作关系

在实施供应合作关系的过程中，市场需求也将不断变化。企业可以根据实际情况的需要及时修改供应商评选标准，或重新开始供应商评估选择。在重新选择供应商时，应给予新旧供应商以足够的时间来适应变化。

五、供应商选择的方法

目前，可以应用于供应商选择的方法主要分为三类：定性方法、定量方法，以及定性与定量相结合的方法。具体有直观判断法、考核选择法、招标选择法、协商选择法等。制造型企业可以根据自己的实际情况选择其中的方法加以应用。

（一）直观判断法

直观判断法是指通过调查、征询意见、综合分析和判断来选择供应商的一种方法。它是一种主观性较强的判断方法，主要是倾听和采纳有经验的采购人员的意见，或者直接由采购人员凭经验做出判断。这种方法的质量取决于对供应商的资是否料掌握正确、齐全和决策者的分析判断能力与经验。这种方法运作简单、快速，但是缺乏科学性，受掌握信息的详尽程度限制，常用于选择企业非主要原材料的供应商。

（二）考核选择法

考核选择法是指在对供应商充分调查了解的基础上，再进行认真考核、分析比较而选择供应商的方法。供应商的调查可以分为供应商初步调查和供应商深入调查，每个阶段的调查对象都有一个供应商选择的问题，而且选择的目的和依据是不同的。

供应商初步调查对象的选择非常简单，基本依据就是其产品的品种规格、质量、价格水平、生产能力、运输条件等。所选择出的几个条件合适的供应商就是供应商初步调查的对象。

供应商深入调查对象的选择，基于影响企业的关键产品、重要产品的供应商。对这些供应商要进行深入的研究考察，选择的标准主要是企业的实力、产品的生产能力、技术水平、质量保障体系和管理水平等。在对各个评价指标进行考核评估之后，还要进行综合评估。综合评估就是把各个指标进行加权平均计算以得到一个综合成绩，综合成绩越高，供应商表现越好。

通过试运行阶段，在得出各个供应商的综合成绩后，基本上就可以确定要选择的供应商了。

（三）招标选择法

当采购物资数量大、供应市场竞争激烈时，可以采用招标选择法来选择供应商。采购方作为招标方，事先提出采购条件和要求，邀请众多供应商企业参加投标，然后由采购方按照规定的程序和标准从中一次性择优选择交易对象，并提出最有利的条件，最后由投标方签订协议。整个招标过程要求公开、公正和择优。

（四）协商选择法

在可选择的供应商较多、采购单位难以抉择时，也可以采用协商选择方法，即由采购单位选出供应条件较为有利的几个供应商，同他们分别进行协商，再确定合适的供应商。

和招标选择法相比，协商选择法因双方能充分协商，因而在商品质量、交货日期和售后服务等方面较有保证。但由于选择范围有限，不一定能选择到最适宜、供应条件最有利的供应商。当采购时间较为紧迫、投标单位较少、供应商竞争不激烈、订购物资规格和技术条件比较复杂时，协商选择法比招标选择法更合适。

短视频：选择供应商的方法

思考：招标选择法和协商选择法有何区别？

任务三　供应商关系管理

案例导入

供应责任

华为持续对标行业最佳实践，采用国际公认的行业标准，将可持续发展作为采购战略的重要组成部分，充分考虑供应商准入、认证、选择、绩效评估与管理的全流程，进行例行化考核，并通过深化与客户、供应商和行业组织等利益相关方的合作，引导供应商持续改进。

华为将供应商可持续发展绩效与商务挂钩，在供应商选择、招标和组合管理等阶段加以应用。对于绩效表现好的供应商，在同等条件下优先提高合作份额或优先提供业务合作机会；对于绩效表现差的供应商，要求限期整改、减少采购份额、限制业务合作或取消合作关系。

华为定期开展供应商可持续发展培训和辅导，要求供应商采用行业最佳实践，将可持续发展要求纳入业务战略，降低业务风险，提升运作效率。华为注意到每家供应商都有其独到的可持续发展经验和能力，且不同供应商之间的经验和能力存在一定互补性。所以，华为倡导供应商在同行对标中互相学习，取长补短，共同进步。经过多年探索，华为提出了一种低成本、高效率的同行对标学习模式。

案例思考

华为的供应商管理策略给我们带来什么启示？

知识准备

一、供应商关系管理概述

供应商关系是指采购方基于不同的管理目标、不同的市场条件，与供应商之间建立并保持的供求竞争或合作的业务联系的性质和形态。供应商关系管理（Supplier Relationship Management，简称 SRM）是用来改善与供应链上游供应商关系的，应用于企业采购活动相关的所有领域，旨在建立恰当、密切的新型供应关系的管理机制。它以多种信息技术为支持和手段，建立在对企业的供应商（包括原材料供应商、零部件供应商、设备及其他资源供应商、服务供应商等）和供应信息科学有效地管理与运用的基础上，内容涵盖如何对供应商、产品或服务沟通、信息交流、合同、资金、合作关系、合作项目以及相关的业务决策等进行全面的优化管理与支持。在这种以合作为基础的采供关系中，采购方处于主动地位，在掌握了供应商的业务水平后，采购方可根据企业的实际需要对供应商帮扶改造。采供双方从共同利益最大化的角度出发解决问题，共享所获收益。

著名咨询公司 Gartner 认为，供应商关系管理是用于建立商业规则的行为，以及企业为实现盈利而对于和不同重要性的产品/服务供应商进行沟通的必要性的理解。企业采用供应商关系管理能带来以下好处：

（1）企业可以依据供应商的性质以及其对企业的战略价值，对不同供应商采取不同的对待方式。

（2）建立竞争优势，并通过合作快速地引入更新、更好的以顾客为中心的解决方案，来增加营业额。

（3）扩展、加强与重要供应商的关系，把供应商集成到企业流程中。

（4）在维持产品质量的前提下，通过降低供应链与运营成本来促进利润提升。

二、供应商关系管理的演变

（一）传统的买卖关系

传统的采购商与供应商之间的关系就是纯粹的买卖关系，这是一种短期的、松散的、互相竞争的关系。在这种基本关系中，采供双方竞争的核心就是价格。双方的交易如同零和博弈，一方的获利就是另一方的损失。采购方试图用最低的价格买到一定数量、质量达标的物资，而供应商则会以特殊的质量要求、特殊服务和订货量的变化等为理由尽量提高价格。价格谈判过程中哪一方能够占据上风取决于采购商与供应商的议价能力，它是由市场供求结构、采购量占供应商销售量的比重、转换供应商的成本、技术专属情况、信息不对称状况等多种因素共同决定的。在这样的交易中，焦点更多地集中在降低成本并保证供应上，一般不会考虑通过合作去创造更大的利润空间。谈判永远围绕着削价和加价，买卖双方间是一种敌对的关系。采供双方的信任程度低，信息的不对称、不共享也是买卖型采供关系的特点。随着人们慢慢认识到传统竞争模式的局限，与供应商建立长期合作关系的优势才逐渐为业界所认可。

（二）供应商合作伙伴关系

供应商合作伙伴关系是一种长期的、相对稳定的依存关系，采供双方诚信、公开、公平地进行合作，风险共担，信息与收益共享。这种关系通常以合作协议的形式确定下来，且每个层次都有相应的沟通协调。具体来说，供应商合作伙伴关系有以下几个特点：

1. 信息和知识共享

采购商和供应商共享与供应绩效相关的信息和知识。采购方向供应方提供自己的生产、库存、技术、计划、管理等方面的相关信息，而供应商也向采购商公开成本控制、质量控制、库存控制以及相关的管理资料。双方还可以共享对方的生产计划、销售计划、采购和供应计划，以及中长期的战略规划等，互惠互利。

2. 采购商质量检验数量减少

双方在互相信任和合作的基础上及时地沟通产品的质量情况，最理想的状态就是质量控制完全由供应商生产检验系统实现，而采购商无须复检。

3. 准时交货

因为供应商了解采购企业的生产计划，供应商就可能为采购企业提供 JIT 式的交货或者提供 VMI 服务，以减少采购方的库存成本。

4. 高度信任

高度信任是合作伙伴关系得以存在的基础。高度信任使得采购企业愿意放弃分散的多货源订货方式转而削减供应商数目；高度信任使得采供双方冒着生产机密外泄的风险与对方分享很多核心的信息和资源；高度信任使得采供双方以系统利益最大化为目标，而不是单纯考虑自己的得失。

思考：你觉得企业之间为什么要合作呢？想一想我们传统文化中有哪些合作的典故？

三、供应商关系管理的步骤

（1）采购企业的供应部门在市场调研的基础上要对采购的物资进行分类，根据预先设定的伙伴关系型供应商制定供应商分类模块，确定伙伴型供应商对象。

知识拓展

供应商分类

一个企业的供应商数量可能很多，为了实施科学的管理必须对供应商进行分类，企业需要对不同的供应商实施不同的关系策略。

一、按采购关系的重要性分类

按采购关系的重要性，可以把供应商分成商业型、优先型、重点型和伙伴型，如图 5-2 所示。

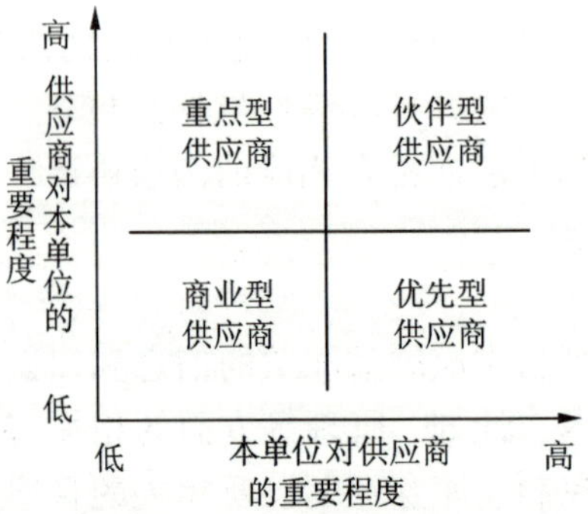

图 5-2 按采购关系的重要性对供应商分类

二、按 80/20 规则分类

根据 80/20 规则，企业所采购的约 80% 价值的产品是约 20% 的供应商提供的，这类供应商可称为重点供应商。剩下价值约 20% 的产品是由占 80% 的一般供应商提供的，如图 5-3 所示。

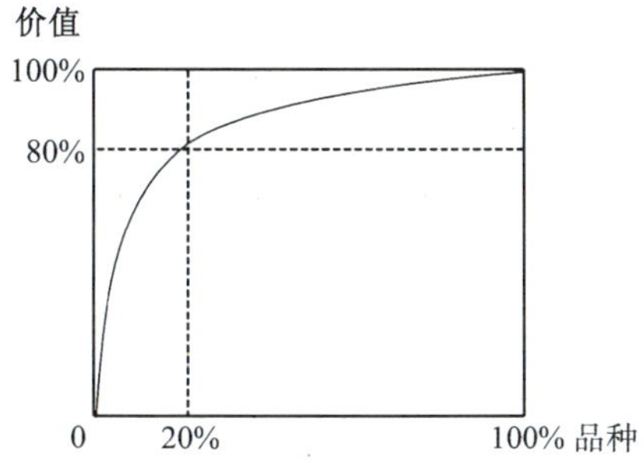

图 5-3　按 80/20 规则对供应商分类

三、按交易的稳定性分类

按交易的稳定性，可以把供应商分为以下几种：

（1）双方都只注意通过谈判获得自己利益的短期目标型供应商。

（2）基于长远利益，相互配合共同降低成本的长期目标型供应商。

（3）在长期目标型基础上发展起来的，在产权和人事组织关系上相互融合的渗透型供应商。

（4）从供应链的纵向链条上管理成员关系的联盟型供应商。

（5）供应链上各企业相互独立但又像一家企业一样共同掌握信息，集体进行产品或服务的设计，自觉做出有利于供应链整体利益决策的纵向集成型供应商。

（2）根据对供应商伙伴关系的要求，采购企业要明确具体的目标及考核指标，制订相应的行动计划。这些计划必须在采购企业内部的高层领导和相关部门之间进行充分的交流，取得一致意见，并获得供应商的参与认可，双方签字生效。

（3）通过供应商会议、供应商访问等形式，采购企业要针对计划实施进行组织和进度跟进，内容包括对质量、交货、成本、服务、新产品开发、新模具和新技术的开发等方面的改善进行跟踪考核，定期检查进度，及时沟通并协调行动。

（4）采购企业还要建立并通过供应商绩效阶段考评、体系审核等机制，跟踪供应商的综合表现，及时反馈并提出改善要求。建立供应商合作伙伴关系仅仅是供应商关系管理的第一步，后续更重要的任务是在供应商管理过程中维护、改进、巩固并发展合作关系，不断优化整体供应商的结构和供应配套体系。

供应商关系管理是一种致力于实现与供应商建立和维持长久、紧密伙伴关系的管理思想，也是一种旨在改善企业与供应商之间关系的新型管理模式，与供应链中的上游供应商企业实现业务上的紧密联系和协同合作，使供应商及其资源能够更有效地参与到企业的产品设计和生产制造甚至是市场销售的过程中，并通过对双方资源和竞争优势的整合来共同开拓市场，降低产品前期的高额成本，提高市场份额，实现企业与供应商的双赢。

四、供应商关系管理的意义

良好的供应商关系管理对于生产企业增强成本控制、提高资源利用率、改善服务和增加收益起到了巨大的推动作用。实施有效的供应商关系管理可以大大节约时间和节省财力，更大程度地满足顾客的需要。为了在竞争中立于不败之地，越来越多的生产企业，包括世界上许多著名的跨国公司，如 IBM、Dell、沃尔玛、丰田等公司，都通过科学的供应商关系管理来获得在国际竞争中的领先优势。因此，供应商关系管理意义巨大，主要包含以下几个方面。

短视频：供应商的关系

（一）降低成本

企业从供应商推荐材料的使用方面，可以获得更多成本的降低；另外，通过与供应商良好的沟通可以降低产品的开发成本、质量成本、交易成本、售后服务成本等。据有关资料表明，开展供应商关系管理可使企业采购成本节省 20%。

（二）减少风险

企业及时、安全地获得关键性原材料，可以降低企业及供应链中的潜在供应风险和不确定性。通过开展供应商关系管理，企业可通过供应商开发新的产品、技术，从而降低其在未知技术领域的风险。同时，供应商的资产投资于双方合作领域，企业的投资风险也将得以降低。

（三）规模经济

在某些领域，采购方企业的研发费用庞大，企业无法单独承担开发和生产的所有费用，采购方可以将其没有能力投资开发的部分技术转包给专业供应商，这样不仅可以提高供应商的技术水平，通过合理分配技术投资任务，还可以使企业专注于开发核心技术，在其核心领域追求卓越从而达到规模经济的效果。

（四）互补技术和专利

通过与供应商共同研究开发以及企业间技术人员的相互协作，可以使双方的技术和发明专利互补。这种思路使得采购企业和供应商联手进行技术创新成为可能，可以协助企业比竞争对手更快、更早地向市场推出新产品。

（五）提高客户满意度

供应商关系管理使企业在产品质量、交货时间、供货准时率等方面得到很大程度的改善，从而大大提高了顾客的满意度和忠诚度。

五、双赢供应关系的管理

（一）双赢供应关系与竞争供应关系的比较

双赢供应关系模式是一种供应商与制造商之间共同分享信息，通过合作和协商达成共同盈利目标的关系模式，这种关系模式的采购策略表现为以下几点：

（1）制造商对供应商给予协助，帮助供应商降低成本、改进质量、加快产品开发进度。

（2）通过建立相互信任的关系，提高效率，降低交易管理成本。

（3）长期的信任合作取代短期的合同。

（4）比较长久的信息交流。

传统的供需双方之间的竞争关系与供应链管理下的双赢供应关系模式的采购特征有很大的不同。竞争关系是价格驱动的，这种关系模式的采购策略表现为以下几点：

（1）买方同时向多处供应商购货，通过供应商之间的价格竞争获得价格好处，同时也保证供应链的连续性。

（2）买方通过在供应商之间分配采购数量对供应商加以控制。

（3）买方与供应商保持的是一种短期合同关系。

（二）双赢供应关系对企业采购的意义

供应商与制造商的合作关系对于准时化采购的实施是非常重要的，只有建立良好的供需合作关系，准时化采购策略才能得以彻底贯彻落实，并取得预期的效果。从供应商的角度来说，如果不实施准时化采购，由于缺乏和制造商的合作，库存、交货批量都比较大，而且在质量、需求方面都无法获得有效控制。通过建立准时化采购策略，把制造商的 JIT 思想扩展到供应商，加强了供需之间的联系与合作。在开放性的动态信息交互下，面对市场需求的变化，供应商能够做出快速反应，提高了供应商的应变能力。对制造商来说，通过和供应商建立合作关系，实施准时化采购，管理水平得到提高，制造过程与产品质量得到有效控制，成本降低了，制造的敏捷性与柔性增加了。

概括起来，双赢供应关系对于采购中供需双方的作用表现为以下几点：

（1）增加对整个供应链业务活动的共同责任感和利益的分享。

（2）增加对未来需求的可预见性和可控能力，长期的合同关系使供应计划更加稳定。

（3）成功的客户有助于提高供应商的竞争力。

（4）高质量的产品增强了供应商的竞争力。

（5）增加了对采购业务的控制能力。

（6）通过长期的、有信任保证的订货合同保证了采购的要求。

（7）减少和消除了不必要的对购进产品的检查活动。

互惠互利是巩固和发展供需合作关系的根本保证。互惠互利包括了双方的承诺、信任、持久性。信守诺言，是商业活动成功的一个重要原则。没有信任的供应商，或没有信任的采购客户都不可能产生长期的合作关系，即使建立起合作关系也是暂时的。持久性是保持合作关系的保证，没有长期的合作，双方就没有诚意做出更多改进和付出。持久性是长期合作的基础，机会主义和短期行为对供需合作关系将产生极大的破坏作用。

思考：为什么从国家到企业再到个人，合作才能发展、合作才能共赢？

知识拓展

合作共赢

中国传统文化中蕴含着丰富的合作共赢的思想，这种思想体现在许多古代故事和经典文献之中。

一、《论语》中的“共利”思想

背景：《论语·里仁》中有“君子喻于义，小人喻于利”的说法，而“共利”思想则是指君子应当追求更高的道德境界，即与他人共享利益。

寓意：强调共赢的重要性，认为个人的成功不应该建立在他人的失败之上。

二、“六尺巷”

背景：这个故事发生在清朝，讲述了两户家庭因宅基地边界问题产生争执，最后各自退让三尺，形成了一条六尺宽的小巷。

寓意：体现了“退一步海阔天空”的哲学思想，说明通过相互妥协与宽容可以达成和谐共赢的局面。

三、“将相和”

背景：源于战国时期赵国的廉颇与蔺相如的故事。廉颇是武将，蔺相如是文臣，两人因为职位高低产生了矛盾，但在国家危难之时，蔺相如主动化解了矛盾，廉颇也认识到自己的不足，最终两人冰释前嫌，共同辅佐赵王。

寓意：强调团队合作的重要性以及放下个人恩怨、共同为大局着想的精神。

四、“郑和下西洋”

背景：明朝时期的航海家郑和率领船队远航至东南亚、南亚、中东甚至非洲，促进了中国与这些地区的文化交流和贸易往来。

寓意：体现了开放包容、和平交流的理念，通过互利互惠的合作增强了各国之间的友谊。

五、“孔融让梨”

背景：东汉时期，孔融小时候就把大的梨让给哥哥、弟弟吃，自己吃小的，表现出了谦让和友爱的精神。

寓意：反映了中华民族的传统美德之一——谦让精神，强调了和谐相处的重要性。

（三）双赢供应关系的管理办法

双赢供应关系已经成为供应链企业间合作的典范，因此，要在采购管理中体现供应链思想，对供应商的管理就应集中在如何和供应商建立双赢关系以及如何维护和保持双赢关系上。

1. 信息交流与共享机制

信息交流有助于减少投机行为，有助于促进重要生产信息的自由流动。为加强供应商与制造商的信息交流，可以从以下几个方面着手：

（1）制造商与供应商之间经常进行有关成本、作业计划、质量控制信息的交流与沟通，保持信息的一致性和准确性。

（2）实施并行工程。制造商在产品设计阶段就让供应商参与进来，这样供应商可以在原材料和零部件的性能和功能方面提供有关信息，为实施质量功能配置（Quality Function Deployment，简称 QFD）的产品开发方法创造条件，把用户的价值需求及时地转化为供应商的原材料和零部件的质量与功能需求。

（3）建立联合任务小组解决共同关心的问题。应在供应商与制造商之间建立一种基于团队的工作小组，双方的有关人员共同解决供应过程中及制造过程中遇到的各种问题。

（4）供应商与制造商经常互访。供应商与制造商的采购部门应保持经常性的互访，及时发现和解决各自在合作过程中出现的问题和困难，形成良好的合作气氛。

（5）双方应使用电子数据交换（Electronic Data Interchange，简称 EDI）和互联技术进行快速的数据传输。

2. 激励机制

要保持长期的双赢关系，对供应商的激励是非常重要的，没有有效的激励机制，就不可能维持良好的供应关系。在激励机制的设计上，要体现公平、一致的原则。可以采用给予供应商价格折扣和柔性合同，以及赠送股权等方式，让供应商和制造商共同分享成功，同时也让供应商从合作中体会到双赢机制的好处。

3. 合理的评价方法和手段

要实施对供应商的激励机制，就必须对供应商的合作效果进行评价，使供应商不断改进。没有合理的评价方法，就不可能对供应商的合作效果进行评价，这将大大挫伤供应商的合作积极性和合作的稳定性。对供应商的评价要抓住主要指标和问题，比如交货质量是否改变了、提前期是否缩短了、交货的准时率是否提高了等。通过评价，把结果反馈给供应商，和供应商共同探讨问题产生的根源，并采取相应的措施予以解决。

思考：你觉得企业还可以采取哪些措施来建立双赢供应关系呢？

知识拓展

建立良好供应商关系的策略

一、定期举行高层管理会议

对于关键供应商，各采购组织的高层管理者应该定期举行会议，与关键供应商讨论长期战略及目标。

二、加强供应商与客户之间的联系

供应链中的每个成员都应该理解他们是为同一个最终客户服务的，这样就会有共识。

三、及时付款

采购方的延迟付款将会使供应商对采购方产生敌意，并且可能导致供应商的财政问题，影响供应商对它的供应商的支付能力或影响对合同的执行。

四、公平地对待供应商

对所有供应商提供相同的条件、变化和机会是与供应商建立相互信任和忠诚关系的关键。

五、定期进行供应商调查

通过调查，定期获得供应商的反馈信息。调查可以使供应商就采购组织如何成为好的客户这一问题提供匿名的反馈信息，采购可以根据这些反馈信息来修正自己的行为。

六、加强双方的交流

良好的信息交流（电子数据交换、互联网等）以及面对面的交流是双方达成共识并能愉快合作的关键。

七、供应商培训

许多采购组织给它们的供应商提供培训来帮助他们提高质量和改进其他方面，这是对供应商业绩上的投资，也是为了能与供应商保持良好的合作关系所进行的投资。

八、增强机密性

所有与采购组织的供应商有关的成本、技术和有关合作的信息等，都应该被严格保密，并签订保密协议。

任务四　供应商考核与激励

案例导入

包装采购经理的烦恼

A公司是一家实施多元化经营的制造企业，其产品遍及工业品市场和消费品市场，长期保持着良好的经营绩效。A公司的成功与其严把质量关的采购过程分不开，与此同时，A公司也与供应商之间建立了良好的合作伙伴关系。

但是，A公司的包装采购经理最近却陷入了麻烦，不知道明天将如何面对本公司的大供应商B公司的厂长。过去三个季度，B公司的质量等级在持续下滑。尽管每一季度发生的问题公司都解决了，但下一季度的问题往往更多。因此，为保证将来不出问题，包装采购经理必须获得厂长的协助，对这个大供应商采取相应的措施。

☞ **案例思考**

包装采购经理该如何处理呢?

知识准备

一、供应商考核的内容

供应商考核是指采购商在同供应商签订正式合同后及正式运作期间，对供应商整个运作活动的全面考核。

以下是供应商考核指标示例表（表5-3）。

表5-3 供应商考核指标示例表

供应商：			评估结果			
序号	评价点	评价项目	评分细则	标准	实得	备注
1	纳期与交货	1. 是否在安排期交货	延迟一次或连续2次数量不够扣5分	25		
		2. 交货时是否按仓库规定执行	差、一般、良好、优秀	5		
		3. 交货人员态度如何	依情况而定	5		
		4. 交货的单据手续是否齐全	缺少1次扣1分	5		
		5. 由供应商交付问题而引发公司的附加运费	<300	0		
2	品质	____月—____月品质考评成绩×40%		40		
3	信息反馈	1. 有问题能否及时联系	当天未联系1次扣1分	3		
		2. 提出的问题能否及时反馈	未按时回复1次扣1分	3		
		3. 不良材料是否及时反馈/处理	未及时反馈/处理1次扣1分	3		
		4. 月结单是否及时反馈	超过每月3天，每天扣1分	3		
4	价格	与同类供应商相比	最低4，一般2，偏高1，垄断0	8		
合计		实得分=（各项得分之和÷被评价项目总分）×100		100		

续表

序号	评价点	评价项目	评分细则	标准	实得	备注
评价标准		90 分以上　A 级　保持并持续改善 80—89 分　B 级　满足供货要求，须改善弱项 66—79 分　C 级　勉强可以供货，根据实际情况，需要及时制订改善对策并实施 65 分以下　D 级　不可供货，须制订改善对策并实施 （获 D 级者及公司要求回复时必须在一周内书面回复改善对策）				
评语						
对策						

在具体进行评价时，应从以下几个方面进行。

（一）产品质量

产品质量是最重要的因素，在开始运作的一段时间内，要加强对产品质量的检查。检查可以分为两种：一种是全检，一种是抽检。全检工作量太大，一般采用抽检的方法。质量的好坏可以用质量合格率来描述。

$$质量合格率（P）=\frac{合格件数}{抽检总数}\times 100\%$$

$$退货率=\frac{退货次数}{交货次数}\times 100\%$$

如果在 N 次交货中，每次的质量合格率 P 都不一样，则用平均合格率 $\bar{P}$ 来描述。

思考：爱岗敬业在企业产品质量管理中有什么作用？

（二）交货期

交货期也是一个很重要的考核指标。考核交货期主要是考核供应商的准时交货率。准时交货率可以用准时交货次数与总交货次数之比来衡量。

$$交货准时率=\frac{准时交货次数}{总交货次数}\times 100\%$$

（三）交货量

考核交货量主要是考核按时交货量，按时交货量可以用按时交货量率来评价。按时交货量率是指定交货期内的实际完成交货量与期内应当完成交货量之比。

$$按时交货量率=\frac{期内实际完成交货量}{期内应当完成交货量}\times 100\%$$

$$未按时交货量率=\frac{期内实际未完成交货量}{期内应当完成交货量}\times 100\%$$

如果每期的交货量率不同，则可以求出各个交货期的平均按时交货量率。

$$平均按时交货量率=\frac{\sum 按时交货量率}{N}$$

考核总供货满足率可以用总供货满足率或总缺货率来描述。

$$总供货满足率=\frac{期内实际完成供货量}{期内应当完成供货总量}\times 100\%$$

$$总缺货率=\frac{期内实际未完成供货量}{期内应当完成供货总量}\times 100\%$$

或

$$总缺货率=1-总供货满足率$$

（四）工作质量

考核工作质量，可以用交货差错率和交货破损率来描述。

$$交货差错率=\frac{期内交货差错量}{期内交货总量}\times 100\%$$

$$交货破损率=\frac{期内交货破损量}{期内交货总量}\times 100\%$$

（五）价格

考核供应商的价格水平，可以与市场同档次产品的平均价和最低价进行比较，分别用市场平均价格率和市场最低价格率来表示。

$$平均价格率=\frac{供应商的供货价格-市场平均价格}{市场平均价格}\times 100\%$$

$$最低价格率=\frac{供应商的供货价格-市场最低价}{市场最低价}\times 100\%$$

价格还涉及一个最低价格和公平价格的问题，使用最低价格交易，表面上可以使自己获得更多的利润，但是产品没有质量保证，没有售后服务承诺，没有反单机会，这次交易双方所得到的仅仅是一次合作经历。而采购公平价格是指公司制订一些可以接受的购买价格，这些价格都要经过公司领导的审批，可能是过去3—5年的平均价格水平，以最大限度地满足双方的利益，将单次交易发展成长期合作关系。

（六）进货费用水平

供应商的进货费用水平可以用进货费用节约率来考核。

$$进货费用节约率=\frac{本期进货费用-上期进货费用}{上期进货费用}\times 100\%$$

（七）信用度

信用度主要考核供应商履行自己的承诺，不故意拖账、欠账的程度。

$$信用度=\frac{期内失信的次数}{期内交往总次数}\times 100\%$$

（八）配合度

配合度主要考核供应商的协调精神。在和供应商相处的过程中，常常因为环境的变化或具体情况的变化，需要调整或变更工作任务，这种变化可能导致供应商工作方式的变化，甚至导致供应商要做出一点牺牲。这时可以考核供应商在这些方面积极配合的程度。另外，如果工作上出现了困难，或者发生了问题，可能也需要供应商配合才能解决。在这些时候，就可以看出供应商的配合度。供应商的配合度靠人们的主观评分来考核。找与供应商相处的有关人员，让他们根据这方面的体验为供应商评分。也可能会有上报或投诉的情况，这时可以把上报或投诉的情况作为评分依据。

思考：如何评价供应商的配合度呢？请举例说明。

可以看出，以上前七项都是客观评价，第八项是主观评价。客观评价都是客观存在的，是可以精确计量的，而主观评价主要依靠人的主观感觉。

二、供应商考核的步骤

（一）确定考核对象

企业与供应商的关系具有多种类型，在考核之前必须确定考核对象是哪一种类型的供应商。一般来说，考核大多针对愿意与企业建立供应链合作关系的供应商。

知识拓展

企业与供应商之间的关系

企业与供应商之间的关系大致可以分为五种，即短期目标型、长期目标型、渗透型、联盟型、纵向集成型。

一、短期目标型

这种关系类型的最主要特征是双方之间的关系是交易关系，他们希望彼此能保持比较长期的买卖关系，获得稳定的供应。但是双方所做的努力只停留在短期的交易合同上，各自关注的是如何谈判，如何提高自己的谈判技巧，不使自己吃亏，而不是如何改善自己的工作，使双方都获利。

二、长期目标型

长期目标型的特征是建立一种合作伙伴关系，双方的工作重点是从长远利益出发，相互配合，不断改进产品质量与服务质量，共同的范围遍及各公司内的多个部门。例如，由于是长期合作，可以对供应商提出新的技术要求，而如果供应商目前还没有这种能力，采购商的技术创新和发展也会促进企业产品改进，所以这样做有利于企业长远利益。

三、渗透型

这种关系形式是在长期目标型基础上发展起来的，其管理思想是把对方公司看成是自己公司的延伸，是自己的一部分。为了能够参与对方的业务活动，有时会在产权关系上采取适当的措施，如互相投资、参股等，以保证双方派员加入对方的有关业务活动。这样做的优点是可以更好地了解对方的情况，供应商可以了解自己的产品，所以容易发现改进的方向。

四、联盟型

联盟型是从供应链角度提出的，它的特点是从更长的纵向链条上管理成员之间的关系。由于成员增加，往往需要一个处于供应链上核心地位的企业出面协调成员之间的关系，它常常被称为“盟王”。

五、纵向集成型

这种形式被认为是最复杂的关系类型，即把供应链上的成员整合起来，像一家企业一样，但各成员是完全独立的企业，决策权属于自己。在这种关系中，要求每个企业充分了解供应链的目标、要求，以便在充分掌握信息的条件下，自觉做出有利于供应链整体利益的决策。

（二）确定考核目标

进行供应商考核，首先应确定考核目标。如以提高供货质量为目标、以降低成本为目标或以整体绩效综合评价为目标等，目标确定之后才能对供应商进行考核。

（三）组建考核小组

企业还应组建考核小组，组员以来自采购、质量、生产、技术等与供应商合作关系密切的部门的成员为主，组员必须有团队合作精神。评价小组必须同时得到制造商企业和供应商企业最高领导层的支持。

（四）建立考核指标体系

供应商综合评价的指标体系是企业对供应商进行综合评价的依据和标准，根据考核目标不同应建立不同的指标体系。指标体系的建立要注意全面系统性、简明科学性、稳定可比性、灵活可操作性的原则。

（五）选择考核方法

考核供应商方法很多，但大多选用综合评判法。

（六）供应商考核

供应商考核的一个主要工作是全方位调查、收集有关供应商的信息。在收集供应商信息的基础上，就可以利用一定的工具和技术方法进行供应商的考核了。

（七）考核结果分析

首先对考核的最终结果进行汇总分析，内容包括总体上的服务水平，采购成本的高低和结构、现有供货能力与企业要求和目标的差距等；然后对所有这些问题的原因进行分析，提出相应的改进措施，进一步分析改进过程中的制约因素是什么，思考应采取什么样的措施才能消除这些制约因素。这个过程非常重要，它涉及今后供应商的使用、激励以及与供应商建立何种关系等问题。

三、供应商激励

企业在与供应商合作的过程中，运用恰当有效的激励机制，对强化企业与供应商的合作、建立战略伙伴关系，能起到积极的作用。供应链管理模式下的激励手段多种多样，从激励理论的角度来理解，主要就是正激励和负激励两大类。正激励和负激励是一种广义范围内的划分。正激励是指一般意义上的正向强化、正向激励，是鼓励人们采取某种行为；而负激励则是指一般意义上的负强化，是一种约束、一种惩罚，阻止人们采取某种行为。一般而言，有以下几种激励模式：

（一）价格激励

在供应链环境下，各个企业在战略上是相互合作的关系，但是企业的利益不能被忽视。供应链的各个企业间的利益分配主要体现在价格上，包含供应链利润在所有企业间的分配、供应链优化而产生的额外收益或损失在所有企业间的均衡。供应链利润的合理分配有利于供应链企业间合作的稳定和运行的顺利。但是，价格激励本身也隐含着一定风险，这就是逆向选择问题，即制造商在挑选供应商时，由于过分强调低价格的谈判，他们往往选中了报价较低的企业，而将一些水平较高的企业排除在外，其结果会影响产品的质量、交货期等。因此，使用价格激励机制时要谨慎从事，不可一味强调低价策略。

（二）订单激励

供应商能获得更多的订单是一种极大的激励，在供应链内的企业需要更多的订单激励。一般来说，一个制造商拥有多个供应商，多个供应商竞争以获得制造商的订单，更多的订单对供应商是一种激励。

（三）商誉激励

商誉是一个企业的无形资产，对于企业极其重要。商誉来自供应链内其他企业的评价和在公众中的声誉，反映企业的社会地位（包括经济地位、政治地位和文化地位）。企业应从长远发展的战略目标出发，增强对商业信誉重要性的认识，不断提高信守合同、依法经营的市场经济意识。整个社会也要逐渐形成一种激励企业提高信誉的环境，一方面通过加强法治建设为市场经济保驾护航，严惩那些不遵守合同的行为；另一方面则要大力宣传那些遵纪守法、信守合同、注重信誉的企业，为这些企业获得更广泛的认同创造良好的氛围。通过这些措施，既可打击那些不遵守市场经济规则的企业，又可帮助那些做得好的企业赢得更多的用户，起到一种激励作用。

（四）信息激励

在信息时代，信息关系着企业的生存。企业获得更多的信息意味着企业拥有更多的机会、更多的资源，从而获得激励。信息对供应链的激励实质上属于一种间接的激励模式，但它的激励作用不可低估。如果能够快捷地获得合作企业的需求信息，本企业就可以主动采取措施提供优质服务，必然会极大提高合作方的满意度，这对于合作双方建立起信任起着非常重要的作用。

（五）淘汰激励

淘汰激励是负激励的一种，优胜劣汰是世间事物生存的自然法则，供应商管理也不例外。为了使供应链的整体竞争力保持在一个较高的水平，企业须建立对供应商企业的淘汰机制，同时企业所在的供应链自身也面临淘汰。淘汰激励是在供应商管理中形成的一种危机激励机制，让所有供应商企业都有一种危机感。这样一来，企业意识到要想在供应商管理体系中获得优势的同时自己也获得发展，就必须承担一定的责任和义务，对自己承担的供货任务，在成本、质量、交货期等方面负有全方位的责任。

（六）研发激励

新产品、新技术的共同开发和共同投资也是一种激励机制，它可以让供应商全面掌握新产品的开发信息，有利于新技术在供应商企业中的推广和开拓，因此，每个人都会关心产品的开发工作。这就形成了一种激励机制，形成对供应商企业的激励作用。

（七）组织激励

一个较好的供应商管理环境可以促进企业之间的愉快合作、促进供应链的通畅运作，彼此间少有争执。也就是说，一个具有良好组织的供应商管理对供应商企业也是一种激励。减少供应商的数量，并与主要的供应商和经销商保持长期稳定的合作关系是制造商采取的组织激励的主要措施。

思考： 正激励和负激励都能起到一定的效果，但负激励可能会引起负面情绪，如情绪不满、压力增大等。如果你是管理者，你会选择哪种激励方式，请谈一谈你的理由。

四、供应商控制

供应商控制的目的，一是充分发挥供应商的积极性和主动性，努力搞好物资供应工作，保证本企业的生产活动正常进行；二是防止供应商企业的不轨行为，预防一切对企业、对社会的不确定性损失。因此，企业对供应商的控制可以采取以下措施：

（一）逐渐建立一种稳定可靠的关系

企业应当和供应商签订一份较长时间的业务合同，如 1 年至 3 年。时间不宜太短，太短了不能让供应商完全放心，从而不能全心全意为做好企业的物资供应工作。只有达到一定期限的合同，供应商才会感到放心，才会倾注全力与企业合作，做好物资供应工作。特别是当业务量大时，供应商会把采购企业看作它生存发展的依靠和希望，这就会更加激励它努力与企业合作，形成一种休戚与共的关系。但是，合同时间也不能太长，一方面是因为未来市场可能发生变化，如市场变化导致产量变化甚至产品变化、组织机构变化等；另一方面，也是为了防止供应商产生一劳永逸、“铁饭碗”的思想。为了促使供应商加强竞争意识，就要让供应商有危机感。所以，合同时间一般以一年比较合适，如果合作合适，第二年可以续签，不合适则合同终止。

（二）有意识地引入竞争机制

有意识地在供应商之间引入竞争机制，促使供应商之间在产品质量、服务质量和价格水平方面不断优化。例如，针对供需求量比较大的品种，每个品种可以实行 AB 角制或 ABC 角制。所谓 AB 角制，就是一个品种设两个供应商，一个为 A 角，作为主供应商，承担 50%~80%的供应量；一个为 B 角，作为副供应商，承担 20%—50%的供应量。在运行过程中，对供应商的运作过程进行结构评分，一个季度或半年进行一次评比。如果主供应商的月平均分数比副供应商的月平均分数低 10%以上，就可以把主供应商降级成副供应商，同时把副供应商升级成主供应商。同样，变换的时间间隔不要太短，最少一个季度。太短了不利于稳定，也不利于偶然出错的供应商及时纠正错误。ABC 角制则是实行 3 个角色的制度，原理与 AB 角制一样，也是一种控制方式。

（三）与供应商建立相互信任的关系

疑人不用，用人不疑。当潜在供应商经考核转为正式供应商之后，一个重要的措施就是应当将验货收货逐渐转为免检收货。免检，是给予供应商的最高荣誉，也可以体现企业对供应商的高度信任。当然，免检不能不负责任地随意给出，应当稳妥地进行。既要积极地推进免检考核的进程，又要确保产品质量。一般免检考核要经历 3 个月左右的时间，在免检考核期间内，起初还是要进行严格的全检或抽检。如果全检或抽检的结果中不合格率很小，则可以降低抽检的频次，直到不合格率几乎降到零。这时，要组织供应商有关方面的人员，稳定生产工艺和管理条件，保持零不合格率。如果供应商能在一段时间内保持零不合格率，就可以实行免检了。当然，免检期间也不是绝对免检，企业还要不时地随机抽检，以防供应商质量滑坡影响本企业的产品质量。抽检的结果如果满意，则继续免检；一旦发现了问题，就要增加抽检频次，进一步加大抽检的强度，甚至取消免检。通过这种方式，也可以激励和控制供应商。

此外，建立信任关系还包括其他很多方面。例如，不定期地召开一些企业负责人的碰头会，交换意见、研究问题、协调工作，甚至开展一些互助合作。特别对涉及企业之间的一些共同业务、利益等问题，一定要开诚布公，把问题谈透、谈清楚。要搞好这些方面的工作，需要树立起一个“双赢”的思想。一定要尽可能地让供应商有利可图，不要只顾自己，不顾供应商的利益。只有这样，双方才能真正建立起比较可靠的信任关系。这种关系实际上就是一种供应链关系。

（四）建立相应的监督控制措施

在建立信任关系的基础上，一定要建立比较有力的、相应的监督控制措施，特别是在供应商出现问题或问题苗头之后。根据情况的不同，可以分别采取以下措施：

（1）对一些非常重要的供应商，当出现比较严重的问题时，可以向供应商单位派常驻代表。常驻代表的作用是沟通信息、指导技术、监督检查等，常驻代表应当深入生产线各个工序、各个管理环节，发现问题，提出改进措施，切实保证把有关问题彻底解决。对于那些不太重要的供应商或问题不那么严重的单位，则视情况分别定期或不定期到工厂进行监督检查，或者设监督点对关键工序或特殊工序进行监督检查，或者要求供应商自己报告生产条件情况，提供工序管制上的检验记录，让大家进行分析评议等，实行监督控制。

（2）加强成品检验和进货检验，做好检验记录，退还不合格品，甚至要求赔款或处以罚款，督促供应商改进。

（3）组织本企业管理和技术人员对供应商进行辅导，提出产品技术规范要求，督促其提高产品质量水平或企业服务水平。

项目小结

本项目深入探讨了供应商的选择与关系管理，旨在通过良好的供应商管理，提升企业的运营效率，控制成本，提升产品质量，从而增强企业的市场竞争力。在此过程中，我们不仅学习了供应商选择、供应商关系管理、供应商考核与激励，还认识到供应商管理活动不仅是企业运营的关键环节，更是体现合作共赢、社会责任和法治精神的重要领域。

一、合作共赢

供应商管理中的合作共赢思想是指企业与其供应商之间建立一种长期、稳定的合作关系，通过相互协作和支持来实现双方利益的最大化。这种思想强调的是在供应链管理中寻求一个平衡点，使各方都能从中获益，而不是一方压榨另一方以获取短期利益。合作共赢不仅是企业社会责任的体现，也是我们个人实现自身价值的重要途径。通过课程学习，我们进一步了解了合作共赢思想，我们要培养积极的合作心态，为未来职业生涯的发展奠定基础。

二、社会责任

在供应商选择过程中不仅要评估供应商的产品和服务，更要看重供应商的行为是否符合社会公认的道德、法律和环境标准，这包括企业是否保障员工权益、遵守环保法规、确保贸易公平等内容。通过推动供应商采用环保和社会责任实践，有助于保护环境和促进社会公正。这种社会责任担当让我们意识到我们未来的工作具有更大的社会意义，我们要为美好社会的发展贡献一份力量。

三、法治精神

在供应商管理过程中，供应商选择、合作、监督和评估等各个环节都要严格遵守法律法规，确保供应商管理活动的合法性和合规性。法治精神在供应商管理中的核心在于通过法律手段规范供应商管理活动，确保所有采购参与者的行为都在法律框架内进行，从而维护公平竞争的市场环境。未来的职场生涯需要我们提升法律意识，了解相关的法律法规，依法办事，以此确保企业的稳健发展和个人的职业安全。

四、综合素质的提升

供应商管理工作要求我们具备扎实的专业知识、敏锐的洞察力、良好的沟通能力以及团队协作精神。通过本项目的学习，我们不仅掌握了供应商管理的方法和理念，而且在综合素质方面也得到了全面提升。这将为我们未来的职业发展奠定坚实的基础，使我们能够在不断变化的市场环境中保持竞争力。

总之，通过本项目的学习，不仅让我们掌握了专业知识与技能，更重要的是，它引导我们树立了合作共赢思想、社会责任感和法治精神，提升了我们的综合素质。这些将伴随我们走向职场，成为我们职业生涯中宝贵的财富。

思考题

1. 什么是供应商管理？
2. 供应商管理的目的和意义是什么？
3. 供应商管理的流程有哪些？
4. 选择供应商时一般要考虑哪些因素？
5. 供应商选择的步骤有哪些？
6. 供应商关系管理有何意义？

项目六 采购实施

概　述

本项目介绍政府采购、招标采购、询价采购、电子采购，以及准时制（JIT）采购的内涵，并对这几种常用采购方式的优缺点、适用条件、实施过程等知识点进行讲解。同时，本项目还介绍采购洽商的基本概念，以及采购谈判的组织实施过程、策略和技巧等。

教学目标

知识目标：	1. 理解各种采购方式的内涵及适用条件和优缺点。 2. 理解 JIT 采购与传统采购的区别。 3. 了解看板管理的含义、作用和功能。 4. 了解采购谈判的基本概念、特点、原则等。 5. 掌握采购谈判的组织实施过程、策略和技巧。
能力目标：	1. 能结合企业实际情况并根据企业的实际发展需求，选择合适的采购方式并进行实施。 2. 能组织实施企业采购洽商工作。 3. 能灵活运用策略和技巧进行采购谈判。
素质目标：	具有高度的责任心，能够与各部门进行有效沟通；具有一定的组织能力和协调能力，能够推进企业采购洽商工作；秉持诚实守信、公正廉洁的原则进行采购活动，拒绝不正当利益和违规行为；具有成本控制意识；能够灵活应对各种突发情况；具有一定的市场敏感度，能为企业提供前瞻性的建议。

教学重点

1. 了解不同采购方式的特点。
2. 理解不同采购方式的适用范围。
3. 组织实施采购洽商工作。

教学难点

1. 对比分析不同采购方式。
2. 应用采购谈判策略。

教学建议

结合实际案例，对不同企业所选择的采购方式进行对比，针对不同企业的实际情况进行采购洽商的工作规划。

建议教学时数：6 学时。

思维导图

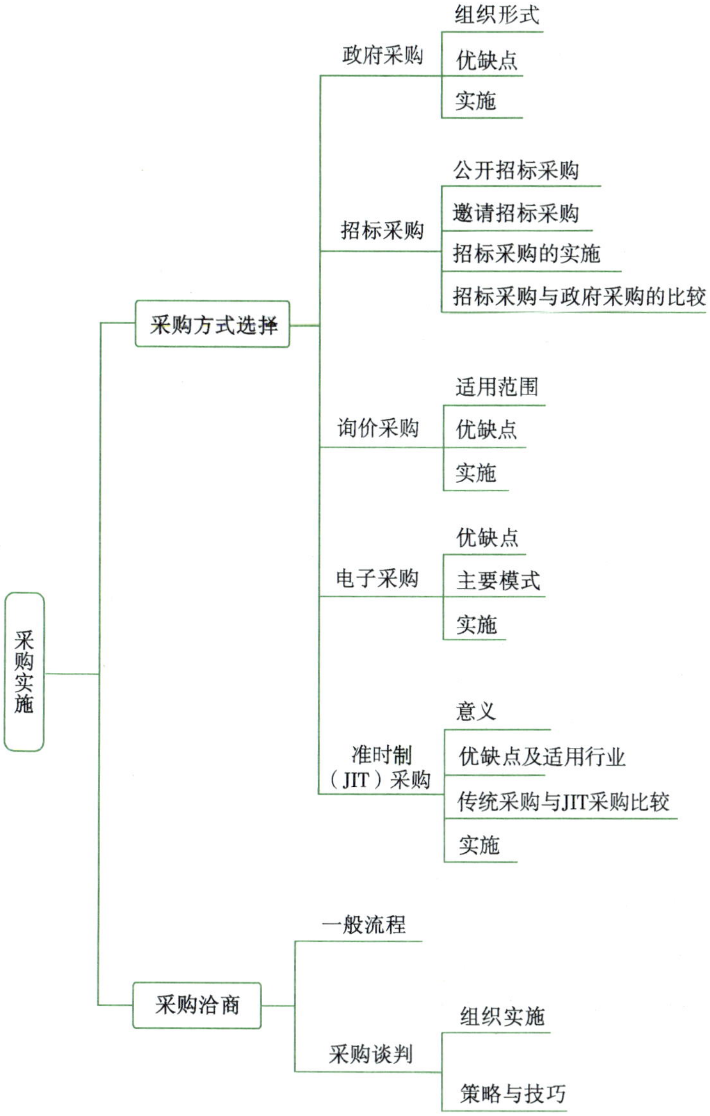
采购实施
采购方式选择
政府采购
组织形式
优缺点
实施
招标采购
公开招标采购
邀请招标采购
招标采购的实施
招标采购与政府采购的比较
询价采购
适用范围
优缺点
实施
电子采购
优缺点
主要模式
实施
准时制（JIT）采购
意义
优缺点及适用行业
传统采购与JIT采购比较
实施
采购洽商
一般流程
采购谈判
组织实施
策略与技巧

任务一　采购方式选择

案例导入

采购方式选择

T市某省级单位为提升工作质量和服务效率，适应信息技术的快速发展，决定重点加强自主门户网站的构建，并在局域网的建设上投入了可观的人力资源和物力资源。该单位的采购预算总额为450万元。在招标要求中对投标人做出了明确约束：首先，投标主体必须是规模较大的单位组织，注册资金在2 000万元以上；其次，投标主体在局域网建设方面应该具有一定的经验，并有为三家以上省级单位进行过局域网建设的经历；最后，投标主体的局域网研发设计人员要有研究生及其以上的学历，或者具有副高级及以上的职称。可以说，该省级单位对于投标主体的要求是比较苛刻的。最终的投标结果显示：报价为448万元的本地供应商成功中标，报价为389万元的一个外省供应商遗憾落标。通过调查后发现，两家供应商均满足该省级单位的三点基本要求。

可以清楚地看出，本地供应商的报价要高于外省供应商报价59万元。在竞争者双方资质信誉基本一致的情形之下，一般要优先考虑报价较低的供应商，这样能够节约更多的采购成本。此次招标行为从表面看虽表现出了比较明显的“排外性”，但招标方也有自己的考虑，因为网络建设是一项长期工程，不仅有基础建设成本，日常维护成本也相当可观，本地企业有其地域优势，出于长远考虑，招标方选择本地供应商的决定也是有一定道理的。

☞ **案例思考**

1. 本案例中涉及哪种采购方式？
2. 这种采购方式有哪些优缺点？
3. 你认为招标方的做法怎样？

知识准备

在采购活动中，选择合理的采购方式是至关重要的。合理的选择可以更好地利用物质资源，沟通经济联系，洞察市场的变化，从而在激烈的市场中占据有利地位。下面介绍几种常用的采购方式。

一、政府采购

政府采购是指各级政府为了开展日常政务活动或为公众提供服务，在财政的监督下，以法定的方式、方法和程序，通过公开招标方式，公平竞争，由财政部门以直接向供应商付款的方式，从国内外市场上为政府部门或所属团体购买货物、工程和劳务的行为。

（一）政府采购的组织形式

政府采购一般有三种形式：集中采购形式，即由一个专门的政府采购机构负责本级政府的全部采购任务；分散采购形式，即由各支出采购单位自行采购；半集中半分散采购形式，即由专门的政府采购机构负责部分项目的采购，而其他的则由各单位自行采购。中国的政府采购中集中采购占了很大的比重，列入集中采购目录和达到一定采购金额以上的项目必须进行集中采购。

（二）政府采购的优缺点

1. 政府采购的优点

（1）资金来源的公共性。采购的资金来源具有显著的公共性。财政拨款是其重要组成部分，包括各级政府预算安排的资金。例如，在城市基础设施建设方面，道路修缮、桥梁建造等项目的资金就来源于公共资金。政府需要精心规划和执行采购，保障工程质量，提升城市的整体功能，造福广大市民。

（2）采购主体的特定性。政府采购的主体通常为各级政府及其所属机构。具体来说，主要包括国家机关、事业单位和团体组织。例如，公立医院药品、医疗设备的采购属于政府采购，而科技公司办公设备的采购则不属于政府采购。

（3）采购目标的非营利性。政府采购的目标并非追求盈利，而是聚焦于满足政府部门的公共需求，并为社会创造公共利益，促进社会的公平、和谐与可持续发展。例如，在公共卫生领域，政府采购医疗设备和药品，是为了保障公众的健康，预防和治疗疾病，而非从交易中盈利。

（4）采购程序的规范性。政府采购程序在采购方式选择、招标条件设定和合同管理等方面都有着严格的规范要求，只有严格遵循这些要求，才能保证政府采购的公正、合法和高效。

（5）采购活动的政策性。政府采购活动具有显著的政策性，采购实体在采购过程中需严格遵循一系列国家政策，以实现特定的政策目标和社会价值。

（6）采购对象的广泛性。政府采购对象的范围极为广泛，涵盖了货物、工程和服务等类别，且在每一类中都包含了丰富多样的具体内容。例如，在学校的政府采购中采购的大量的标准教材、根据教学需求定制的非标准实验设备，城市建设中的地铁工程，以及为保障大型活动顺利进行而采购的安保服务等，都属于政府采购的范畴。

（7）公开性。第一，政府采购公开的内容广泛而全面，包括采购项目信息、采购文件、采购结果、采购合同、监管处罚信息、采购意向等。第二，政府采购公开有明确的标准。第三，政府采购公开的途径多样，主要有指定的官方媒体、各地政府的采购网站、相关公告栏、单位自身的门户网站等。

（8）影响力巨大。在宏观层面，政府采购能够通过调整采购规模和结构，影响社会总需求和总供给，促进经济的稳定增长和产业结构的优化升级。在微观层面，能为众多企业提供稳定的市场需求，促进企业的发展和创新，增加就业机会。同时，其对特定产业的支持和引导，有助于推动技术进步和产业升级。

总之，政府采购凭借其强大的购买力和政策导向性，可以促进公平竞争、提高资金使用效益、保障公共利益，对社会经济的发展发挥着举足轻重的作用，是调节经济运行、推动产业发展和促进社会进步的重要力量。

思考：政府采购活动中为什么要兼顾可持续发展？

2. 政府采购的缺点

（1）程序复杂。政府采购通常需要遵循严格的法律法规和程序，这可能导致采购过程冗长、烦琐，耗费大量的时间和精力。

（2）灵活性不足。严格的规则和流程限制了采购的灵活性，可能无法迅速适应市场变化和紧急需求。

（3）成本较高。复杂的程序和监管要求可能会增加采购的行政成本。

（4）可能存在信息不对称。供应商可能比采购方更了解市场和产品信息，导致采购方在决策时处于不利地位。

（5）创新激励不足。过于严格的标准和要求可能会抑制供应商的创新积极性。

需要指出的是，通过不断完善制度、优化流程和加强监管，政府采购的这些缺点可以在一定程度上得到缓解或克服，从而更好地发挥政府采购的优势和作用。

思考：你认为在政府采购活动中，需要遵守哪些原则？

知识拓展

绿色采购

一、绿色采购的意义

绿色采购是一种在采购活动中考虑环境保护、资源节约和可持续发展因素的采购理念和实践。绿色采购不仅仅是购买环保产品，还包括在整个采购过程中，从供应商选择、产品设计、生产、运输、使用到废弃处理的各个环节，都充分考虑对环境的影响和资源的有效利用。

二、绿色采购的重点领域

办公用品：如环保纸张、可回收墨盒等。

电子设备：节能电脑、低辐射手机等。

建筑材料：环保涂料、可再生木材等。

能源产品：太阳能设备、风能发电系统等。

三、绿色采购的好处

减少环境负担：降低能源消耗、废弃物产生和污染物排放。

节约资源：提高资源的利用效率，减少对有限资源的依赖。

提升企业形象：展示企业对社会责任的担当，增强市场竞争力。

符合法规要求：满足日益严格的环保法规和政策。

（三）政府采购的实施

政府采购的实施通常包括以下流程：

1. 确定采购需求

采购部门根据政府部门的工作需要和预算安排，明确所需采购的货物、工程或服务的具体规格、数量、质量要求等。

2. 编制采购预算

根据采购需求，对采购项目进行成本估算，编制详细的采购预算。

3. 选择采购方式

常见的采购方式包括公开招标、邀请招标、竞争性谈判、单一来源采购、询价等。根据采购项目的特点和相关法规要求选择合适的方式。

4. 发布采购公告

如果是公开招标等需要公开信息的采购方式，应在指定的媒体上发布采购公告，公布采购项目的基本情况、资格要求、采购文件获取方式等。

5. 供应商报名与资格审查

潜在供应商按照公告要求报名，并提交相关资格证明文件，采购方对供应商进行资格审查。

6. 获取采购文件

符合资格的供应商获取采购文件，了解采购项目的详细要求和评标标准等。

7. 提交投标/响应文件

供应商根据采购文件的要求，在规定时间内提交投标文件（适用于招标方式）或响应文件（适用于其他采购方式）。

8. 开标与评标

在规定时间开标，评审小组对投标/响应文件进行评审，包括对供应商的资质、技术方案、价格等方面进行综合评估。

9. 确定中标/成交供应商

根据评标结果，确定中标或成交供应商。

10. 签订合同

采购方与中标/成交供应商签订采购合同，明确双方的权利义务。

11. 履行合同

供应商按照合同约定提供货物、工程或服务，采购方进行验收。

12. 支付款项

验收合格后，按照合同约定支付采购款项。

13. 归档与总结

将整个采购过程的相关文件进行整理归档，并对采购活动进行总结和评估。

需要注意的是，不同地区和不同类型的政府采购可能在具体程序和要求上存在一定差异，应遵循当地的相关法律法规和政策规定。

实例展示

某市政府采购案例

某市计划建设一座新的图书馆，需要进行一系列的设备采购，包括图书管理系统、书架、桌椅等。该项目预算为500万元，计划在一年内完成采购和安装工作。

1. 招标过程

招标方（该城市政府相关部门）首先制定了详细的招标文件，明确了采购的设备清单、技术规格、质量要求、交货时间、评标标准等内容。在指定的媒体和网站上发布招标公告，向社会公开招标信息，邀请符合条件的供应商参与投标。有10家供应商购买了招标文件，并在规定的时间内提交了投标文件。招标方按照预先确定的评标标准，组织了由技术专家、财务专家和法律专家组成的评标委员会。评标委员会对投标文件进行了详细的评审，包括对供应商的资质、技术方案、报价、售后服务等方面进行综合评估。

2. 评标结果

经过评标委员会的认真评审，最终确定了一家综合实力较强、报价合理、技术方案先进、售后服务完善的供应商为中标单位。

3. 后续执行

（1）招标方与中标供应商签订了采购合同，明确了双方的权利和义务。

（2）在采购过程中，招标方对供应商的生产进度、质量进行了严格的监督和检查。

（3）供应商按照合同约定的时间和要求，交付了设备，并完成了安装调试工作。

（4）招标方组织了验收小组，对设备进行了验收，确保设备符合合同要求。

通过这次招标采购，该市为新图书馆采购到了所需的设备，提高了采购效率和资金使用效益，保证了项目的顺利实施。

二、招标采购

招标采购是指采购方作为招标方，事先提出采购的条件和要求，邀请众多企业参加投标，然后由采购方按照规定的程序和标准一次性从中择优选择交易对象，并与提出最有利条件的投标方签订协议的过程。整个过程要求公开、公正和择优。

根据招标范围，一般可将采购方式统一规范为公开招标采购和邀请招标采购。

（一）公开招标采购

公开招标采购又称为竞争性招标采购，是指招标人（如政府采购中心或其委托的中介机构）在媒体上公开刊登通告，吸引所有有兴趣的供应人参加投标，并按本细则的程序选定中标人的一种采购方式。

短视频：招标介绍

1. 公开招标采购的优缺点

优点：有效地实现物有所值的目标；促进公平竞争；确保交易公正，维护供应商和采购实体双方的利益；减少腐败现象的发生。

缺点：采购周期太长，费时太多；需要的文件非常繁琐，而且很难考虑周全；有可能造成设备规格多样化，并给维修和使用标准备件造成障碍；缺乏弹性，有时签订的合同并不一定是采购实体的最佳选择。

2. 公开招标采购的适用条件

（1）合同价值五万元以上的物资；

（2）合同价值五十万元以上的工程；

（3）合同价值五万元以上的服务；

（4）采购目录中规定应当集中采购而未达到上述标准的项目。

符合以上条件之一的，应当采取公开招标采购。

3. 公开招标采购的流程

招标人报招标项目→招标人或委托中介办理招标备案→招标人发布招标公告→在国家指定媒体上发布公告→资格预审文件备案→发放备案后的资格预审文件→投标人编制资格预审申请文件→招标人进行资格预审→确定合格的投标人并发出合格通知书→备案→向合格投标人发放备案后的招标文件→备案→有技术标时从专家库抽取评标专家→开标、评标→相关机构监督→中标结果备案、发中标通知书→备案→签订书面合同→备案。

（二）邀请招标采购

邀请招标又称为选择性招标，是由采购人根据供应商或承包商的资信和业绩，选择一定数目的法人或其他组织（不能少于 3 家），向其发出投标邀请书，邀请他们参加投标竞争，从中选定中标供应商的一种采购方式。

1. 邀请招标采购的优缺点

优点：一般不使用公开的广告形式；只有收到邀请的单位才是合格的投标人；与公开招标相比，因为不用发布招标公告，招标文件只送几家，投标有效期大大缩短，对采购那些价格波动较大的商品是非常必要的，可以降低投标风险和投标价格。

缺点：如果过度限制供应商数量，价格自由竞争不能得到充分体现；这种方式缺乏平等竞争的条件，会给一些条件优越的新兴供应商造成投标困难。

2. 邀请招标采购的适用条件

（1）技术复杂或专门性的货物、工程或服务，只能从有限范围的供应商中取得。

(2) 采购商品或服务价值低，研究和评审大量投标书所需时间和费用与拟采购货物、工程或服务的价值不成比例，采购实体只能通过限制投标人数来达到经济和效益的目的。

3. 邀请招标的流程

招标人报招标项目→招标人或委托中介办理招标备案→招标人发投标邀请书→备案→招标人确定合格投票人并发出备案后的招标文件→备案→有技术标时招标人从专家库抽取评标专家→开标、评标→相关机构监督→中标结果备案、发中标通知书→备案→签订书面合同→备案。

思考：公开招标和邀请招标有哪些区别？

(三) 招标采购的实施

1. 资格预审

在正式组织招标以前，需要对供应商的资格和能力进行预先审查，即资格预审。

资格预审的内容包括两大部分，即基本资格预审和专业资格预审。具体包括：经验和以往承担类似合同的业绩和信誉；为履行合同所配备的人员情况；为履行合同所配备的机械、设备以及施工方案等情况；财务状况；售后维修服务的网点分布、人员结构等。

资格预审的程序：(1) 编制资格预审文件；(2) 邀请潜在的供应商参加资格预审；(3) 发售资格预审文件和提交资格预审申请；(4) 资格评定，确定参加投标的供应商名单。

2. 准备招标文件

招标文件即实施招标所需的文件、资料。它是供应商准备投标文件和参加投标的依据，同时也是评标的重要依据。此外，招标文件是签订合同所遵循的依据，招标文件的大部分内容要列入合同之中。

(1) 招标文件的编制应遵循以下原则：

① 公平公正。确保对所有潜在供应商一视同仁，不歧视任何一方，为其提供平等的竞争机会。

② 完整性。文件内容应完整、明确，涵盖采购项目的所有实质性要求和条件，包括技术规格、商务条款、评标方法等，避免出现模糊不清或遗漏重要信息的情况。

③ 合法性。严格遵循国家法律法规、行业规定以及企业内部的规章制度，确保招标程序和文件内容合法合规。

④ 科学性。根据采购项目的特点和需求，科学合理地设定评标标准和方法，以选拔出最符合要求的供应商。

⑤ 明确性。使用准确、清晰、无歧义的语言表达各项要求和条款，避免使用模棱两可或容易产生误解的词汇。

⑥ 合理性。所提出的要求和条件应合理，既不过于苛刻导致限制竞争，也不过于宽松影响采购质量。

⑦ 保密性。对于涉及商业秘密或敏感信息的内容，应采取适当的保密措施，防止信息泄露。

⑧ 可操作性。文件中的规定和要求应具有实际可操作性，便于供应商响应和招标方执行。

⑨ 统一性。文件的格式、条款结构和表述方式应保持统一，便于阅读和理解。

（2）招标文件应包括以下内容：

① 招标通告。核心内容就是向潜在的投标者说明招标的项目名称和简要内容，发出邀请，并说明招标书的一些基本信息要求。

② 投标须知。内容基本上是招标投标的一些基本准则、做法标准等。如资金来源、货物原产地要求、投标文件内容要求、投标程序、投标截止日期等。

③ 合同条款。基本内容为购销合同、任务明细组成、描述方式、货币价格条款等商务内容的约定和说明。它包括一般合同条款和特殊合同条款。

④ 技术规格

技术规格是招标文件和合同文件的重要组成部分，它规定所购货物、设备的性能和标准。技术规格也是评标的关键依据之一。

3. 评标

评标的目的是根据招标文件中确定的标准和方法，对每个投标商的标书进行评价和比较，以评出最优的投标商。评标必须以招标文件为依据，不得采用招标文件规定以外的标准和方法进行评标，凡是评标中需要考虑的因素都必须写入招标文件之中。

招标采购常用的评标方法有以下四种：

（1）以最低评标价为基础的评标方法。以最低评标价为基础的评标方法在采购简单的商品、半成品、原材料以及其他性能、质量相同或容易进行比较的货物时，价格可以作为评标考虑的唯一因素。以价格为尺度时，不是指最低报价，而是指最低评标价。最低评标价是指在报价的基础上加合理利润的价格。

（2）综合评标法。综合评标法是指以价格另加其他因素为基础的评标方法。在采购耐用货物，如车辆、发动机以及其他设备时，可采用这种评标方法。在采用综合评标法时，评标中除考虑价格因素外，还应考虑下列因素：① 内陆运费和保险费；② 交货期；③ 付款条件；④ 零配件的供应和售后服务情况；⑤ 技术服务和培训费用等。

（3）以寿命周期成本为基础的评标方法。采购整套厂房、生产线或设备、车辆等在运行期内的各项后续费用（零配件、油料、燃料、维修等）很高的设备时，可采用以寿命周期成本为基础的评标方法。

（4）打分法。评标通常要考虑多种因素，为了便于综合考虑和比较，可以按这些因素的重要性确定其在评标时所占的比例，对每个因素打分。打分法考虑的因素包括：① 投标价格；② 内陆运费、保险费及其他费用；③ 交货期；④ 偏离合同条款规定的付款条件；⑤ 备件价格及售后服务；⑥ 设备性能、质量、生产能力；⑦ 技术服务和培训。

4. 签订合同

具体的合同签订方法主要有两种：一种是在发中标通知书的同时，将合同文本寄给中标单位，让其在规定的时间内签字退回；另一种是中标单位收到中标通知书后，在规定的时间内派人前来签订合同。如果采用第二种方法，合同签订前允许相互澄清一些非实质性的技术性或商务性问题，但不得要求投标商承担招标文件中没有规定的义务，也不得有中标后压价的行为。

中标供应商签字并按要求提交了履约保证金后，合同就正式生效，采购工作即进入合同实施阶段。

思考：公平公正原则对于评标的重要性是什么？评标过程中如何保证公平公正？

实例展示

某制造企业原材料招标采购案例

某制造企业为了降低生产成本，提高原材料质量，决定对其主要原材料进行招标采购。此次采购的原材料为钢材，预计年采购量为 5 000 吨，预算金额为 2 000 万元。

一、招标流程

(1) 制订招标方案：明确招标的范围、数量、质量要求、交货期、评标标准等。

(2) 发布招标公告：在行业网站、采购平台以及企业官方网站上发布招标公告，向潜在供应商公开招标信息。

(3) 供应商报名：多家供应商在规定时间内报名，并提交相关资质证明文件。

(4) 资格审查：对报名的供应商进行资格审查，筛选出符合要求的供应商。

(5) 发放招标文件：向通过资格审查的供应商发放详细的招标文件，包括技术规格、合同条款等。

二、开标与评标

(1) 开标：在指定时间和地点公开开标，记录各供应商的报价等信息。

(2) 评标：成立评标小组，由采购部门、技术部门、财务部门等相关人员组成。技术评审评估供应商提供的原材料质量、技术指标是否符合要求。商务评审比较各供应商的报价、交货期、售后服务等商务条款。综合评审根据预先设定的权重，对技术和商务方面进行综合打分。

三、中标结果

经过评标，选定一家具有良好信誉、优质产品和合理价格的供应商中标。

四、后续执行

（1）签订合同：企业与中标供应商签订采购合同，明确双方权利义务。

（2）供货与验收：供应商按照合同约定按时供货，企业进行严格的质量验收。

通过此次招标采购，企业成功降低了原材料采购成本，提高了原材料质量，保障了生产的顺利进行。

（四）招标采购与政府采购的比较

政府采购和招标采购有相同点也有不同点。

1. 相同点

（1）遵循一定的程序和规则。包括发布信息、供应商响应、评审和决策等环节，以确保采购的公平、公正和透明。

（2）旨在选择合适的供应商。以获取满足需求的货物、工程或服务。

（3）强调合规性。必须遵守相关法律法规和政策要求。

2. 不同点

（1）范围不同。政府采购是指各级国家机关、事业单位和团体组织，使用财政性资金依法采购货物、工程和服务的行为。招标采购的范围更广，不仅包括政府，还包括企业等其他主体。

（2）资金来源不同。政府采购的资金主要来源于财政性资金，而招标采购的资金来源多样。

（3）法规政策不同。政府采购受到《中华人民共和国政府采购法》及其相关法规政策的严格约束；招标采购除了遵循《中华人民共和国招标投标法》外，还可能依据其他行业或企业内部的规定。

（4）目的不同。政府采购除了满足公共需求外，还强调政策功能，另外，政府采购中心作为政府内部的服务机构不收取任何费用，同时政府采购资金的节余部分全部归财政。招标采购主要是为了实现采购方的经济利益最大化。

（5）监管机构不同。政府采购通常由财政部门监管；招标采购的监管机构根据具体情况可能有所不同。

（6）采购方式有所不同。政府采购的方式包括公开招标、邀请招标、竞争性谈判、单一来源采购、询价等；招标采购主要是公开招标和邀请招标。

综上所述，虽然政府采购和招标采购有相似之处，但在很多方面存在明显差异。

知识拓展

逆向招标

逆向招标也称为反向拍卖，是一种特殊的招标采购方式。在逆向招标中，采购方首先提出采购需求和相关要求，然后多个潜在供应商通过在线平台依次降低自己的报价。在规定的时间内，不断有供应商给出更低的价格，直到采购方认为价格达到理想水平或者截止时间结束。最终，采购方通常会选择报价最低的供应商作为中标者。

逆向招标的特点包括：(1) 价格竞争激烈。由于供应商竞相压低价格，采购方有可能获得更低的采购成本。(2) 效率较高。整个过程相对迅速，能够在较短时间内确定价格。(3) 透明度高。所有供应商都能看到其他竞争者的报价，过程公开透明。

然而，逆向招标也存在一些潜在的问题：(1) 可能影响质量和服务。供应商为了压低价格，可能会在一定程度上牺牲产品质量或服务水平。(2) 对供应商关系的影响。过度强调价格竞争可能对采购方与供应商之间的长期合作关系产生不利影响。(3) 适用范围有限。通常适用于标准化、规格明确且价格是主要决策因素的商品或服务采购。

逆向招标常用于大宗商品采购、简单服务采购等领域。

三、询价采购

询价采购是指询价小组（由采购人的代表和有关专家共 3 人以上的单数组成，其中专家的人数不得少于成员总数的三分之二）根据采购需求，从符合相应资格条件的供应商名单中确定不少于三家的供应商向其发出询价单让其报价，由供应商一次报出不得更改的报价，然后询价小组在报价的基础上进行比较，并确定最优供应商的一种采购方式。这是一种相对简单而又快速的采购方式。

思考：某小型企业需要采购一批办公桌椅，以改善员工的办公环境，采购数量不大且预算有限，此时可否采用询价采购方式？

（一）询价采购的适用范围

《中华人民共和国政府采购法》第三十二条明确规定了可以依照本法采用询价方式采购的条件，即货物规格、标准统一，现货货源充足，且价格变化幅度小。

（二）询价采购的优缺点

1. 询价采购的优点

(1) 操作简单。程序相对简便，操作流程不复杂，能在较短时间内完成采购。

（2）成本较低。采购过程中的费用相对较少，节省了时间和人力成本。

（3）效率较高。可快速获取供应商报价，迅速确定成交供应商，缩短采购周期。

2. 询价采购的缺点

（1）竞争有限。供应商的选择范围相对较窄，可能导致竞争不够充分，难以获得最优价格和服务。

（2）供应商选择受限。通常只能从有限的几家供应商处获取报价，可能错过一些潜在的优质供应商。

（3）规格标准化要求高。只适用于规格、标准统一的采购项目，不适用于复杂或特殊需求的采购项目。

（4）缺乏综合评估。主要依据价格进行选择，对供应商的综合实力、服务质量等方面的评估相对不足。

（5）透明度较低。与公开招标等方式相比，信息公开范围相对较窄，公众监督力度较弱。

（三）询价采购的实施

1. 成立询价小组

询价小组由采购人代表和有关专家组成，专家人数不少于成员总数的三分之二，他们需对采购项目的价格构成、评定和成交标准等做出规定，并做好采购需求确定、风险预测等事前准备。

2. 确定被询价供应商名单

从符合相应资格条件的供应商中选定不少于三家供应商，选择时需考查供应商的供应能力和资格条件，应避免只从熟悉或打过交道的供应商中选取，以体现公开透明的原则。

3. 发出询价单

向选定的供应商分别发出询价单，内容除价格外，还应包括商品品质、数量、规格、交货时间、交货方式、售后服务等，供应商需如实填报，且一次报出不得更改的报价。

4. 确定成交供应商

采购方根据符合采购需求、质量和服务相等且报价最低的原则确定成交供应商，并通知所有未成交的供应商。报价最低的供应商不一定是最优选择，还需综合考虑其全寿命周期成本和是否能真正满足采购需求。

5. 准备完整的询价文件

一份完整的询价文件至少应包括品名与料号、数量、规格书、品质要求、报价基础（币值与贸易条件）、付款条件、交期与包装、运送地点与交货方式、售后服务与保证期限、报价到期日、保密协定的签署文件、采购人员与技术人员的姓名及联络电话等主要部分。

在询价采购过程中，还需注意防范各种风险，如价格风险、采购机构的道德风险、询价流程的失范风险以及供应商违规风险。为确保询价采购的顺利进行，企业应充分做好采购准备工作，选择适合的询价方式，明确报价要求，并综合考虑供应商的资质、价格、服务等因素，同时加强供应商管理、完善询价流程，以降低风险并提高采购效益。

思考：邀请招标与询价采购有何区别？

知识拓展

供应商在参与询价采购时要避免的违规行为

供应商在参与询价采购时，以下一些违规行为可能导致报价无效。

（1）未按照谈判文件、询价通知书的要求编制响应文件。

（2）响应文件的报价超过采购项目预算金额。

（3）在截止时间后送达响应文件。

（4）提交的响应文件不具有真实性、合法性。

（5）供应商之间相互串通投标报价，损害采购人或者其他投标人利益。

（6）未按规定交纳保证金，或保证金交纳形式、数额不符合要求。

（7）对响应文件中含义不明确、同类问题表述不一致或者有明显文字和计算错误的内容等，拒绝做出必要的澄清、说明或者更正。

（8）违反谈判文件、询价通知书中规定的其他实质性要求，如谈判文件、询价通知书不得要求或者标明供应商名称或者特定货物的品牌，不得含有指向特定供应商的技术、服务等条件，若供应商响应文件中出现此类违规内容，其报价可能无效。

为了确保询价采购活动的公平、公正和合法，供应商应严格遵守相关规定，诚信参与采购活动。

四、电子采购

电子采购是由采购方发起的一种采购行为，是一种不见面的网上交易，如网上招标、网上竞标、网上谈判等。人们把企业之间在网络上进行的这种招标、竞价、谈判等活动定义为电子商务（Business-to-Business），事实上，这也只是电子采购的一个组成部分。电子采购比一般的电子商务和一般性的采购在本质上有了更多的概念延伸，它不仅能够完成采购行为，还能利用信息和网络技术对采购全程的各个环节进行管理，有效整合企业的资源，帮助供求双方降低成本，提高企业的核心竞争力。

数据表明，企业原材料辅料采购成本，占企业销售额的20%左右，因此采购成本每降低1元所获取的效益相当于多销售20元产品。这样也就不难理解，为什么会有那么多的企业把注意力投向了采购模式的变革。现在广泛被各类跨国公司和世界知名企业所采用的电子采购系统也越来越受到中国企业的重视。比如，青岛的一家家电生产企业使用电子采购，淘汰了22家不合格供应商，一次就节约采购成本475万元，采购成本明显下降，增添了新的竞争活力。

思考：电子采购就是电子商务吗？

（一）电子采购的优缺点

电子采购很大程度上改变了商务活动操作的模式，它不仅将商品和服务的采购过程自动化，极大地降低了采购成本、提高了采购的效益，而且使企业在很大程度上避免了信息不对称而引起的资源浪费，合理地配置了社会资源。

1. 电子采购的优点

（1）提高了采购的效率。计算机网络系统代替了采购的手工操作，减少了人工劳动的工作量，减少了人工的重复录入，消除了邮寄采购文件的传递时间，极大地提高了采购的效率。例如，东风集团公司应用电子采购系统后，原来需要5个计划员工作半个月的任务，现在只需要2天就可以完成，而且极大地降低了错误率，减少了企业损失。

（2）降低了采购的成本。电子采购大大减少了采购的差旅费等各种不必要的支出，使得采购成本大为降低。同时，通过电子采购比价系统，可以选择到更加物美价廉的商品，使得采购成本进一步下降。例如，某大型零售企业通过在线招标和电子谈判功能，与供应商进行更有效的价格协商，年度采购成本降低了约20%。

（3）扩大了采购的范围。电子采购可以借助于一些成熟的电子商务平台扩大采购的选择范围。例如，阿里巴巴网站汇集了各级各类供应商供采购方选择，极大地扩大了采购的范围。

（4）优化了采购的流程。电子采购系统可以规划非常科学合理的采购流程，只需要按照优化的采购流程进行采购，便可以起到事半功倍的效果。例如，某企业采购申请、审批和订单处理等流程实现了自动化，减少了人工干预和错误。

（5）提高了采购的质量。通过电子采购通常可以选择到更优秀的供应商，更物美价廉、质量可靠的原材料、零部件、商品与服务等，在很大程度上极大地提高了采购的质量。

（6）减少了采购的腐败。电子采购往往采用成熟的电子采购系统，杜绝人情、关系、回扣等因素的影响，实现了公开、公平、公正的规范化采购，促进了供应商之间的公平竞争，形成了良性循环的采购市场，增加了交易的透明度，一定程度上可以很好地减少采购的腐败。

2. 电子采购的缺点

（1）安全问题。电子采购借助于计算机网络来进行商业交易，网络上存在着很多的黑客、病毒、伪造网站等，采购方的账号和密码等重要信息如果被窃取，可能会给交易双方带来重大的损失。

（2）隐私问题。企业虽然可方便地借助于一些电子商务系统进行电子采购，但是同时也会留下浏览、收藏、支付等多种痕迹，有的涉及个人隐私或企业商业机密，也有可能被不法分子所获取。

（3）财税问题。电子采购面向全国甚至全世界，不同国家和地区的财税政策可能并不相同，电子采购难以使税费政策完全统一，此外电子采购涉及大量电子货币的使用，有的超出了银行控制的范围。

（4）体验问题。电子采购虽然可以点点鼠标就完成大部分的采购流程，可以通过商品描述、图片、视频等了解到商品的基本情况，但是无法进行最直接的商品体验，无法触摸，难以全方位地了解商品。

（5）欺诈问题。电子采购通常通过在线电子商务系统进行交易，供应商网页上面所展示的商品或者企业资质有可能并不是真实的，甚至还可能存在一些没有实物或资质造假的带有欺诈性的供应商。

（6）法律问题。目前，网络交易方面还没有统一的全球性的法律可以采用，在网络空间上进行的电子采购，传统的商品交易法律很多都不适用，电子采购方面的法律法规也非常不健全，一旦采供双方在交易过程中产生一些矛盾或纠纷，就会给正常交易带来极大的隐患。

（二）电子采购的主要模式

电子采购的模式主要分为买方电子采购模式、卖方电子采购模式、第三方电子采购模式。

1. 买方电子采购模式

买方电子采购模式，即由一些大企业建立自己的电子采购网站，而供应商在网站注册成为其会员，这种模式在那些由少数几家大型购买方企业主导的行业中尤为明显，如航天、汽车、零售等行业。但是，这样的模式不适合中小企业。

2. 卖方电子采购模式

卖方电子采购模式是由各类供应商建立电子采购网站，不需要买方进行信息和系统的维护工作，但这种模式还是会给买方的采购带来困难。问题在于，对于许多企业来说，要到浩瀚的网络中逐个登录供应商的门户网站寻找目标供应商并进行比较，最终达成意向，还是非常费时费力的。

3. 第三方电子采购模式

近年来，基于第三方的电子采购模式越来越多地被大家接受，行业采购网站的出现就是一个体现。在第三方模式下，第三方以自身的专业化采购技能，为客户提供完善的电子采购服务，建立了一个网上交易市场和服务平台，支持从平台买卖信息的撮合到交易完成的整个过程，即一站式采购。通过第三方电子采购网站，买卖双方都可以得到更专业、更快速、更安全的服务，有利于双方交易的顺利进行。

（三）电子采购的实施

电子采购的实施需要借助互联网和电子采购平台。企业所使用的电子采购平台不同，其采购流程也略有不同。电子采购的一般业务流程如下。

1. 提交采购需求

用户通过在线填写表格提出采购货品的请求。对于经常采购的商品可以建立电子目录供用户选择，以方便用户提出采购申请。

2. 确定采购需求

根据企业预先规定的采购流程，采购申请被依次自动传送给各个授权人请求批准。

3. 选择供应商

一旦在线采购申请最终得到批准，采购人员依据不同的情况可采取两种方式。一是若所采购的货品已有了合格供应商，则该申请自动转化成采购订单发送给合格供应商。二是若所采购的货品还没有固定的供应商，则采购人员需要在采购环境之外去寻找合格供应商。

4. 下订单

在确定了合格供应商后，采购订单会通过电子邮件等方式传送给供应商。

5. 订单跟踪

信息系统较为完善的供应商会反馈给采购方一个订单号，采购人员通过订单号可追踪订单的执行情况，直到发货。

6. 付款

如果链接了银行系统，则可以进行电子支付，但目前电子支付主要还是用于个人。企业可以在系统内完成具体业务的支付流程，同时还可查找支付情况。

知识拓展

电子采购的发展趋势

目前，电子采购的发展呈现出以下几种趋势：

（1）供应链协同及连接能力持续提升。电子采购逐渐从技术及产品的单一服务商向平台型服务商转型；未来将集成企业各部门、供应商、物流、渠道商等多种角色，实现业务、财务、运营协同；形成新型数字化供应链生态，构建以用户为核心的采购供应链协同网络整体解决方案。

（2）拓展供应链金融服务。基于真实交易数据，数字化采购厂商与银行等金融机构合作，为供应商尤其是小微供应商提供手续简便、利息合理且无抵押的融资方式。

（3）采购部门职能变革，由被动执行部门转为战略职能部门。企业对数字化采购的诉求不断提高，希望采购部门不仅能支撑战略，更要实现价值创造，与供应链伙伴共同创造价值、实现多赢。

（4）市场规模持续增长。据相关报告，2022 年全国电子商务采购总额约 14.32 万亿元，同比增长 13.7%，数字化采购渗透率由 2021 年的 7.24% 升至 2022 年的 8.26%，创造了万亿数字化采购市场空间。

（5）技术应用不断深化。例如，运用人工智能、大数据分析、知识图谱等技术，沉淀数据资产，对采购需求进行智能分析和预测；招投标业务经历全流程在线化和部分环节智能化，以提高效率和公正性等。

(6) 行业标准与规范逐步完善。为确保电子采购的安全性、可靠性和公正性，相关的行业标准和规范将不断建立和完善，促进电子采购市场的健康发展。

(7) 对绿色和可持续采购的关注增加。企业可能会更加注重采购过程中的环保、社会责任等因素，选择符合绿色和可持续发展标准的供应商和产品。

(8) 与其他数字化系统融合加深。电子采购系统与企业的 ERP、CRM 等系统进行更深入的融合，实现数据的无缝流通和共享，提高企业整体的数字化运营效率。

(9) 全球化采购趋势加强。企业会在更广泛的范围内寻找优质供应商，跨境电商的发展也将为电子采购的全球化提供支持。

思考：面对电子采购的发展趋势，企业应怎么做才能在竞争中取胜？

五、准时制采购

准时制（JIT）采购是由准时生产管理思想演变而来的。它的基本思想是把合适数量、合适质量的物品，在合适的时间供应到合适的地点，最好地满足用户需要。准时化采购和准时化生产一样，它不但能够最好地满足用户需要，而且可以极大地消除库存、最大限度地消除浪费，从而降低企业的采购成本和经营成本，提高企业的竞争力。

由于实施 JIT 采购对企业的基础工作、人员素质、管理水平等要求较高，因此在我国实施 JIT 采购的企业数量还不太多，主要集中在诸如汽车、电子等行业，应用水平也有待于进一步提高。作为一种先进的物资采购模式和管理方法，对 JIT 采购的原理、特点和实施过程的深入了解，有利于企业提高参与全球化竞争的能力，促进企业发展。

（一）JIT 采购的意义

（1）大幅减少原材料与外购件的库存。

（2）保证原材料与外购件的质量。

（3）稳定的规模采购降低了原材料与外购件的价格。

（二）JIT 采购的核心

JIT 采购的核心是消除一切无效的劳动与浪费，主要体现在以下几点。

（1）采购的货物直接送到需求点上。

（2）用户需要什么品种的货物，就送什么品种的货物，品种规格符合客户需要。

（3）用户需要什么质量的货物，就送什么质量的货物，品种质量符合客户需要。

（4）用户需要多少货物，就送多少货物，不少送，也不多送。

（5）用户什么时候需要，就什么时候送货，不晚送，也不早送，非常准时。

（6）用户在什么地点需要，就送到什么地点。

可以看出，JIT采购既做到了很好地满足企业对物资的需求，又使得企业的库存量最小，只要在生产线附近有一个临时的存放点，一天生产结束，这些临时存放的货物就消失了，库存完全为零。

（三）JIT采购的优缺点及适用行业

1. JIT采购的优点

（1）消除不增值。JIT采购大大精简了采购作业流程，消除了浪费，极大地提高了工作效率。

（2）降低库存成本。降低企业原材料库存不仅取决于企业内部，而且取决于供应商的管理水平。JIT采购有利于企业减少流动资金的占用，加速流动资金的周转，同时也有利于节省原材料和外购件库存占用空间，从而降低库存成本。根据一些实施JIT采购策略的企业的测算，采用JIT采购可以使原材料和外购件库存降低40%—85%。

（3）实现柔性生产。JIT采购使企业实现了需要什么物资，就能供给什么物资，什么时间需要就能什么时间供应，需要多少就能供给多少，从这个意义上讲，JIT采购最能适应市场需求变化，使企业能够具有真正的柔性。

（4）提高质量。一般来说，实施JIT采购可以使购买的原材料和外购件的质量提高2—3倍，而且原材料和外购件质量的提高，又能使质量成本降低。据估计，推行JIT采购可使质量成本降低26%—30%。

（5）降低采购价格。由于供应商和制造商的密切合作以及内部规模效益与长期订货，再加上消除了采购过程中的一些浪费，就使得购买的原材料和外购件的价格得以降低。以美国施乐公司为例，通过实施JIT采购策略，使其采购物资的成本下降了40%—50%，取得了显著的经济效益。

2. JIT采购的缺点

（1）供应商风险。过度依赖少数供应商来实现准时交付，一旦供应商出现问题，如生产中断、质量问题或运输故障等，可能会导致整个供应链的中断，影响企业的正常生产运营。

（2）库存成本压力。虽然JIT采购旨在降低库存，但在某些情况下，如果需求突然增加或供应出现延迟，企业可能面临缺货风险，为了避免这种情况，可能需要保留一定的安全库存，从而增加库存成本。

（3）前期准备工作复杂。实施JIT采购需要与供应商进行大量的协调和沟通，包括共享生产计划、物流信息等，这需要投入大量的时间和资源来建立和维护有效的信息系统和合作关系。

（4）运输成本较高。为了实现小批量、多频次的准时交货，运输频率会增加，可能导致运输成本上升。

（5）缺乏灵活性。对市场需求和供应的变化响应不够灵活，一旦市场出现较大波动，调整采购策略的难度较大。

（6）质量控制挑战。由于到货时间紧迫，可能没有足够的时间对货物进行全面的质量检验，从而增加了质量控制的难度和风险。

（7）对供应商要求高。供应商需要具备高度的可靠性、灵活性和较强的响应能力，能够准确地按照要求准时交付高质量的产品，这些都可能限制供应商的选择范围。

3. JIT 采购的适用行业

（1）需要大量的零部件且对及时性和质量要求很高的汽车制造业。

（2）更新换代快、零部件价格波动大的电子制造业。

（3）时尚潮流变化迅速、产品生命周期短的服装业。

（4）有保质期限制的食品加工业。

（5）对原材料和零部件的质量和供应及时性要求极高的医药制造业。

（6）产品定制化程度高、生产周期长、零部件复杂且价值高的高端装备制造业。

思考：为什么以上这些行业适合采用 JIT 采购？请分别说出原因。

（四）传统采购与 JIT 采购的比较（表 6-1）

表 6-1　传统采购与 JIT 采购的比较

比较项目	传统采购	JIT 采购
供应商选择	采用较多的供应商，要协调关系，质量不容易稳定	采用较少的供应商，关系稳定，质量较稳定
供应商评价内容	合同履行能力	合同履行能力、生产涉及能力、物料配送能力、产品研发能力等
交货方式	由采购商安排，按合同交货	由供应商安排，确保交货准时性
进货检查	每次进货检查	由于质量有保证，无须进货检查
信息交流	信息不对称，容易暗箱操作	双方高度共享准确实时信息，快速、可靠，易建立信任
采购批量与运输	大批量采购，配送频率低，运输次数较少	小批量采购，供应商配送频率高，运输次数多

（五）JIT 采购的实施

1. JIT 采购实施工作要点

企业要实施 JIT 采购模式，要做好以下几项工作要点：

（1）看板管理是 JIT 采购中最有效的使用手段。

（2）企业要选择最佳的供应商，并对供应商进行有效管理，这是 JIT 采购成功的基石。

（3）供应商与用户紧密合作是 JIT 采购成功的钥匙。

（4）卓有成效的采购过程、严格的质量控制是 JIT 采购成功的保证。

2. JIT 采购实施步骤

从经验上来看，企业在实施 JIT 采购时，大体可以遵从以下流程，如图 6-1 所示。另外，JIT 采购还必须遵循一定的科学实施步骤。

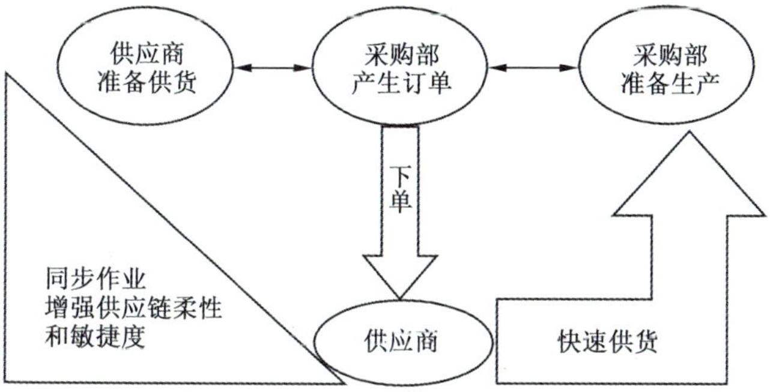

图 6-1 JIT 采购流程

（1）创建 JIT 采购管理团队。

创建 JIT 采购管理团队，完成以下任务：制订 JIT 采购的操作规程、协调企业内部各有关部门的运作、寻找货源、协调企业与供应商之间的运作、建立与供应商的长期稳定的战略合作伙伴关系。JIT 采购管理团队应由企业采购供应部门有关人员、本企业以及供应商企业的生产管理人员、技术人员、搬运人员等共同组成。可以把专业采购管理团队分为两类：专门处理与供应商关系的团队以及专门消除采购过程中的各种浪费现象的团队。

（2）分析 JIT 采购物品，确定优先型供应商并建立伙伴关系。

供应商和企业之间保持互利的伙伴关系，意味着双方充满了一种紧密合作、主动交流、相互信赖的和谐气氛，共同承担长期协作的义务。企业可以选择少数几个最佳供应商作为工作对象，抓住机会加强与他们之间的业务关系。

（3）提出改进 JIT 采购模式的具体目标。

针对供应商目前的供应状态，提出改进目标，具体内容包括：控制库存水平、供货周期、批次，改进行为的具体时间要求。

（4）制订具体的 JIT 采购实施方案。

JIT 采购实施方案的制订包括以下五方面的内容：

① 明确主要行动点、负责人、负责人职责、完成时间及进度的检查方法。

② 将订单拆分成两部分，一部分是已确定的，另一部分是随市场随时变化的。

③ 调整相应的运作程序，确保供应商按时、按质、按量交货，以及供应商的生产计划与采购方的生产计划能卓有成效地联动。

④ 在相关人员之间进行充分的沟通交流，统一认识，协调行动。

⑤ 培训供应商，使其完全接受 JIT 采购的供应理念，缩短供货周期，增加供应频次，提高库存水平。

（5）不断改进采购过程，扩大成果。

JIT 采购需要不断完善和改进，需要在实施过程中不断总结经验教训，从降低运输成本、提高交货的准确性、提高产品质量、降低供应库存等各个方面进行改进，不断提高 JIT 采购的运作绩效。

具体改进工作需从以下三方面入手：

① 不断改进的前提是供应原材料的质量不断提高、循环使用的包装不断改善、送货的装卸及出入库时间不断缩短。

② 将原来的独立订单改为滚动订单，将订单与预测相结合，定期向供应商提供半年或一年的采购预测，便于供应商提前安排物品采购及生产计划。

③ 向供应商定期提供每月、每季的滚动订单，包括固定和可变部分，以便供应商按滚动订单的要求定期、定量地及时送货。

（6）JIT 采购绩效的 PDCA 评估。

如图 6-2 所示，PDCA 指的是：P（plan）——计划，D（Do）——实施，C（Check）——检查，A（Action）——采取行动。

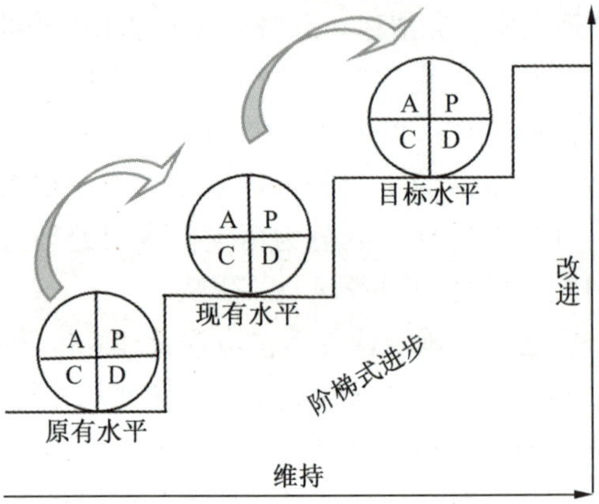

图 6-2　JIT 采购绩效的 PDCA 评估发展图

在我国，实施 JIT 采购的企业数量不多，应用水平也有待于进一步提高，有必要对 JIT 采购的原理、特点和实施过程进行深入了解，并结合企业实际尽早实施，并不断评估改进，从而提高整个行业参与全球化竞争的能力，促进企业长足发展。

思考：不管在什么情况下都能采用 JIT 采购吗？为什么？

知识拓展

看　板

在实现 JIT 生产中最重要的管理工具是看板，看板是用来控制生产排产的工具。具体而言，看板是一张卡片，看板上的信息通常包括：看板编号、零件号码、产品名称、制造编号、容器形式、移送地点等。看板管理是协调管理全公司的一个生产信息系统，就是利用看板在各工序、各车间、各工厂以及与协作厂之间传送作业命令，使各工序都按照看板所传递的信息执行，以此保证在必需时间制造必需数量的必需产品，最终达到JIT生产的目的。

1. 看板的类型

(1) 生产看板。生产看板相当于工作指令，用于指挥工作地的生产，规定了所生产的零件及其数量。

(2) 质量看板。质量看板同质量管理人员、员工的绩效挂钩，反映了产品质量的稳定性。

(3) 安全看板。图文并茂的“安全看板”充满了人性化启示，摆放在生产现场的入口处，用一种关心、爱护的理念强化作业人员的安全意识。

(4) 传送看板。传送看板用于指挥零件在前后两道工序之间移动，是随着零件在工序中传送的。

2. 看板的功能

看板是实现JIT生产的工具，具有指示、目视管理和现场改善的功能。

(1) 指示的功能。按照看板指示的数量进行生产与搬运，这是看板最基本的功能。通过看板，作业现场的管理人员对生产的优先顺序能够一目了然。

(2) 目视管理的功能。主要体现在物料标识、自动控制生产过量、搬运过量和反映生产线进度上。

(3) 现场改善的功能。通过看板，管理者容易发现异常，并及时采取措施来减少事故发生及改善异常问题。

实例展示

海尔JIT采购案例

海尔是一家知名的家电制造企业，随着市场竞争的加剧和消费者需求的多样化，意识到传统的采购模式存在库存积压、成本高昂和响应速度慢等问题，决定引入JIT采购模式来优化供应链。

(1) 优化供应商关系。对供应商进行严格的筛选和评估，选择优质、可靠且地理位置靠近的供应商，建立长期稳定的战略合作伙伴关系。与供应商共享生产计划和需求信息，共同制订采购计划，实现协同运作。目前已有7家国际化供应商在海尔建立的两个国际工业园建厂，爱默生等12家国际化分供商正准备进驻工业园，与供应商、分供方的距离同步有力保障了海尔JIT采购与配送。

(2) 建立信息系统。投入大量资源开发先进的供应链管理信息系统，实现了与供应商之间的实时数据交换和信息共享。供应商能够通过该系统准确了解海尔的生产进度和零部件需求，及时调整供应计划。

(3) 实施零库存管理。采用小批量、多频次的采购方式，要求供应商按照精确的时间和数量准时送货到生产线，减少原材料和零部件的库存，降低库存成本和资金占用。

(4) 质量控制。与供应商合作，加强对原材料和零部件的质量控制，确保供应的产品质量稳定可靠。从源头控制质量，减少因质量问题导致的生产中断和成本增加。

通过成功实施JIT采购，海尔在提高供应链效率、降低成本、提升产品质量和增强市场竞争力方面取得了显著的成果。

任务二　采购洽商

案例导入

奇瑞汽车采购洽商

奇瑞汽车自从进军国际市场以后，公司就尤其关注国际整体市场的发展，“全球化采购”也成为了其采购活动中关注的一个核心。“采购全球化”战略的实施，不仅让奇瑞汽车公司获得了更多的供应商，还增强了采购议价能力。

马来西亚阿拉多（ALADO）公司的主营产品为18英寸（1英寸=2.54厘米）、19英寸、20英寸、22英寸和24英寸铝合金轮圈。奇瑞汽车公司从2004年开始就展开了和阿拉多公司的合作。2004年4月，两家公司专门针对奇瑞汽车整车设计、销售等活动进行了洽商。这次的洽商对接合作，不仅让奇瑞汽车进一步打开了东南亚地区的市场，还让阿拉多公司的产品获得了更高的知名度，可以说达到了“双赢”的态势。

奇瑞汽车公司和阿拉多公司的这次洽商对接合作十分成功，为后期的可持续合作和长远合作打下了基础。从2005年开始，奇瑞汽车公司始终推动与阿拉多公司展开深度的合作与交流。其中必然也会出现一些“小插曲”。例如，前几年，由于受到全球经济形势的影响，铝制品价格大幅上涨，因此阿拉多公司也对铝合金轮圈的价格进行了上调。奇瑞汽车公司的采购代表人不认可目前较高的价格，因此双方的洽商陷入了僵局。但是阿拉多公司作为奇瑞汽车公司海外规模较大的供应商，不愿意放弃奇瑞汽车公司这样一个“大客户”，奇瑞汽车公司也不愿意切断和阿拉多公司的合作。最终的解决方案是：奇瑞汽车公司对全球市场部分国家的铝制品价格进行了调研，并出具了调研价格表，阿拉多公司与上级原材料厂家积极对接，价格作小幅度下降。这一解决方案也是奇瑞汽车公司和阿拉多公司都极为认可的，双方也因此可以继续保持愉快的合作。

☞ **案例思考**

1. 你对于采购洽商活动有什么新的认知和想法？

2. 在铝合金轮圈价格上涨的态势之下，奇瑞汽车公司的这种处理方式是否科学？

3. 要顺利完成一次采购洽商活动我们需要具备哪些知识和能力？

知识准备

洽商就是接洽商谈。在采购活动进行中，必然需要洽商工作作为辅助支撑。采购的过程实际上也是相互之间洽商和交流的过程，只有具备了洽商和交流，才能够为信息的传输和流通创造一个更为良好的环境氛围，才能够确保企业获得最佳的供应商。本任务主要介绍采购洽商流程及核心环节采购谈判的相关知识。

一、采购洽商的一般流程

采购洽商一般是按照寻找供应商、选择供应商、采购谈判、起草合同、签订合同的顺序进行的（图 6-3）。下面主要介绍其核心环节采购谈判。

图 6-3　采购洽商的一般流程

二、采购谈判

采购谈判，是指买方企业为采购商品与卖方厂商对购销业务有关事项，如商品的品种、规格、技术标准、质量保证、订购数量、包装要求、售后服务、价格、交货日期与地点、运输方式、付款条件等进行反复磋商，谋求达成协议，建立双方都满意的购销关系的过程。

短视频：采购新模式

思考：商务谈判就是采购谈判吗？

（一）采购谈判的组织实施

1. 采购谈判的准备阶段

在很大程度上，采购谈判的准备工作做得如何决定着谈判的进程及结果，有经验的谈判人员都十分重视谈判前的准备工作。

（1）采购谈判资料的收集。

通过搜集、整理、分析和研究谈判有关资料信息，谈判人员就会有比较充分的思想准备，明确谈判的主客观环境以及在谈判中可能会出现的问题。采购谈判所需搜集、获得、整理的资料包括：采购需求分析、资源市场调查、对方情报的搜集、资料的整理与分析。

① 采购需求分析。采购需求分析是指要在采购谈判之前弄清楚企业需求什

么、需求多少、需求时间，最好能够列出企业物料需求分析清单。

② 资源市场调查。在做出采购需求分析之后，就要对资源市场进行一番调查分析，获得市场上有关物资的供给、需求等信息资料，为下一步采购谈判的决策提供依据。资源市场调查通常包括：产品供应、需求情况、产品销售情况、产品竞争情况，以及产品分销渠道。

③ 对方情报的搜集。主要搜集供应商的资信情况，明确对方的谈判作风和特点。此外，还可以搜集供应商需求的货款支付方式、谈判最后期限等方面的相关资料。收集渠道包括行业杂志、其他商业出版物、行业协会数据、政府报告、年度报告、财务评价、商业数据库、直接询问供应商，以及通过互联网获得信息等。

④ 资料的整理与分析。在通过各种渠道搜集到有关信息资料后，还必须对它们进行整理和分析。这里主要做两个方面的工作：一是鉴别资料的真实性和可靠性，二是鉴别资料的相关性和有用性。

（2）采购谈判方案的制订。

谈判方案是指在谈判开始前对谈判目标、谈判议程、谈判对策等预先所做的安排，在整个谈判过程中起着重要的作用。

① 采购谈判目标的选择。

一般可以把谈判目标分为三个层次：必须达到的目标、中等目标和最高目标。对于采购谈判来讲，采购方首先是为了获得原材料、零部件或产品，所以谈判就以能满足本企业（地区、行业或单位）对原材料、零部件或产品的需求数量、质量和规格等作为谈判追求的目标，即谈判必须达到的目标；其次，采购谈判还要以价格水平、经济效益水平等作为谈判的目标，这可以作为中等目标；最后，采购谈判还要考虑供应商的售后服务情况，如供应商的送货、安装、质量保证、技术服务等，这是采购谈判追求的最高目标。

② 采购谈判议程的安排。

谈判议程安排包括对谈判主题、时间安排和双方针对哪些事项进行磋商等内容的说明。

一般来讲，凡是与本次谈判相关的、需要双方展开讨论的问题都可以作为谈判的主题。对于采购谈判来讲，最重要的就是采购产品的质量、数量、价格水平、运输方式等，所以应把这些问题作为谈判议题的重点加以讨论。

采购谈判时间的安排是要确定谈判在何时举行，为期多久，若是一系列的谈判需要分阶段进行，还应对各个阶段的谈判时间做出安排。

一般情况下，在谈判过程中难免会出现令谈判人员始料不及的事情，影响谈判进程。为了预防这种情况的发生，在接到一个谈判任务时，谈判人员应对整个谈判过程中双方可能做出的一切行动做正确的估计，并依此设计出几个可行的备选方案。

（3）采购谈判队伍的组建。

在对谈判基本情况以及谈判环境诸因素进行分析研究后，采购主管应进一步根据谈判的内容、难易程度等选择合适的谈判人员，组织高效精干的谈判团队。

（4）采购谈判的其他准备工作。

① 谈判场所选择。

商品采购谈判场所的选择有三种类型：己方所在地、对方所在地、第三地。场所选择应以交通便利为首要条件；其次要根据谈判性质而定，但无论选择哪方都各有利弊。

② 谈判会场布置。

谈判会场布置及座位安排是否得当，不仅可以检验谈判人员的素质，也可能会对谈判结果产生一定的影响。通常商品采购谈判时，双方应面对面而坐，各自的组员应坐在主谈人员的两侧，以便相互交换意见。常见的谈判桌采用长条桌，若条件受限，也可用圆桌。面对正门的一方为上，安排客方；背对门的一方为下，安排主方。各方主谈人员或者负责人居中，其他人员遵循右高左低的原则。依照职位高低分别坐在主谈人员两侧。如果有翻译人员，通常安排在主谈人的右侧，即第二个席位上。

2. 采购谈判的程序

采购谈判是一个复杂的连续性的过程，通常需要经过询盘、发盘、还盘、接受、成交签约这五个最基本的环节，如图 6-4 所示。

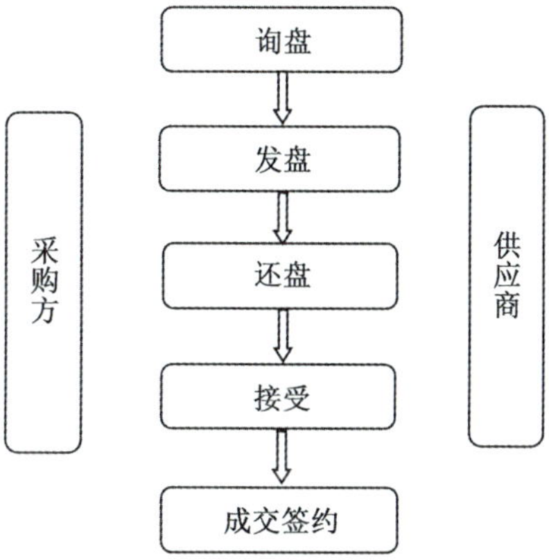

图 6-4　采购谈判的程序

（1）询盘。

询盘也称咨询，是指采购方向潜在供应商探寻商品的成交条件或交易的可能性的业务行为。在商品采购中，询盘不是正式谈判的开始，而是买卖双方开始联系谈判的环节，是正式进入采购谈判的先导。询盘的内容可涉及商品的价格、规格、品质、数量、包装、装运以及索取样品等，而多数只是询问价格，因此商品采购业务中常把询盘称作询价。

（2）发盘。

在商品采购中，发盘是指供应商为了销售某种商品向采购方提出有关该商品的交易条件，并表示愿意按这些条件达成交易，签订合约。

根据供应商对其发盘在卖方接受后是否承担订立合约的法律责任来分，有实盘和虚盘两种。实盘是发盘人承诺在一定期限内，受发盘内容约束，非经接盘人同意，不得撤回和变更；如接盘人在有效期限内表示接受则交易达成，实盘内容即成为买卖合同的组成部分。虚盘是发盘人有保留地表示愿意按一定条件达成交易，不受发盘内容约束，不作任何承诺，通常使用“须经我最后确认方有效”等语句以示保留。

（3）还盘。

还盘是指受盘人对发盘内容不完全同意而提出修改或变更的表示，在商品采购中，往往是采购方对供应商发盘条件进行添加、限制或修改的意思表示。还盘实质上构成对原发盘的某种程度的拒绝，也是接盘人以发盘人地位所提出的新发盘，因此，一经还盘，原发盘即失效，新发盘取代它成为交易谈判的基础。如果另一方对还盘内容不同意，还可以进行反还盘（或称再还盘）。还盘可以在双方之间反复进行。在商品采购谈判中，往往需要经过多次的还盘、反还盘，才最终达成协议，也是谈判的“磋商”阶段。

知识拓展

商品采购谈判中还盘应注意的问题

（1）要识别还盘的形式，有的明确使用“还盘”字样，有的则不用。

（2）接到还盘后，要与原发盘进行核对，找出新内容，再结合市场变化情况和销售意图，认真予以对待。

（3）还盘是对发盘的拒绝，原发盘人可以就此停止磋商。

（4）在表示还盘时，一般只针对原发盘提出不同意或需修改的部分，已同意的内容可以在还盘中省略。

（4）接受。

接受在法律上称为“承诺”，是指受盘人在发盘有效期内，同意发盘中提出的各项商品交易条件，愿意按这些条件和对方达成交易的一种表示。接受一经送达发盘人，合同即告成立，交易双方就须履行合同。

有效接受应当具备四个条件：第一，接受必须是由合法的特定受盘人做出；第二，接受必须以口头、书面或行动的形式表示并传递给对方；第三，接受必须是无条件的，是指企业对实盘无保留的同意，即接受的内容必须同供应商实盘中所提出的各项交易条件严格一致，否则就不能表明为有效接受；第四，接受的通知要在发盘的有效期内送达发盘人。

（5）成交签约。

商品交易双方通过采购谈判，一方的实盘被另一方有效接受后，交易达成，并通过签订书面采购合同进行确认的过程。

3. 采购谈判的实施

开始谈判时，双方应先彼此熟悉，并针对谈判的目标、计划、进度和参加人员等问题进行讨论，尽量取得一致意见，最后在此基础上就本次谈判内容分别发表陈述。在此阶段要注意营造良好的谈判气氛，并做好预备工作。

短视频：双赢谈判

进入正式谈判阶段，双方各自提出自己的交易条件，并提出有说服力的理由进行磋商，争取达成一致。为了解决分歧和矛盾，就必须进行讨价还价，反复磋商。磋商的过程中，谈判人员一方面要充分阐述自己的观点并坚持自己合理的观点，维护己方的利益，另一方面也要认真听取对方的意见，分析是否合理，适时调整己方的观点和立场。必要时可暂时休会，会下与己方人员讨论或电话请示领导后做出决定。经过一系列反反复复的磋商，最终使双方的观点和立场趋于一致，从而达成协议。

谈判结束阶段的主要任务是：尽快达成交易；签订书面协议或合同；谈判资料的回收和整理等。

思考：什么样的谈判结果是成功的？

（二）采购谈判的策略与技巧

在采购谈判中，为了使谈判能够顺利进行和取得成功，谈判人员应善于灵活运用各种谈判策略和技巧。谈判策略是指谈判人员通过何种方法达到预期目标，谈判技巧指谈判人员用什么具体行动执行该策略。

1. 采购谈判的策略

（1）避免争论策略。

谈判中出现分歧是很正常的事，出现分歧时应始终保持冷静，防止感情冲动，尽可能地避免争论。

（2）抛砖引玉策略。

抛砖引玉策略是指在谈判中，一方主动提出各种问题，但不提供解决的办法，让对方来解决。这一策略不仅能尊重对方，而且又可摸清对方的底细，争取主动。

（3）留有余地策略。

在实际谈判中，不管你是否留有余地或真的没留什么余地，对方总认为你是留有余地的，所以如果在外商最看重的方面做了让步，那可在其他条款上争取最大利益。在价格上适当地做些让步，你就有可能为自己争取到最好的付款条件。

（4）避实就虚策略。

避实就虚策略是指己方为达到某种目的和需要，有意识地将洽谈的议题引导到相对次要的问题上，借此来转移对方的注意力，以求实现己方的谈判目标。

（5）保持沉默策略。

保持沉默，是处于被动地位的谈判人员常用的一种策略，是为了给对方造成心理压力，同时也起缓冲作用。但是如果运用不当，易于适得其反。在沉默中，行为语言是唯一的反应信号，是对方十分关注的内容，所以应特别加以运用（倒茶等），以达到保持沉默的真正目的。

（6）情感沟通策略。

人有七情六欲，满足人的感情和欲望是人的一种基本需求。在谈判中充分利用感情因素以影响对方，则不失为一种可取的策略。例如，可利用空闲时间，主动与谈判对方一起聊天、娱乐、讨论对方感兴趣的话题。通过增进了解、联系感情、建立友谊，从侧面促进谈判的顺利进行。

（7）先苦后甜策略。

例如，供应商想要在价格上有多些的余地，你方可先在包装、运输、交货、付款方式等多方面提出较为苛刻的方案来作为交换条件。在讨价还价过程中，再逐步地做出让步。供应商鉴于你方的慷慨表现，往往会同意适当地提价。而事实上这些“让步”是你方本来就打算给供应商的。但要注意的是，这一策略只有在谈判中处于主动地位的一方才有资格使用。

（8）最后期限策略。

处于被动地位的谈判者，总有希望谈判成功达成协议的心理。当谈判双方各持己见、争执不下时，处于主动地位的谈判者就可利用这一心理，提出解决问题的最后期限和解决条件。最后期限的压力能够迫使对方快速做出决策，从而使交易很快且顺利地结束。

2. 采购谈判的技巧

（1）入题技巧。

谈判双方刚进入谈判场所时，难免会感到拘谨，尤其是谈判新手，在重要谈判中，往往会产生忐忑不安的心理。为此，必须讲求入题技巧，采用恰当的入题方法。常见的商品采购谈判入题方式有迂回入题、先细节后原则、先原则后细节、具体议题入手四种，详见表 6-2。

表 6-2　采购谈判入题方式

入题方式	特　点
迂回入题	可避免谈判时单刀直入、开场过于直白，影响谈判的融洽气氛。如先从题外话入题，从介绍己方谈判人员入题，从“自谦”入题，或者从介绍本企业的生产、经营、财务状况入题等
先细节后原则	围绕谈判主题，先从洽谈细节问题入题，条分缕析，丝丝入扣，待各项细节问题谈妥之后，也便自然而然地达成了原则性的协议
先原则后细节	一旦双方就原则问题达成了一致，那么，洽谈细节问题也就有了依据
具体议题入手	涉及大规模商品采购的大型谈判总是由具体的一次次谈判组成，在具体的每一次谈判中，双方可以首先确定本次谈判的议题，然后从这一议题入手进行洽谈

（2）阐述技巧。

谈判一旦入题，双方需要进行开场阐述，这是谈判的一个重要环节。

① 己方开场阐述。在己方进行开场阐述时，应把握要点，具体包括：一是开宗明义，明确本次谈判主题，统一双方认识；二是表明我方通过洽谈应该得到的利益；三是表明我方立场，可以简要回顾双方以前合作的成果，也可展望

今后进一步合作的机遇，还可以表明我方可为共同获利做出哪些努力；四是开场阐述应是原则性的，应尽可能简明扼要；五是开场阐述应以诚挚和轻松的方式来表达，营造融洽的谈判气氛。

② 应对对方开场阐述。具体包括：一是认真耐心地倾听，归纳对方开场阐述的内容，思考和理解对方的关键问题，以免产生误会；二是如果对方开场阐述内容与我方分歧较大，不要打断对方，更不要立即争执，而应当让对方说完，认同对方之后再巧妙地转移话题，从侧面入手，开始谈判。

（3）提问技巧。

采购谈判中提问的目的，是为了了解对方的真实想法和意图，是掌握更多信息的重要手段和有效途径。通过有效提问，有助于控制谈判的方向，验证自己的判断。因此，谈判者应当充分了解提问类型，掌握提问要领，把握提问时机，灵活、艺术地运用提问的技巧。

① 提问方式选择。

采购谈判中常见的提问方式有：封闭式提问、开放式提问、婉转式提问、澄清式提问、探索式提问、借助式提问、选择式提问、引导式提问、协商式提问等。

② 提问时机把握。

提问应注意对手的心境，在对方最适宜答复问题的时机提问，一般提问的时间是在对方发言结束、对方发言间隙、在己方发言前后、在议程规定的辩论时间。提问要给对方留足够的答复时间，还要注意问题先后顺序的逻辑性。

（4）答复技巧。

在商品采购谈判中，答复的每一句话都会被理解为是一种承诺，都负有责任。在谈判中答复时应注意以下问题：

① 不要彻底答复对方提问，如对方问及产品质量，不必详细介绍所有指标，而只回答其中主要几个问题即可。

② 针对提问者的真实想法答复，若对方问题模棱两可，含糊其词，先得探明其真实心理，然后再巧妙作答。

③ 不要确切答复对方的提问，当对方抬价时我方可说："价格的确是大家很关心的问题，不过贵公司商品质量和售后服务如何呢？"想要降低提问者追问兴趣，可说："这个问题容易解决，不过现在还不是时候。"

④ 给己方争取充分的思考时间，不必顾忌对方的催问，而应转告对方己方必须进行认真的计算或思考，需要充分的时间。

⑤ 礼貌拒绝不值得回答的问题，有些与谈判主题无关或关系不大的问题容易扰乱你的思路，不妨一笑了之。

⑥ 不想回答的问题找借口拖延答复，可借口资料不全，无法回答。

（5）说服技巧。

采购谈判中的说服，是综合运用听、问、答、叙等各种技巧，改变对方初始想法，使之接受己方意见的过程。说服有利于双方建立合作关系，有助于达成谈判预期目标。说服技巧主要包括：

① 先易后难。

② 淡化差异，提高接纳程度。

③ 先谈好的消息，再谈坏的消息。

④ 强调合同中有利于对方的条款。

⑤ 先听听对方的意见，再适机提出己方意见。

⑥ 精心设计开头和结尾，以便给对方留下深刻印象。

⑦ 用大量的事实影响对方的意见，在不知不觉中说服对方。

⑧ 强调合作及互惠互利的可能性和现实性，激发对方在自身利益认同的基础上接纳己方的意见和建议。

（6）议价技巧。

商品采购谈判中，价格谈判是核心，采购人员与供应商之间的议价也称为讨价还价，包括报价、还价两个基本环节。在议价中，双方你来我往展开讨价与还价的交锋，想要达到己方的预期目标，就需要灵活运用讨价还价的方法与技巧。

① 报价。

报价时不仅要考虑报价所能带来的利益，还要考虑报价被对方接受的可能性，即报价的成功率。报价基本原则：第一，开盘报价条件要高。对供应商而言，开盘价必须是最高的，对采购方而言，开盘价必须是最低的。这是报价的首要原则。第二，报价既要果断又要有弹性。报价应该坚定、明确、完整，且不加任何解释和说明，这样能给对方留下认真而诚实的印象。

② 还价。

所谓还价，是指谈判的一方根据对方的报价和自己的谈判目标，主动或者应对方要求提出自己的价格条件。还价注意事项：第一，还价之前必须充分了解对方报价的全部内容，准确了解对方提出条件的真实意图，清楚对方报价中的主要内容、附加条件，辨清实价与虚价。第二，还价前要对己方的利益需求有科学的计算和分析。可采用开低走高、欲擒故纵、疲劳轰炸、百般挑剔、博人同情等方法进行还价。

（7）让步技巧。

在商品采购谈判中，为促进交易，双方均需要做出一定程度的让步。在让步过程中，还应注意以下问题：

① 让步要服务于己方的整体利益。

② 不要轻易让步，盲目让步会影响双方的实力对比，让对方占有某种优势，置自己于不利。

③ 让步要让得恰到好处，以最小代价让步，让对方感到自己取得了重大胜利。

④ 主要问题上，能不让步就不让步；较为次要的问题上，根据情况，己方可考虑先让步。

总的来说，成功的采购谈判需要精心的准备、良好的沟通、灵活的策略技巧和团队的协作，以实现采购效益的最大化和可持续的合作关系。

思考：如何树立正确的采购谈判价值观和职业道德？

知识拓展

谈判技巧的应用领域

商业与贸易：包括进出口贸易、国内批发零售、电商等。在采购与销售环节，与供应商或客户就价格、交货期、质量标准等进行谈判。

金融与投资：银行、证券、保险等领域。例如，在贷款协商、投资项目合作、并购交易等方面。

房地产：买卖房产、租赁物业、房地产开发项目合作等过程中，涉及价格、合同条款、物业条件等的谈判。

制造业：原材料采购、零部件供应、设备采购、代工合作等环节需要谈判。

法律：在庭外和解、律师与客户的费用协商、法律合作事务等场景中运用。

人力资源：招聘高级人才时的薪酬待遇协商、员工福利方案制订、劳动纠纷解决等。

医疗保健：医疗器械和药品采购、医院与保险公司的合作、医疗服务合同等方面。

能源：石油、天然气、电力等能源的采购与销售、项目合作开发等。

广告与市场营销：与广告代理商的合作、媒体购买、营销活动合作等事务。

公共事务与政府：政策制定过程中的协商、政府采购、公共项目合作等。

科技与创新：技术许可、专利转让、研发合作等领域。

服务业：如物流服务、咨询服务、IT 服务等的合同谈判。

总之，几乎任何涉及合作、交易、协商和解决分歧的行业和领域都需要应用谈判技巧。

项目小结

本项目深入探讨了采购的主要方式，并对不同采购方式的各个方面进行了介绍。在此过程中，我们不仅学习了具体的考核指标与流程，同时，本项目还介绍了采购洽商的组织实施与采购谈判的策略与技巧。本项目所涉及的概念类的知识是比较丰富的，因此还需要同学们对相关概念的基本内涵和要义有精准的理解和深入的掌握，在后续的采购实践活动中做出更为科学的决策和更加合理的选择。更重要的是，我们深刻认识到采购活动不仅是企业运营的关键环节，更是体现职业道德、社会责任感和法治精神的重要领域。

一、职业道德的坚守

在采购方式的选择与采购洽商中，我们强调了诚信与公正的重要性。采购人员需坚守职业道德底线，诚实守信，确保采购过程公平公正、精益求精。这不仅是对企业利益的维护，更是个人品德与社会责任的体现。通过课程学习，我们进一步理解了“诚信为本”的职业操守，为未来的职业生涯奠定了坚实的道德基础。

二、社会责任的担当

采购活动不仅仅是经济行为，更承载着企业的社会责任。在采购方式的选择与采购洽商中，我们关注到了采购活动对供应商、消费者、环境以及社会等的影响。通过推动绿色采购，我们可以促进可持续发展，减少环境负担，同时保障劳工权益，促进社会和谐。这种社会责任感的培养，让我们意识到作为未来职场的一员应当为构建更加美好的社会贡献力量。

三、法治精神的弘扬

在采购领域，法律法规是约束与指导我们行为的重要准则。通过案例分析与法律条款的学习，我们深入了解了采购活动中可能涉及的法律风险与合规要求。这不仅增强了我们的法治观念，也让我们明白在复杂多变的商业环境中，只有依法行事，才能确保企业的稳健发展与个人的职业安全。

四、综合素质的提升

采购实施工作不仅是对工作成果的检验，更是对个人综合素质的考验。它要求我们具备扎实的专业知识、敏锐的洞察力、良好的沟通能力以及团队协作的精神。通过本项目的学习，我们不仅掌握了采购实施的技能与方法，更在综合素质上得到了全面的提升。这将为我们未来的职业发展奠定坚实的基础，使我们能够在不断变化的市场环境中保持竞争力。

总之，通过本项目的学习，不仅让我们掌握了专业知识与技能，更重要的是，它引导我们树立了正确的职业道德观、社会责任感、法治精神，提升了我们的综合素质。这些将伴随我们走向职场，成为我们职业生涯中宝贵的财富。

思考题

1. 招标采购的基本方式主要有哪些？
2. 不同采购模式分别具有哪些优势和不足？
3. 采购洽商的基本目标是什么？
4. 在采购洽商过程中应该关注的要点是什么？
5. 看板管理的意义体现在哪些方面？
6. JIT 采购的步骤有哪些？
7. 请简述采购洽商过程中供应商的选择以及确定的不同环节。
8. 采购洽商的作用和特点是什么？

项目七　采购合同管理

概　述

本项目主要介绍采购合同的概念、特征、种类、内容，采购合同的资格审查、签订原则及流程、履行、跟踪，采购合同纠纷的形式、原因、解决途径，采购合同的变更、终止和解除，采购货款的支付方式、付款步骤等内容。

教学目标

知识目标：	1. 了解采购合同的概念、特征及种类，以及采购合同的资格审查、签订与履行。 2. 了解采购合同的风险、签订原则及流程，以及采购合同的纠纷解决途径和违约赔偿。 3. 理解采购合同的变更、终止和解除。 4. 掌握采购合同的内容、采购合同订单的跟踪执行及采购货款结算流程。
能力目标：	1. 能根据企业情景设置完整地拟定一份采购合同。 2. 能够正确地对采购订单进行管理跟踪。 3. 能处理采购合同的纠纷。
素质目标：	具备法律意识、责任意识、效率意识、风险防范意识；具备协同沟通能力；能贯彻认真踏实、细致耐心、严谨有序原则。

教学重点

1. 采购合同的内容。
2. 采购合同的履行、合同订单跟踪。

3. 采购合同纠纷的解决途径。

教学难点

1. 履行采购合同要注意的问题。
2. 采购合同执行过程跟踪。

教学建议

通过课后查阅《中华人民共和国民法典》（以下简称《民法典》），了解合同管理相关法律知识，加深对采购合同管理的理解。学生可代入到企业采购人员岗位，学习本项目知识，掌握企业采购合同管理中要求的技能，与课中案例相结合，在学习中解决实际问题，在解决问题中突破学习的重难点。

建议教学时数：8 学时。

思维导图

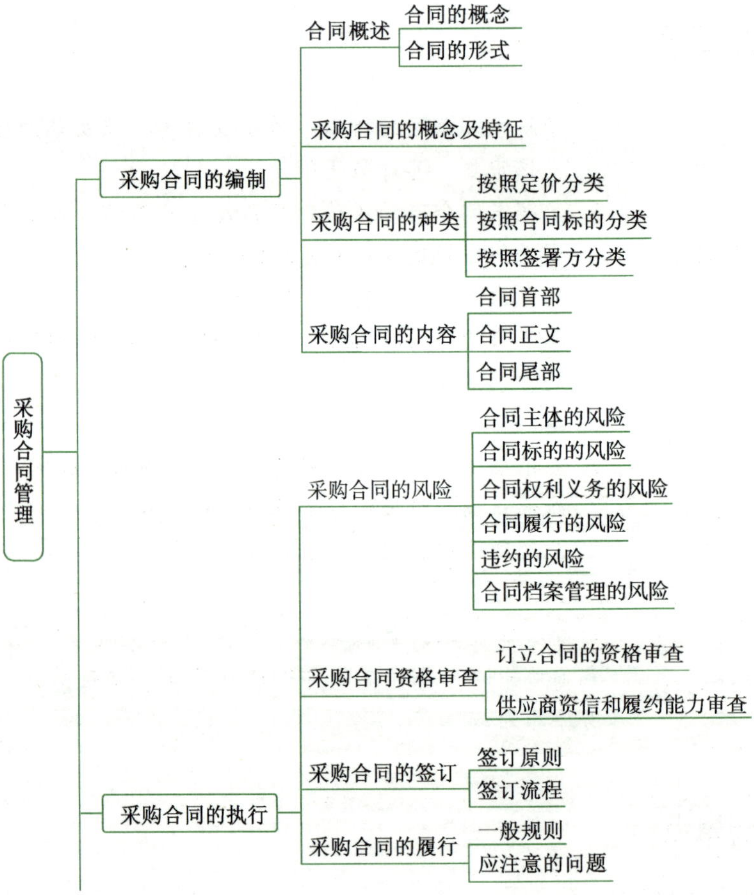

- 采购合同管理
  - 采购订单管理与货款结算
    - 出具采购订单的环节
      - 发出采购订单
      - 确认采购订单
      - 编制记录
    - 采购订单的跟踪
      - 执行前的跟踪
      - 执行中的跟踪
      - 执行后的跟踪
    - 采购货款的结算
      - 常用支付工具
      - 常用付款方式
      - 付款的操作步骤
  - 采购合同纠纷的处理
    - 合同纠纷与合同欺诈
    - 采购合同纠纷形式
      - 无效合同纠纷
      - 有效合同纠纷
    - 采购合同纠纷原因
      - 卖方违约
      - 买方违约
      - 双方签订的合同规定不明确
    - 采购合同纠纷解决途径
      - 协商
      - 调解
      - 仲裁
      - 诉讼
    - 采购合同违约赔偿
      - 一般违约赔偿
      - 重大违约赔偿
    - 采购合同的变更、终止和解除
      - 采购合同变更
      - 采购合同终止
      - 采购合同解除

任务一　采购合同的编制

案例导入

律师拟定的合同就没有问题了吗？

一说到合同管理，有人会说，公司的合同是找律师拟定的，合同条款都找专业的法务人员看过了，所以合同这事儿跟采购没有关系。但事实上，律师拟定的合同也会有问题，主要体现在以下两个方面。

一是律师拟定的合同可能会被当作格式合同，而格式合同在法律上的效力会被弱化。起草格式合同的一方往往处在强势地位，交易的另一方对合同缺少谈判权力，也有可能不懂得合同中一些条款的含义。所以，如果将争议事项提交到法院，法院常会同情弱者，经常倾向于“被格式”的一方。好比我们去电信公司、保险公司办业务，碰到的合同都是格式合同，我们没有能力和电信公司、保险公司谈判，只能接受格式条款，这会使我们在产生法律争议时处于“被格式”的乙方地位。

二是律师看的只是合同中的通用条款，审查合同表述是否存在风险，是否严谨没有歧义、没有漏洞等。而具体的商务条款、标的条款、关于需求的描述、付款条款、交付条款……这些条款是要根据具体的标的物由双方协商确定的。律师很难对这些条款具体把关，仅能提示一些风险。所以作为采购人员，是不能不理解合同的。

☞ **案例思考**

采购人员要掌握哪些法律知识，才能更好地进行采购合同管理？

知识准备

一、合同概述

（一）合同的概念

《民法典》规定：合同是民事主体之间设立、变更、终止民事法律关系的协议。也就是说，合同本质上是一种协议，是当事人意思表示一致的产物。

（二）合同的形式

采购人员可以在不同的采购业务场景中采用不同的合同形式。合同形式一般分为以下四类：

1. 书面形式

最常见的采购合同形式是书面形式，在采购活动中运用最广泛。书面形式是以文字为表现形式的合同形式，具有较强的法律效力。根据法律规定和当事人要求，书面形式的采购合同还可进行公证或鉴证。

2. 口头形式

口头形式是指双方当事人只是通过语言进行意思表示，而不是文字等书面表达合同内容而订立的合同形式。口头形式的采购合同通常用于零散采购，其法律效力弱，发生纠纷时，往往举证困难，采购人员应谨慎使用。

3. 电子合同

电子合同是双方或多方当事人之间通过电子信息网络以电子的形式达成的设立、变更、终止财产性民事权利义务关系的协议。电子合同是以电子的方式订立的合同，其主要是指在网络条件下当事人为了实现一定的目的，通过数据电文、电子邮件等形式签订的明确双方权利义务关系的一种电子协议。电子合同的标的可以为交付商品，也可以为提供服务。电子合同当事人对交付商品或者提供服务的方式、时间另有约定的，按照其约定。

4. 其他合同形式

其他合同形式如推定形式、默示形式或视听资料等，这些合同的法律效力有限且举证麻烦，在采购的时候尽量避免采用此类合同，以免产生纠纷。

知识拓展

企业数字化转型如何用好电子合同

在数字化浪潮的推动之下，通过互联网进行缔约磋商变得越来越频繁，电子合同必然会成为合同订立的主流形式之一。

一、常见的电子合同类型

（1）电子商务合同。电子商务合同是在电子商务交易形式出现后才发展起来的一种买卖合同的特殊缔约方式，电子商务经营者与消费者通常通过电子商务平台缔结电子合同进行交易，合同条款多为格式条款，与一般的买卖合同存在诸多差异。

（2）转化为数据电文形式的传统合同。这种电子合同类型是将传统的纸质合同文本转化为数据电文形式，本质上并未发生变化。

二、电子合同何时成立

《民法典》第四百九十一条规定，当事人采用信件、数据电文等形式订立合同要求签订确认书的，签订确认书时合同成立。当事人一方通过互联网等信息网络发布的商品或者服务信息符合要约条件的，对方选择该商品或者服务并提交订单成功时合同成立，但是当事人另有约定的除外。

三、电子合同的主要风险点

1. 签约主体身份认证

传统纸质合同可以通过面对面签约的形式明确双方签约主体身份的有效性，然而在电子合同的签订中，虚拟的网络环境下如何识别和证明签约主体的身份成为意思表示真实性的关键，在司法实践中存在电子合同当事人主张网络账号并非本人所有或本人操作的争议纠纷。

面对该风险，应当加强事先对双方当事人身份信息的确认，可以通过电子平台实名注册以及身份验证的方式进行，例如要求用户提供手持身份证照片、电话号码、银行卡信息或进行人脸识别，或与其他验证过身份的机构进行数据关联与交叉认证。

2. 电子数据遗失

在电子合同订立以及合同履行过程中，很容易因为系统操作的错误或者自身的疏忽，导致电子数据的丢失，此时将会面对无法举证而致自身损失的风险。对此，应当及时保存相关电子数据并进行备份，同时也可通过实际履行的相关证据来证明双方合意，如双方交涉的聊天记录截图、付款凭证记录、相关签收快递单等。

思考：如果你是企业采购人员，你会采用哪种形式的合同？为什么？

二、采购合同的概念及特征

（一）采购合同的概念

采购合同是经过供需双方谈判协商一致同意而签订的具有法律约束力的正式协议，是供应商转移标的物所有权予采购方，采购方支付货款的合同。采购合同是采购关系的法律形式，合同双方都应遵守和履行。

（二）采购合同的特征

采购合同具有以下特征：

1. 采购合同是有偿的转移标的物所有权或经营权的合同

采购合同的基本内容是供应商将标的物所有权或经营权转移给采购方，采购方支付协议货款。

2. 采购合同的主体比较广泛

采购合同的主体除了常见的生产企业外，流通企业及其他社会组织或具有法律资格的自然人，都可以是采购合同的主体。

3. 采购合同与物流过程紧密相连

物流是社会再生产的重要环节。采购合同设立的基础就是物料采购，它直接反映了物料采购的具体内容，与物流过程紧密相连。

4. 采购合同具有买卖合同的一般特征

采购合同属于买卖合同，因而其具有买卖合同的一般特征。

（1）采购合同的签订以转移物料所有权或经营权为目的。

（2）采购方要取得合同约定的物料，就必须支付相应的货款。

（3）采购合同是双向的、有偿的，合同订立双方都负有相应的义务。

① 供应商需按质、按量、按期交付合同标的物。

② 采购方需按照合同约定接受标的物，并及时支付货款。

（4）采购合同一般是诺成合同，除法律规定的特殊情况外，当事人在合同上签字盖章后，合同即成立。

实例展示

2020 年至 2022 年间，A 厂多次向 B 厂供应钢管，累计货款 1 194 万余元。双方每次供货、提货时，均记载了钢管的数量和货款，但始终未签订书面采购合同，也未约定付款的具体期限。其间，A 厂曾多次向 B 厂催收部分货款，但未提出清偿全部货款及利息的要求。与此同时，双方间供、提钢管的业务仍在继续进行；B 厂在提货时也曾多次向 A 厂支付过部分货款。至今，两厂间仍有 620 万余元货款未结清。A 厂遂向法院提起诉讼，要求 B 厂清偿全部货款和利息，并赔偿其经济损失。

☞ 案例思考

你认为 A、B 两厂的买卖行为有合同吗？

三、采购合同的种类

为了对采购合同进行有效管理，企业必须做好采购合同的分类，从而有针对性地对不同种类的合同进行处理。

根据企业主要采购业务形式的不同，企业采购合同可以采用不同的分类标准。一般而言，可以按照定价、合同标的或签署方分类，如图 7-1 所示。

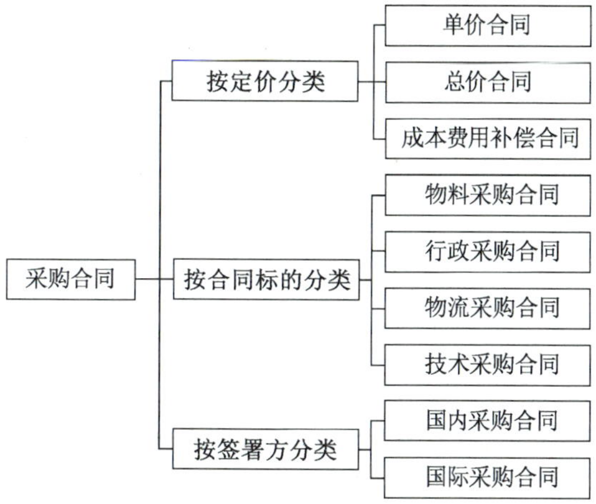

图 7-1　采购合同的种类

四、采购合同的内容

在采购业务中，尽管采购合同种类多样，但合同的内容一般分为三个部分：合同首部、合同正文、合同尾部。

（一）合同首部

合同首部的主要内容：

（1）合同名称。

（2）合同编号。

（3）买卖双方的企业名称和地址。

（4）合同签订地点。

（5）合同签订时间。

（二）合同正文

合同正文的主要内容包括物料的品种、规格和数量，物料的质量和包装，物料的价格和结算方式等。

1. 物料的品种、规格和数量

物料的品种、规格和数量是采购合同的基本内容，也是采购活动的主要目的，在采购合同中应当具体说明，必要时可附上采购明细表。具体内容有：

（1）品种，填写时应避免使用综合品名。

（2）规格，填写时应包含颜色、式样、尺码等主要内容。

（3）数量，填写时应采用国家统一的计量单位。

物资的计量标准如表 7-1 所示。

表 7-1　物资的计量标准

计量标准	实际应用范围
按重量计算	适用于千克、磅、盎司等，多用于天然产品及制品，如钢铁、矿砂、羊毛等
按个数单位计算	适用于套打、件、双等，多用于工业制品及一般杂货品
按体积计算	适用于立方米、立方英尺等； 按体积成交的商品不多，如用于木材、化学气体等商品
按长度计算	适用于米、英尺等，多用于纺织品、绳索等商品
按面积计算	适用于平方公尺、平方英尺等，多用于纺织品、玻璃等商品
按容积计算	适用于公升、加仑、蒲式耳等，多用于小麦、谷类及大部分液体商品

订立数量条款时，应注意下列事项：

① 数量条款的规定要明确具体，包括计算数量的单位和方法，都应该明确具体，避免用“约”字。

② 根据物资的特点，规定溢短装条款，但不是所有物资都加溢短装条款。

③ 要正确处理成交数量和合同价格的关系。大批量成交，价格应有优惠；小批量成交，价格可以稍高。

2. 物料的质量和包装

采购合同中应明确规定物料需要符合的质量标准，并对物料的运输包装进行详细规定。

（1）质量标准应注明是国家或行业标准。如无国家或行业标准，企业可与供应商协商凭样交货。

（2）为了避免交货质量与采购合同不符，可以在合同的质量条款中做出变通规定，其常见的做法是规定质量变动幅度和质量公差。

订立质量条款时，应注意下列事项：

① 根据物资特性确定表示质量的方法。

② 准确、具体地描述质量要求，既忌笼统含糊，如左右、大约、但，又忌绝对化。

③ 采用质量变动幅度和质量公差表示的物资，需注明具体的变动幅度或公差允许值，以免日后产生争议。

（3）应明确包换、包修、包退办法。

（4）应详细规定物料包装办法，包括式样、规格、体积、重量、包装物等各项细节。

包装条款的具体要求如表 7-2 所示。

表 7-2 包装条款的具体要求

包装条款	具体要求
包装方式	（1）单件物资运输包装常用箱、筐、篓、桶、袋、坛、瓶等包装； （2）集合运输包装常用托盘运输包装，集装包装，包装袋、集装箱运输包装； （3）散状物资不包装，如木材、盐、煤、矿砂、大豆等，直接装船、车； （4）大型成件的物资不加包装而运输，如汽车、内燃机车等
包装费用	（1）一般包括在货价之内，不另计价； （2）如果购方提出需要特殊要求，额外的包装费用由购方负担； （3）由购方承担费用，如果供方包装技术达不到，也不要轻易接受，以免引起纠纷
包装标识	（1）物资包装上运输标识的确定一般按照国际交易习惯，唛头一般由供方决定，而不必在合同中具体规定； （2）如果购方要求使用其指定的唛头，则应在合同中明确规定唛头的具体式样和内容或规定购方提供唛头式样和内容的期限，以免延误交货

3. 物料的价格和结算方式

采购合同中必须对物料的价格做出具体规定，包括作价办法、变价处理及残次品的扣价办法，价格的确定要符合国家的价格政策和法规，并在合同中写明物料单价和总价。

货款结算的方式及具体程序详见本项目任务二中内容。

知识拓展

国际贸易中采购价格条款的确定

在国际贸易中，采购价格条款较复杂，由计价货币、单位商品货币金额、计量单位、价格术语四部分组成。因此，在订立价格条款时就要对如何确定价格、如何选择货币、如何选用价格术语做出明确规定。

1. 定价方法

价格条款中，对单价的表述除了较多地使用固定价格外，也可以采用较为灵活的浮动价格和暂定价格。

（1）固定价价：在国际货物购销中，如果没有特殊规定，合同中的价格一般理解为固定价格，即从订约到付款这段时间内的价格是不变的，任何一方不得以市场发生巨大变化为由更改原定价。这就要求双方订立合同时，尽量能预测到市场发生的变化，交货期也不要拉得太长。有时，购销双方为了进一步明确其价格的固定性，防止以后发生争议，也可在价格条款中对此做出明确规定。如“合同签订的任何一方不得调整价格”。

（2）暂定价格：暂定价格是指合同中约定的价格极不稳定，难以预测。合同签订时，买卖双方暂时确定一个价格，待日后交货前一段时间再由双方按当时的市场情况商定一个价格，这一价格即为最后结算价格。

(3) 浮动价格：浮动价格是指某些货物由于价格极不稳定，交货期较长或交货时间较远，为了避免给任何一方造成巨大损失，而采用浮动作价的方法。采用这一方法作价时，必须在合同中规定一个基础价格，并明确价格上浮或下浮的依据，如“以结算时的物价指数为依据加价或减价若干”“以结算时某交易所的价格为基础调整价格”。

2. 计价货币的选择

在国际贸易中，买卖双方使用何种货币，主要依据双方自愿进行选择，一般来说有三种情况：使用卖方国家货币；使用买方国家货币；使用第三国货币。对任何一方来说，使用本国货币，承担的风险较小，使用外币则可能承担外汇汇率变动所带来的风险。

3. 价格术语的选用

国际贸易中，不同的价格术语，买卖双方所承担的责任、义务和风险也不同，价格术语选择正确与否直接关系到购销双方的经济利益。常用的价格术语有 FOB、CFR、CIF 等。

FOB (Free On Board)：船上交货（指定装运港），该术语规定卖方必须在合同规定的装运期内在指定的装运港将货物交至买方指定的船上，并负担货物越过船舷以前为止的一切费用和货物灭失或损坏的风险。

CFR (Cost and Freight)：成本加运费（指定目的港），是指卖方必须在合同规定的装运期内，在装运港将货物交至运往指定目的港的船上，负担货物越过船舷以前为止的一切费用和货物灭失或损坏的风险，并负责租船订舱，支付至目的港的正常运费。

CIF (Cost Insurance and Freight)：成本、保险费加运费（指定目的港），是指卖方必须在合同规定的装运期内在装运港将货物交至运往指定目的港的船上，负担货物越过船舷以前为止的一切费用和货物灭失或损坏的风险并办理货运保险、支付保险费，以及负责租船订舱，支付从装运港到目的港的正常运费。

4. 交货期限、地点和装运

交货期限、地点的规定，应考虑双方的实际情况以及采购物料特点和交通运输条件。交货期限以不延误企业生产经营为准，但也不可提前太多，否则将增加购方的库存费用。

此外，还需要明确物料的交货方式为供应商送货、第三方物流代运还是采购方自提。在合同中装运条款的主要内容有：运输方式、装运地点与目的地、装运方式（一次装运还是分批装运，是直达还是中转）。

5. 物料的检查验收办法

在一般的采购过程中，物料的检查验收条款是指按照合同条件对交货进行检查和验收，涉及质量、数量、包装等条款，合同条款内容主要包括检验时间、检验机构、检验工具、检验标准与方法等内容。

在国际商品采购中，检验指由商品检验机构对进出口商品的质量、数量、包装、残损、环保等进行检验、分析与公证并出具检验证明。

进出口合同中的检验条款主要有有关检验权的规定；检验或复验的时间、地点；检验机构；检验、检疫证书；等等。

6. 保险

保险是企业向保险公司投保，并交纳保险费。货物在运输过程中受到损失时保险公司向企业提供经济上的补偿。该条款应确定保险类别及其保险金额，指明投保人并支付保险费。

7. 违约责任

采购双方应当如实履行采购合同的相关约定，不履行合同义务的一方就需要承担相应的责任，赔偿对方因此遭受的损失。对于违约责任条款，当事人应根据《民典法》的规定，在合同中明确约定或事后达成仲裁协议。

对采购方而言，供应商应承担以下三大违约责任：

（1）物料数量、品种、规格不符合合同规定。

（2）物料质量不符合合同规定。

（3）交货超期。

例如，如果供应商在完工时间内没有完成工作，那么每延迟 10 天将从合同价格中扣除合同价格 1%的金额直到最多扣除合同价格的 5%。

8. 仲裁

仲裁是指发生争议的双方当事人，根据其在争议发生或争议发生后所达成的协议，自愿将该争议提交中立的第三者进行裁判的争议解决制度和方式。仲裁条款是购销双方自愿将其争议事项提交第三方进行裁决，是双方当事人自愿将其争议提交第三者进行裁决的意思表示。

9. 合同的变更和解除

考虑到双方在后续合作中可能出现的变化，采购合同应明确合同可变更或解除的情形，以及不可变更或解除的情形，并明确相应的变更或解除程序。具体程序详见任务三内容。

10. 不可抗力

不可抗力条款是指合同订立以后发生当事人订立合同时不能预见、不能避免、人力不可控制的意外事故，导致合同不能履行或不能按期履行，遭受不可抗力一方可免除责任，而对方无权要求赔偿的条款。

不可抗力条款的主要内容包括：不可抗力的含义、适用范围、法律后果、双方的权利义务等。

（三）合同尾部

合同尾部的主要内容：

（1）合同的份数及生效时间。

（2）双方代表签名。

（3）买卖双方公司公章。

思考：一份完整的采购合同应具备哪些主要内容？你学会拟定采购合同了吗？

实例展示

南京某公司装饰材料采购合同

购买方（甲方）：南京市某装饰工程有限公司

出卖方（乙方）：南京某商贸有限公司

根据《中华人民共和国民法典》及相关法律法规，甲、乙双方在平等、自愿的基础上协商一致，达成以下协议：

第一条　其产品名称、规格、单价、总价等（表 7-3）

表 7-3　产品信息列表

产品名称	规格型号	单位	数量	单价/元	总价/元
福汉木芯板	15 mm	张	1 000	183	183 000
福汉木芯板	12 mm	张	1 000	138	138 000
福汉木芯板	9 mm	张	1 000	115	115 000
东鹏瓷砖	800 mm×800 mm	m^2	800	332	265 600
东鹏瓷砖	300 mm×300 mm	m^2	300	278	83 400
东鹏瓷砖	600 mm×600 mm	m^2	1 200	320	384 000
东鹏瓷砖	300 mm×450 mm	m^2	900	312	280 800
乳胶漆Ⅰ	45 kg	桶	300	335	100 500
乳胶漆Ⅱ	45 kg	桶	300	375	112 500
硝基漆	45 kg	桶	300	410	123 000
武汉二厂电线	1. 5m^2	卷	300	192	57 600
武汉二厂电线	2. 5m^2	卷	300	192	57 600
复合地板		m^2	280	243	68 040
轻钢龙骨		m^2	4 000	38	152 000
布面石膏板		张	1 500	98	147 000
更换单开门		樘	2 300	4	9 200
更换双开门		樘	4 800	6	28 800

续表

产品名称	规格型号	单位	数量	单价/元	总价/元
造型背景墙		m^2	480	320	153 600
玻璃隔断		m^2	362	157	56 834
单面石膏板隔断		m^2	287	150	43 050
五金配件		套	22	5 600	123 200
钢化玻璃弹簧门	800 mm×2 200 mm	扇	16	2 200	35 200
钢化玻璃电动梭门	800 mm×2 200 mm	套	17	23 000	391 000
成品单开门	800 mm×2 200 mm	套	36	1 800	64 800
成品双开门	1 600 mm×2 200 mm	套	12	3 200	38 400
拉篮		套	380	890	338 200
水槽		套	380	780	296 400
卫生间银镜		面	60	560	33 600
墙砖		m^2	900	240	216 000
弱电机箱		套	14	26 000	364 000
强点空开箱		套	47	860	40 420
纸面石膏板造型吊顶		m^2	4 400	180	792 000
合计（大写）	伍佰贰拾玖万贰仟柒佰肆拾肆元（小写）¥5 292 744.00				

第二条　乙方提供的产品应该符合下列质量要求

1. 乙方须提供全新的货物（含零部件、配件等），表面无划伤、无碰撞痕迹，且权属清楚，不得侵害他人的知识产权。

2. 货物必须符合或优于国家规定的“装饰装修材料有害物质限量”的环保标准，以及国家和行业规定的其他质量要求、技术指标与出厂标准。

3. 乙方对其产品保修，保修期为＿壹＿年，在保修期内出现产品质量问题，乙方应负责三包（包修、包换、包退），费用由乙方负担，保修期满后甲方享有终身成本价维修服务。产品质量出现问题，甲方同时有权利解除合同，另选其他供货商。

第三条　交货时间与地点

1. 乙方负责将货物运送至约定地点，承担相应运输、保管、装卸费用，并在货物交付给甲方前承担风险责任，甲方在交货地点对产品数量、外观检查后验收，对于产品质量不合格或不符合合同约定的，甲方有权拒收，由乙方承担因此而产生的相关费用。

2. 货物需要安装调试的，乙方负责安装调试并承担相关费用，甲方在安装调试完毕后10个工作日内验收。乙方在安装调试过程中应妥善小心，如果对甲方造成损失，应当承担赔偿责任。

3. 货物需要安装调试的，乙方应派遣技术人员按合同规定的日程内完成安装和调试工作，并对甲方人员进行技术指导，保证使“采购物品”达到预定的性能指标。

4. 在安装调试过程中，甲方应提供各种配合条件及辅助人员，在乙方技术人员的指导下配合乙方进行安装、调试和其他辅助工作。

第四条　付款方式

本合同付款方式选择如下：

乙方在货物交付给甲方并验收合格后，凭发票要求甲方支付货款。甲方在收到货物后__30__天内结清货款。

第五条　违约责任

甲方责任：

1. 甲方如中途变更产品品种、规格、质量或包装的规格，应提前通知乙方，经乙方同意，可以重新签订书面合同。

2. 甲方如中途退货，应事先与乙方协商，乙方同意退货的，应由甲方偿付乙方退货部分货款总值__5%__的违约金。乙方不同意退货的，甲方仍须按合同规定收货，产品质量不符合国家标准、行业规定及合同约定的情形除外。

3. 甲方如未按合同约定日期向乙方付款，每延期一天，应按延期付款总额万分之__壹__计算付给乙方，作为延期付款违约金。

乙方责任：

1. 产品品种、规格、质量不符合本合同规定时，乙方应在24小时内负责保修、保退、保换，并承担因此给甲方造成的全部损失。如果乙方逾期不予保修、保退、保换或者产品在保修、保退、保换一次后仍然出现质量问题，则甲方有权解除合同，同时由乙方向甲方支付总货款的__10%__（比例）的违约金。

2. 乙方应在合同约定的交货时间及地点交货，如果乙方逾期交货，则每逾期一天，乙方应按总货款的__1‰__（比例）计算向甲方偿付逾期交货的违约金。

3. 乙方未按本合同规定的产品数量交货时，少交的部分，甲方如果需要，应照数补交。甲方如不需要，可以退货。由于退货所造成的损失，由乙方承担。如甲方需要而乙方不能交货，则乙方应付给甲方不能交货部分货款总值的__10%__的违约金。

第六条　免责条款

甲、乙任何一方如确因不可抗力的原因，不能履行本合同时，应及时向对方通知不能履行或须延期履行或部分履行合同的理由。在取得有关机构证明后，本合同可以不履行或延期履行或部分履行，并全部或者部分免予承担违约责任。

第七条　合同争议解决方式

本合同在执行中如发生争议或纠纷，甲、乙双方应协商解决，也可由合同签订地工商行政管理部门调解。协商或调解不成的，可向合同签订地人民法院提起诉讼。

第八条 合同生效

本合同一式<u>贰</u>份，甲乙双方各持<u>壹</u>份，自双方签字盖章之日起生效。本合同在执行期间，如有未尽事宜，可由甲乙双方协商，签订补充协议，具有同等效力。

甲方：	乙方：
地址：	地址：
电话：	电话：
授权代表签字：	授权代表签字：
（单位盖章）	（单位盖章）
年 月 日	年 月 日

任务二 采购合同的执行

案例导入

某市百货公司4月25日发函给A市服装厂，希望购买2 500套儿童夏装，并附有型号、质量要求和价格，要求在5月25日前一次交货。A市服装厂4月30日回电同意。百货公司即派出采购员持委托书和已盖章的合同前去A市服装厂签订合同，双方按电函协商的内容签订合同，5月1日服装厂在合同上加盖公章。5月30日服装厂仍未能交货，百货公司即电告对方，因对方逾期使该批服装赶不上六一儿童节，影响销路，要求将2 500套改为1 000套。服装厂认为百货公司无权单方面变更合同，未予理睬，并于6月18日将2 500套夏装如数发出。百货公司拒收2 500套夏装。

☞ 案例思考

百货公司与服装厂的买卖合同是否成立？如果成立，则是何时成立的？

知识准备

一、采购合同的风险

采购合同是企业与供应商签订的关于供需关系的法律性文件，是双方合作的法律基础。妥善的采购合同管理，是防范采购合同风险、维护企业利益的重要保障，采购人员必须依据相关的法律法规及企业合同管理的规定，对采购合同进行有效管理，避免采购合同风险。

（一）合同主体的风险

（1）合同相对人不具备相应资信和能力。

（2）合同相对人为法人的职能部门、未办理营业执照的分支机构或直属机构，缺乏履约能力。

（3）合同相对人无代理权、超越代理权或代理权过期。

（4）我方代理人未经授权或授权终止后仍进行签约。

（二）合同标的的风险

（1）合同标的不合法。

（2）合同标的不可能给付。

（3）合同标的不确定。

（4）实际交付的标的与合同约定的标的不符。

（三）合同权利义务的风险

（1）合同权利义务约定不清，对标的物数量、质量、包装、运输、风险、检验标准或是检验期间等缺乏明确约定。

（2）对法律规定的义务认识不清。

（3）对自身的权利没有充分认识，无法充分保护自身利益。

（四）合同履行的风险

（1）没有按照约定全面履行义务，或是没有按诚实信用原则履行合同义务。

（2）没有充分利用合同履行中的抗辩权。

（3）合同变更、转让或解除时没有履行相关法律程序。

（五）违约的风险

（1）未按合同约定的时间、金额支付价款。

（2）逾期交付、提取标的物。

（3）未按约定的方式、地点、数量、质量等履行合同。

（4）未尽到通知、保密、协助等附随义务。

（5）对方违约时未采取合理措施防止损失扩大。

（6）我方未充分行使违约救济权利。

（六）合同档案管理的风险

《民法典》里很多权利的行使有一定的年限规定，因此合同档案至少要保留到这些权利行使期结束。

（1）合同相对方可能行使撤销权。

（2）买卖合同中标的物存在质量保证期的，可能需要承担责任。

（3）买卖合同中标的物没有质量保证期的，需承担瑕疵担保责任。

（4）合同争议存在诉讼时效。

（5）与其他未履行完毕的合同可能存在关联性。

知识拓展

《中华人民共和国民法典》摘录

第五百四十一条　撤销权自债权人知道或者应当知道撤销事由之日起一年内行使。自债务人的行为发生之日起五年内没有行使撤销权的，该撤销权消灭。

第五百九十四条　因国际货物买卖合同和技术进出口合同争议提起诉讼或者申请仲裁的期限为四年。

第六百二十一条　当事人约定检验期间的，买受人应当在检验期间内将标的物的数量或者质量不符合约定的情形通知出卖人。买受人怠于通知的，视出标的物的数量或者质量符合约定。

当事人没有约定检验期间的，买受人应当在发现或者应当发现标的物的数量或者质量不符合约定的合理期间内通知出卖人。买受人在合理期间内未通知或者自标的物收到之日起两年内未通知出卖人的，视为标的物的数量或者质量符合约定；但是，但对标的物有质量保证期的，适用质量保质期，不适用该二年的规定。

出卖人知道或者应当知道提供的标的物不符合约定的，买受人不受前两款规定的通知时间的限制。

二、采购合同资格审查

合同依法订立后，双方必须依法严格执行。因此采购人员在签订合同之前，必须审查供应商的合同资格、资信及履约能力，按法律要求，逐条订立合同的必备条款。

（一）订立合同的资格审查

审查供应商的合同资格。为了避免与不具备签订合同资格的个人或组织签订合同，以免日后发生不必要的经济纠纷，必须审查供应商是否属于经国家审批程序成立的法人组织。

1. 法人资格审查

没有取得法人资格的社会组织或已被吊销营业执照、取消法人资格的企业或组织，无权签订购销合同。尤其要特别警惕根本没有办理工商登记手续或未经批准的所谓公司，他们或私刻公章冒充法人，或假借他人名义订立合同，旨在骗取采购方的资金。同时，要注意识别那些没有设备、技术、资金和组织机构的“四无”企业，他们往往在申请营业执照时弄虚作假，以假验资、假机构骗取营业执照，虽签订供货合同并收取货款或订金，但根本不具备供货能力。

2. 法人能力审查

法人能力审查主要是审查供应商的经营活动是否超出营业执照批准的范围。超越业务范围的合同属于无效合同。法人能力审查还包括对签约的具体经办人的审查，购销合同必须由法人的法定代表人或法定代表人授权的承办人签订。承办人在代表法人代表签订合同时应出示身份证、法人代表的委托书和营业执照或副本。

(二) 供应商的资信和履约能力审查

资信，即资金和信用。审查供方当事人的资信情况，了解供应商对供货合同的履约能力，对于确定购销合同中的权利义务条款具有非常重要的作用。

1. 资信审查

对于资信的审查，一方面要求供应商要有固定的生产经营场所、生产设备和与生产经营规模相适应的资金，这是法人对外签订供货合同起码的物质基础。同时，要注意审查其历史上的资信情况，在历史上是否信守承诺，是否有过对需求者及工商财税等部门的不诚信行为。

2. 履约能力审查

履约能力是指除资信以外的技术和生产能力、原材料及能源供应工艺流程、加工能力、产品质量和经营管理水平等方面的综合情况。总之，就是要了解对方有没有履行合同所必需的人力、物力和财力保证。

思考：为什么在合同签订之前要做合同资格审查，如果没有进行合同资格审查就签订合同，会有哪些风险?

知识拓展

合同签字盖章了就一定生效吗?

已经签字盖章的合同一定生效吗?答案是不一定，还须考虑合同的有效性。有些合同是有效合同；有些合同自始至终无效；有些合同默认有效，但允许撤销；有些合同默认无效，但必须申请才能有效。合同有效的标准有以下几点：

(1) 主体适格，即当事人在订立合同时具备相应的民事权利能力和民事行为能力，在主体资格上不存在瑕疵。

(2) 合同内容合理合法，合同内容符合法律法规的强制性规定和公序良俗。

(3) 当事人意思不存在瑕疵，即当事人意思表示真实。

以上三条是“同时”关系，当至少其中一条不成立时，就会出现合同不有效的情况，但合同不有效并不等于合同无效，它包含三种情况：无效合同、可撤销合同和效力待定合同。

1. 无效合同

根据《民法典》，如有以下情形之一的，合同被视为无效。

① 一方以欺诈、胁迫的手段订立合同，损害国家利益。

② 恶意串通，损害国家、集体或者第三人利益。

③ 以合法形式掩盖非法目的。

④ 损害社会公共利益。

⑤ 违反法律、行政法规的强制性规定。

2. 可撤销合同

这类合同是指在订立时，当事人的意思表示不真实，或一方当事人是使对方在违背真实意思的情况下签订的合同。可撤销的合同是一种相对无效的合同。

可撤销的合同有如下三种情况：

(1) 重大误解的合同。

(2) 显失公平的合同。

(3) 欺诈、胁迫的合同。

3. 效力待定合同

(1) 需批准、登记方能生效的合同。法律、行政法规规定应当办理批准、登记等手续生效的，依照其规定批准登记后生效。

(2) 限制民事行为能力人订立的合同经法定代理人追认后，合同有效。但纯获利益的合同或与其年龄、智力、精神状况相适应而订立的合同，不必经法定代理人追认。

(3) 无权代理签订的合同。没有代理权、超越代理权或代理权终止后以被代理人名义订立的合同，未经被代理人追认的、对被代理不发生法律效力的，由行为人承担责任。

(4) 无处分权人订立的合同。无处分权的人处分他人财产，经权利人追认或无处分权的人订立合同后取得处分权的，合同有效。

三、采购合同的签订

为了确保采购合同的充分履行，企业在签订采购合同时，也需遵守相应的原则和程序。

(一) 采购合同的签订原则

(1) 合同当事人必须具备法人资格。

(2) 合同内容必须符合相关法律法规。

(3) 坚持平等互利、充分协商的原则。

(4) 坚持等价、有偿的原则。

(5) 当事人应以自己的名义签订合同；如委托他人代签，需提供有效的委托证明。

(6) 采用书面形式签订合同。

(二) 采购合同的签订流程

采购双方对采购合同内容进行充分协商，达成一致后就可以签订书面协议。采购合同的签订分为以下 5 个步骤。

1. 订约提议

订约提议，也称要约，是指企业向对方提出的签订经济合同的要求或建议，其中包含了订立合同必备的主要条款及答复期限。在答复期限内，企业受要约约束，不可更改已提出的各项条款。

2. 接受提议

在答复期限内，如果对方接受提议，则表示双方对合同的主要内容意见一致。此时，双方即可签署书面契约——采购合同。

需要注意的是，采购合同的内容不能附带任何条件。如果附带其他条件，则视为对方拒绝要约，要约人需要重新提出要约，再重新协商。这一过程，其实就是采购双方就合同内容进行反复协商的过程。

3. 填写合同文本

填写合同文本时要注意格式。

（1）货物品种名称，一定要写全，不要简称。

（2）数量，按不同规格分开写，必要时标注大写。

（3）价格，按不同规格分开写。

（4）交货方式，自提、送货要注明，送货地点、时间要写清，是付费送货还是免费送货要注明。

（5）付款方式，可以先付一点定金，余款在到货验收合格后再付现金支票或限定期限内付清均可。

4. 履行签约手续

双方要按照合同文本的规定事项履行相关的签约手续。具体的手续也可由双方协商而定。

5. 报请公证机关或鉴证机关办理公证或鉴证

有的经济合同，法律规定还应获得主管部门的批准或工商行政管理部门的签证。如没有规定必须进行公证或鉴证，双方可协商是否办理公证或鉴证。

从整个采购的过程来看，采购合同的签订流程如图 7-2 所示。

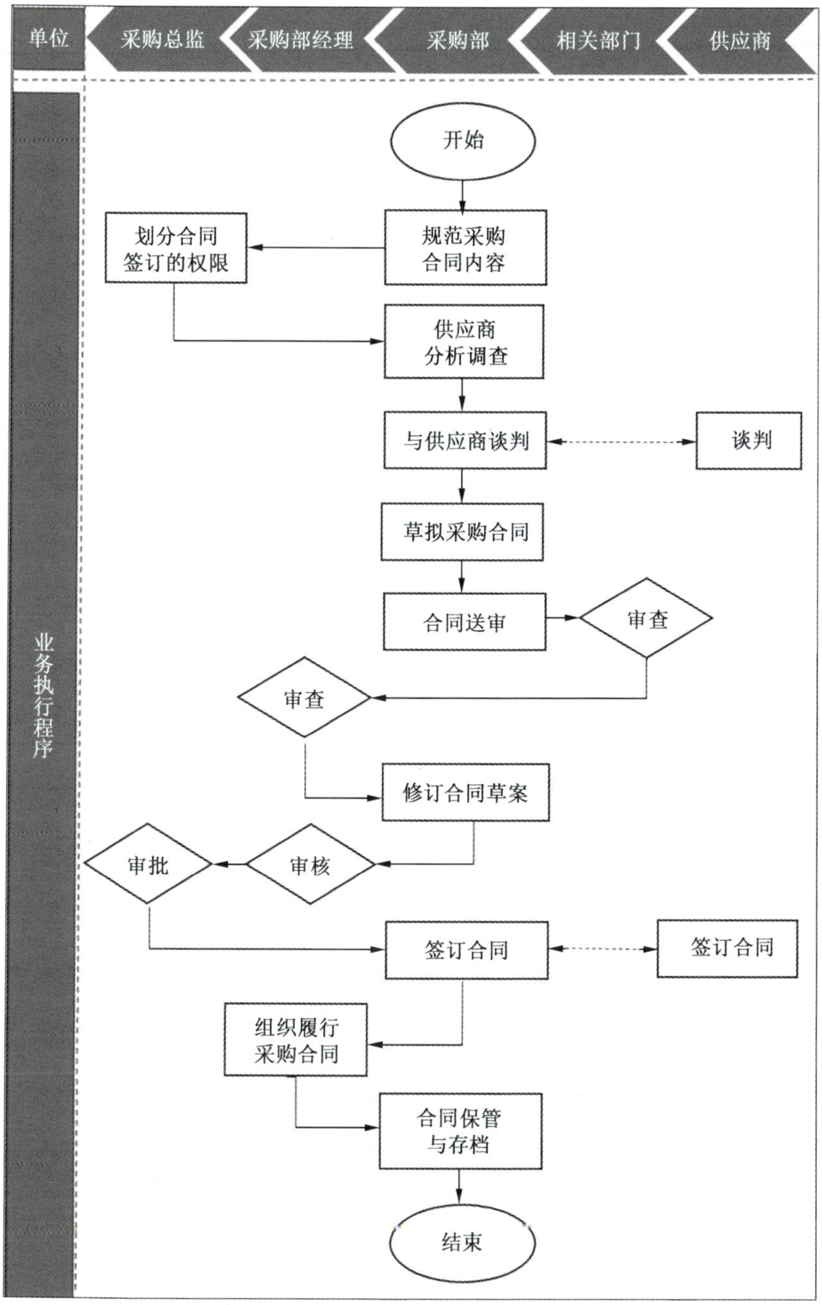

图 7-2　采购合同签订流程

思考：在签订采购合同过程中需要遵循哪些原则？

知识拓展

没有签字盖章，合同就一定不成立吗？

要约和承诺成立的形式可以是什么？外国人喜欢签字，中国人习惯盖章，最好是签字加盖章。如果只盖章，怕出了事情找不到具体负责的人，如果只签字，是能找到人，但又担心签字的这个人是否被公司授权了，盖章就意味着公司的授权。《民法典》规定，不管采用什么方式，只要明确表示就行了，合同上的签字或者盖章都属于明确的表示，只要有一个就可以，没说一定要签字并且盖章。

还有一种情况，就是合同虽然既没有签字也没盖章，但是供应商已经按合同条款交货，我方也接受了。这种情况按《民法典》的规定，合同是成立的。

实例展示

A公司与B公司签订一份服装的买卖合同，双方口头约定：待B先寄出样品，A公司确认后在合同上盖章，并将合同寄回B公司。后来B公司未寄样品，A也未在合同上盖章，双方交货付款。后A公司因销售服装困难，提出合同未盖章，属于无效合同，要求退货。

请分析以下哪个判断正确？

（1）合同无效，A可以退货。

（2）合同无效，但A无权要求退货，因为已经交货并付款，买卖关系已经成立。

（3）合同成立，已履约部分不再返还。

（4）合同未成立，A可以退货。

四、采购合同的履行

在采购合同的履行过程中，企业应对合同履行情况进行记录和监督，并保留能够证明合同履行情况的原始凭证。企业要实时掌握物资采购供应的情况，确保采购合同的有效履行，使采购物资能够按时、按质、按量供应。

（一）采购合同履行的一般规则

在采购合同生效后，如果采购双方在质量、价格、履行期限和地点等内容没有约定或者约定不明确的，可以添加补充协议；不能达成补充协议的，按照合同有关条款或者交易习惯确定。如果按照合同有关条款或交易习惯仍不能确定的，适用下列规定：

（1）质量要求不明确的，按照国家标准、行业标准履行；没有国家标准、行业标准的，按照通常标准或者符合合同目的的特定标准履行。

（2）价格不明确的，按照订立合同时履行地的市场价格履行；依法应当执行政府定价或者政府指导价的，按规定履行。

（3）履行期限不明确的，债务人可以随时履行，债权人也可以随时要求履行，但应当给对方必要的准备时间。

（4）履行地点不明确的，在履行义务一方所在地履行。

（5）履行方式不明确的，按照有利于实现合同目的的方式履行。

（6）履行费用的负担不明确的，由履行义务一方负担。

实例展示

明日制造公司的合同纠纷

2018年3月6日，明日制造公司（以下简称“甲方”）与南方金属材料公司（以下简称“乙方”）签订供货合同，其中，20 mm Q235钢板400吨（已交货350吨）、50540硅钢片500吨（已交货400吨）。乙方承诺，余下部分于2019年2月中旬交货。经过双方的艰苦谈判，对产品标准、交货时间、质量免责条件及期限、验收标准和方法、结算方式及期限、定金支付、争议解决方式都做了约定。时至交货时间，甲方不见所购货物，向乙方催货，乙方答复，合同没有约定交货地点，认为甲方应到乙方提货。

思考：上述案例中，货物的交付地点在哪里？

（二）采购合同履行中应注意的问题

把好合同签订的第一关，可以有效地降低合同履行过程中的风险。在合同履行中，还应注意以下几个问题。

1. 严格按照合同规定履行义务

公司首先应保质、保量，在约定的时间内履行自己的义务，不给对方留下任何不付款或延迟付款的借口或理由。

2. 合同的变更、解除应书面提出或书面答复

合同履行过程中，由于意外情况、不可抗力和其他因素，往往会涉及合同的变更与解除。一方要以传真、信函等书面形式提出，另一方无论同意与否都要用书面形式，切记不可口头答复。

3. 合同履行过程中应保持公司名称一致

在检查合同时，经常会发现公司经营中“一套人马，几块牌子”的情况出现。例如，合同签署是“南京A公司”，履行过程中往来函件却是“A（南京）公司”，名称未能保持一致。看起来好像没什么区别，但上述两公司均是独立法人，各自承担独立民事责任，名称使用混乱，只会给公司在追索和诉讼时增加麻烦。在履行合同时，必须注意合同文本、往来信函、传真、出货单、发票等文件上公司名称应保持一致，不可随意使用。

4. 密切关注对方履行状态，及时行使抗辩权

在合同履行过程中，我们应密切关注对方的履行状况及资信情况，不能合

同一签就万事大吉，一旦发现对方经济状况不佳或有其他可能导致其无法履行合同义务的情况，应及时行使抗辩权。行使抗辩权有以下几种方式：

（1）同时履行抗辩权。

当合同的当事人互负债务，没有先后履行顺序的，应当同时履行。一方在对方履行之前有权拒绝其履行要求。一方在对方履行债务不符合约定时，有权拒绝其相应的履行要求。

例如，约定交货时付款，就应一手交钱，一手交货，对方不交货或不交足货，就无权要求另一方付款。

（2）先履行抗辩权。

当合同的当事人互负债务，有先后履行顺序，先履行一方未履行的，后履行一方有权拒绝其履行要求。先履行一方债务不符合规定的，后履行一方有权拒绝其相应要求的履行要求。

例如，合同约定，买方于某年 1 月付款，卖方于同年 6 月发货。如果买方到期不付款，卖方到期也可以不供货。不供货的原因，在于买方未付款。此种情况不能视为双方违约，而应认定买方违约，卖方因对方违约而行使抗辩权。

（3）不履行抗辩权。

当合同的当事人一方应当先履行债务，但是其有确切的证据证明对方有经营状况严重恶化，或转移财产，抽逃资金以躲避债务，或丧失商业信誉，或有丧失或者可能丧失履行债务能力等情形时，可以中止履行。

例如，买方约定买方收到货物后 30 天内付款，但卖方在生产货物时，就发现对方濒临破产或已人去楼空，法律这时赋予卖方的权利就是可以中止履行，等买方状况好转或提供了担保，卖方才继续履行，但卖方中止履行应及时书面告知买方。

5. 留置权的行使

《民法典》赋予承揽合同中的承揽人等留置权。如果定作人未支付报酬，承揽人有权扣留定作物，并要求定作人在通知的合理期限内支付款项，期满未支付的，定作人有权变卖定作物。

实例展示

甲、乙两公司签订钢材购买合同，合同约定：乙公司向甲公司提供钢材，总价款 500 万元。甲公司预支价款 200 万元。在甲公司即将支付预付款前，得知乙公司因经营不善，无法交付钢材，并有确切证据证明。于是，甲公司拒绝支付预付款，除非乙公司能提供一定的担保，乙公司拒绝提供担保。为此，双方发生纠纷并诉至法院。

思考：甲公司拒绝支付预付款是否合法？如若合法，法律依据是什么？甲公司行使的是什么权利？若行使该权利必须具备什么条件？

知识拓展

采购合同的效力

采购合同是确保采购活动正常进行的重要法律文件，因此，采购人员必须注意采购合同中的各个细节，确保采购合同在履行过程中的效力。

1. 合同签章

合同签章是确保采购合同效力的重要细节。在合同签章环节，当事人必须使用企业公章或合同章，不能使用财务章或其他专用章。

特别需要注意的是，虽然法人签字原则上也是有效的，但可能引发相关法律风险。

2. 合同修改

在合同签订之后，任何一方想要对合同进行修改，都必须告知对方，双方协商一致后，重新签订合同；或在原合同上进行修改或补充，并在修改处加盖双方公章。

3. 格式条款

格式条款是企业为了重复使用而预先拟定的各项条款，在签订合同时，双方通常不会对格式条款进行充分协商，这也可能导致合同被认定为无效。

根据相关规定，如果格式条款存在免除自身责任、加重对方责任、排除对方主要权利的情况，这一条款即为无效。

此外，如果手写条款与格式条款存在冲突，一般以手写条款为准，因为手写条款更能反映当事人的真实意愿。

任务三　采购订单管理与货款结算

案例导入

国务院出手治理拖欠货款问题

2020 年 7 月 18 日，国务院公布《保障中小企业款项支付条例》，自 2020 年 9 月 1 日起施行，对付款期限做出明确规定。

上述条例要求机关、事业单位从中小企业采购货物、工程、服务，应当自货物、工程、服务交付之日起 30 日内支付款项，合同另有约定的，付款期限最长不得超过 60 日。

机关、事业单位和大型企业不得要求中小企业接受不合理的付款期限、方式、条件和违约责任等交易条件，不得违约拖欠中小企业的货物、工程、服务款项。

根据人民日报消息，工业和信息化部副部长辛国斌表示，截至 2019 年 12

月底，各级政府部门和大型国有企业共梳理出拖欠民营企业、小微企业账款8 900多亿元，当时已清偿6 600多亿元，清偿进度约75%。

对剩余欠款的分析显示，其中无分歧欠款占八成以上。这些欠款大多都是陈年旧账，成因特别复杂，加上有的地方财力相对紧张，一些拖欠企业生产经营困难，所以后期的清欠任务应该都是难啃的硬骨头。

☞ **案例思考**

国务院为什么要出台此项规定？这对我国中小企业发展有何影响？

知识准备

采购合同签订后，采购人员即可根据本企业生产、经营的需要，按照各部门的采购申请或采购计划制作订单，定期向供应商出具采购订单，并进行订单的跟踪与执行，直到供应商发货、结款，订单执行完毕为止。

一、出具采购订单的环节

（一）发出采购订单

正式的采购订单按照企业的相关规定编号后，由负责相应货品采购的采购人员以适当的形式，如传真、快递、电子邮件等方式将采购订单发送给供应商实施采购工作。

（二）确认采购订单

采购人员应通过电话等形式及时向供应商确认其是否收到采购订单。因为如果对方没有表示接收，则发出的采购订单并不能构成一项合同，采购事项无效。另外只有当采购订单被确认接收之后，采购方才能确信在约定的日期供应商将发货。如果发货日期不确定，采购方在进行任何有效行动之前都必须了解一些确切的信息。

（三）编制采购记录

采购订单确认接收后，采购人员应就同期所采购的货品、物料编制采购记录，填写采购记录表，以便供应商交货时对照采购记录进行接货检查。

二、采购订单的跟踪

跟踪采购订单是采购人员的重要职责。采购人员对采购订单执行的全部过程进行跟踪检查，以保证采购订单的正常履行，跟踪的目的有三个方面：促进合同正常执行；满足企业生产经营的物料需求；保持合理的库存水平。

在实际订单操作过程中，合同、需求、库存三者之间会相互产生矛盾，突出表现为因各种原因合同难以执行，需求不能满足导致缺料、库存难以控制。恰当地处理供应、需求、缓冲余量之间的关系是衡量采购人员能力的关键指标。

（一）采购订单执行前的跟踪

当一个订单发出之后，供应商是否接受订单，是否及时确认等都是采购人员要及时了解的情况。在采购市场中，往往同一物料有多家供应商可供选择，独家供应的情况是很个别的。虽然每个供应商都有分配比例，但是在具体操作时还可能会遇到供应商因为各种原因拒绝接受订单的情况。由于时间的变化，供应商可能要提出改变“认证合同条款”，包括价格、质量、货期等，作为采购人员应该充分与供应商进行沟通，确保供应商有效接收采购订单，并确认订单信息。

（二）采购订单执行中的跟踪

供应商确认采购订单后，采购订单是具有法律效力的，采购人员应该全力跟踪，确实需要变更时要征得供应商的同意，不可一意孤行。在订单执行过程中，要把握以下事项：

1. 严密跟踪

严密跟踪供应商准备物料的详细过程，保证采购正常进行。如果发现问题要及时反馈，需要中途变更的要立即解决，不能够在这方面耽误时间。不同种类的物料，其准备过程也不同，总体上可以分为两类：一类是供应商需要按照样品或图纸定制的物料，存在加工过程、周期比较长，出现问题概率大的情况；另一类是供应商有库存，不存在加工过程，周期也相对比较短，不容易出现问题。在这种情况下，前者跟踪的过程就比较复杂，后者相对比较简单。

2. 快速响应生产需求形势

如果市场生产需求紧急，要求本批物料立即到货，采购人员就应该马上与供应商进行协调，必要时还应该帮助供应商解决疑难问题，保证需求物料的准时供应。现在我们往往与供应商建立起战略伙伴关系，正是为了满足这类紧急需求。有时市场需求出现滞销，企业经过研究决定延缓或取消本次订单物料供应，采购人员也应该立即与供应商进行沟通，确认可以承受的延缓时间，或者终止本次采购操作，同时应该给供应商相应的赔款。

3. 慎重处理库存

库存水平在某种程度上体现了企业管理人员的水平。既不能让生产缺料，又要保持最低的库存水平，这确实是一项非常具有挑战性的任务。库存问题不仅与采购人员的管理水平有关，还与采购环境的柔性有关，这方面会反映出认证人员的水平，另外库存问题也与计划人员有关。

4. 控制好物料验收环节

物料到达订单规定的交货地点，对于境内供应商来说，一般是指到达企业的材料库房，对境外供应商来说，交货一般是指到达企业的国际物流中转中心。境外交货的情况下，供应商在交货之前会将到货情况表单传真给采购人员，采购人员必须按照原先所下的订单对到货的物品、批量、单价及总金额等进行确认，并进行录入归档，开始办理付款手续。这方面的常识是：境外物料的付款条件可能是预付款或即期付款，一般不采用延期付款。由于与供应商进行一手交钱一手交货的方式，因此要求采购人员必须在交货前把付款手续办妥。

（三）采购订单执行后的跟踪

1. 货款支付跟踪

在按照合同规定的支付条款对供应商进行付款后，需要进行合同跟踪。订单执行完毕的条件之一是供应商收到本次订单的货款，如果供应商未收到货款，采购人员有责任督促财务人员按照流程规定加快操作，否则会影响企业的信誉。

2. 货品使用质量跟踪

所购物料在运输或者使用过程中，可能会出现一些问题，偶发性的小问题可由采购人员或者现场检验人员与供应商进行联系后解决，重要的问题可由质量管理人员鉴定后，根据出现的问题责任来确定解决方案，由采购人员及时与供应商沟通协调后解决。

采购合同的跟踪还有几点需要进行补充说明：

（1）在合同跟踪过程中，要注意货品的质量、货期等的变化情况。需要对认证合同的条款进行修改的，要及时提醒认证办理人员，以利于订单操作。

（2）注意做好合同、各类经验数据的分类保存工作。如采用计算机软件系统进行管理的，要将合同进展情况录入计算机中，借助计算机自动处理跟踪合同。

（3）供应商的历史表现数据对订单下达以及合同跟踪具有重要的参考价值，因此应当注意利用好供应商的历史情况，以此来决定对其实施的订单的跟踪办法。对采购环境中供应商表现数据的掌握情况，是衡量采购人员水平的一个重要指标。

思考：为什么要对采购合同进行跟踪？不同的供应商采用的跟踪方法相同吗？

三、采购货款的结算

在采购过程中，货款的结算支付是重要环节，如果货款支付条款没有和供应商谈妥，会导致双方关系的恶化，会给以后的采购工作带来不便。因此，采购人员确认采购合同的时候，一定要注意这些方面。

在采购合同中，付款的条件包括支付工具、付款方式、支付时间等。

（一）常用的支付工具

常用的支付工具有货币和票据两种，但货币作为一种支付工具较少使用，在企业采购结算中主要的支付工具是票据。票据是各国通行的结算工具和信用工具，它主要包括汇票、本票和支票。

1. 汇票

汇票是出票人向付款人签发的，要求付款人在见票时或者在指定日期无条件支付确定金额给收款人或持票人的票据。

2. 本票

本票是出票人签发的，承诺自己在见票时，无条件支付确定金额给收款人或持票人的票据。

3. 支票

支票是出票人签发的，委托办理支票存款业务的银行或其他金融机构，在见票时，无条件支付确定金额给收款人或持票人的票据。

（二）常用的付款方式

在采购中，常用的付款方式有货到付款、预付款、分期付款和延期付款四种。

1. 货到付款

在采购过程中，采购方与供应商协商好商品的价格，及时进行货币和货物交换的一种方式，就是通常我们所说的“一手交钱，一手交货”。在与供应商签订的合同条款中，往往会写清货到后的付款时间。企业往往在采购中还会采用月结、季结的方式，但是这样的付款方式往往会给供应商带来资金压力，一般只有长期合作的供应商、供应链协作伙伴才会接受签订这样的合同付款条约。

2. 预付款

预付款是采购企业按照采购合同约定，预付给供应商货款的一种支付方式，其目的主要是为了获得稳定的供应，有时也为了解决供应商周转资金短缺问题。

预付货款适用于市场供应紧张、生产周期较长、其价格受市场供求关系的影响波动较大的物资的采购。采购人员应与供应商签订正式的采购合同或协议，以备在发生违约情况时利用法律手段解决。

预付货款的办理程序如图 7-3 所示。

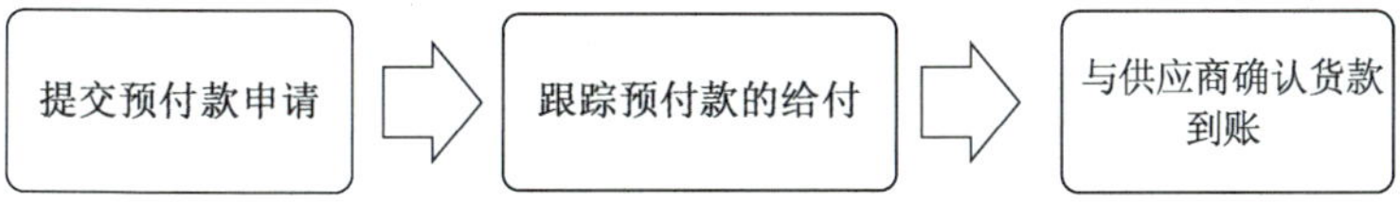

图 7-3　预付货款办理程序

3. 分期付款

分期付款是指在所采购的产品投产前即交付部分订金，在产品生产的不同阶段再分期支付余下货款，最后一笔货款一般是在交货或卖方承担的质量保证期满时付清。分期付款的办理程序如图 7-4 所示。

图 7-4　分期付款办理程序

（1）提交分期付款申请。

办理分期付款，采购人员首先应向财务结算部门提交采购资金支付申请，摘要栏中注明所购货物名称、发票号码和采购计划文号、序号等。同时，随附采购合同等相关证件资料。

（2）支付首付款。

分期付款申请提交后，采购人员应跟踪申请的审批情况，及时了解付款情况。当财务按照本企业规定，办理完首付款支付手续后，应及时通知采购人员，以便采购人员及时与供应商联络货款到账情况，并督促执行采购合同。

（3）按约定分期付款。

按照合同约定，第一批货物在供应商按时交货后，经验收合格，采购人员应及时向企业财务部门提交采购资金分期付款申请表，随附采购货物验收单，申领当期应付货款，及时与供应商结款，保证采购工作的顺利进行。

4. 延期付款

延期付款是一种赊销的形式，是通过提供中长期信贷以推动出口，尤其是机器设备出口的一种支付方式。在购买成套设备和进行大宗交易的情况下，由于成交金额较大，采购方一时难以支付全部货款，可采用延期付款的办法。

延期付款的具体操作流程如图 7-5 所示。

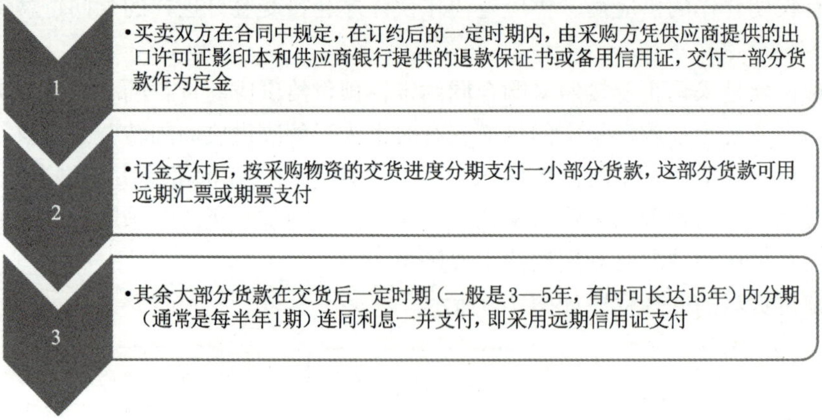

图 7-5　延期付款的具体操作流程

一般情况下，按照合同金额大小及供应期间的长短，货款支付可分为几期，例如，第一期款为预定期（订金），签订合约并办理保证，经认可后给付，其数额以不超过采购总价 30% 为限；第二期款，供应进度至一半或物料运抵企业时再付采购总价的 40%；第三期款（尾款），在物资运抵采购方经验收合格后给付，但末期应不少于采购总价的 10%。

思考： 为什么企业在采购中，对不同供应商、不同物品的付款方式、付款时间可以多样？

（三）采购付款的操作步骤

1. 查询物品入库信息

通常在国外采购项目中，物品一到指定的交易地点，就必须完成付款手续及开具付款票据，在物品验收后对供应商支付款项。但在国内，付款操作一般是在物品检验通过并且完成入库操作后进行的，所以订单操作人员要查询物品入库信息，并对已经入库的物品办理付款手续。对于长期采购的供应商，还可以采用谈判达成一定的付款周期。

2. 准备付款申请单据

对于国内供应商的付款，应拟制付款申请单，并随附合同、发票、物品检验单、物品入库单等。作为付款人员要注意：5 份单据（付款申请单、合同、发票、物品检验单和物品入库单）中的合同编号、物品名称、单价、总价、数量必须和供应商一致。

3. 付款审批

付款审批包括三方面内容，由具体管理人员或财务部专职人员负责。

（1）数据的真实性。包括发票的真假鉴别，物品检验单、物品入库单真假识别等。

（2）单据的匹配性。即付款申请单、合同、发票、物品检验单、物品入库单中的合同编号、物品名称、数量、单价、总价必须和供应商一致。

（3）单据的规范性。发票、付款申请单要求格式标准统一、描述清楚。

4. 资金平衡

在企业的采购过程中，企业必须合理利用资金，要综合考虑物品的重要性、供应商的付款周期等因素，从而确定付款顺序。而对于不能及时付款的物品，要与供应商进行充分沟通以征得供应商的谅解和同意。

5. 向供应商付款

企业财务部门在接到付款申请单及通知后便可向供应商付款，并提醒其注意收款。

思考：在财务部门进行采购付款前，采购人员需要做哪些确认？

知识拓展

逾期交付、逾期付款时怎么办？

在合同执行过程中，特别容易出现以下两种情况：

（1）供应商逾期交付货物；

（2）买方逾期支付货款。

上述情况都容易发生，当然一般情况下通过协商都能解决。逾期交付，催一催，如果最后也交付了，对买方影响不大，也就算了；但如果影响了买方生产进度，尤其是给买方带来了损失，往往会要求赔偿，具体怎么赔、赔多少，这个在违约条款里有，按合同约定办就行了。

实际工作中，买方逾期提货不是很常见，逾期支付货款的更多，并且这个现象非常普遍。部分民企老板，故意拖欠货款，采购找公司财务要钱，老板还不高兴，常常指责采购。似乎还觉得自己很聪明，尽管合同里写有“逾期支付，支付违约金多少多少”，但实际中真正支付的不多，供应商为了长期合作也就忍了，当然有些聪明的供应商在报价时已经加上了这部分成本。

如果逾期后遇到市场价格发生变化，情况就比较复杂了，这里就有了价格波动带来的风险和可能的纠纷。

供应市场的行情和商品价格是不断变化的，那么如果逾期交付，或者逾期提货，逾期付款，那需要执行什么价格呢？

《民法典》第五百一十三条分三种情况规定得都很清楚：

（1）执行政府定价或者政府指导价的，在合同约定的交付期限内政府价格调整时，按照交付时的价格计价。

（2）逾期交付标的物的，遇价格上涨时，按照原价格执行；价格下降时，按照新价格执行。

（3）逾期提取标的物或者逾期付款的，遇价格上涨时，按照新价格执行；价格下降时，按照原价格执行。

任务四　采购合同纠纷的处理

案例导入

钢材采购合同纠纷

2023年年初，A公司（甲方）与B公司（乙方）签订钢材订购合同。按合同规定，甲方从乙方处购买钢材80吨，用以加工轴承，但甲方购得钢材后在加工过程中发现，轴承产品及半成品都出现不同程度的裂纹。因此，甲方认为乙方违背了合同承诺，要求将全部钢材退回并赔偿损失，乙方却以种种理由推诿，合同纠纷由此产生，且达半年之久未能解决。

☞ 案例思考

1. 在上述案例中，乙方在履行合同义务时存在什么问题？
2. 双方应如何解决此问题？

知识准备

一、采购合同纠纷与合同欺诈

根据《民法典》的相关规定，合同纠纷是指因合同的生效、解释、履行、变更、终止等行为而引起的合同当事人的所有争议。

合同欺诈是以订立合同为手段，以非法占有为目的，用虚构事实或隐瞒真相的欺骗方法骗取公私财物的行为。对于该行为，司法解释为“一方当事人故意告知对方虚假情况，或者故意隐瞒真实情况，诱使对方当事人做出错误的意思表示”。

从两者的定义中可以看出，合同纠纷与合同欺诈虽然都与合同有关，但两者却有着本质的区别（表 7-4）。

表 7-4　合同纠纷和合同欺诈的区别

区别	合同纠纷	合同欺诈
区别一	有履行合同的意愿，但没有履行能力	没有履行合同的实际能力或意愿
区别二	工作失误而给对方造成损失	具有履行能力，故意不履行合同

知识拓展

合同欺诈的形式

合同欺诈在定性上是存在主观恶劣性，是一种违法行为。为了避免在工作中遭遇合同欺诈，我们来了解合同欺诈通常表现为哪些形式。

1. 伪造合同

欺诈人以非法占有为目的，用伪造合同主体、伪造合同内容等手法，凭空捏造或者虚构合同，骗取他人的财物。这既包括伪造合同，直接骗取他人财物，也包括先伪造一份合同，并用此合同引诱他人与之签订合同，骗取财物。

2. 虚构主体

欺诈方伪造营业执照，虚构企业名称、资金、经营范围等，采用根本不存在的或者未经依法登记注册的单位与他人订立合同，骗取他人财物。

3. 虚构担保

欺诈人伪造、变造作废的票据或者虚假的产权证明做担保，引诱他人与之签订合同、履行合同，进而骗取对方的财物。

4. 货物引诱

欺诈方利用一些单位或个人急需某种紧缺或畅销商品的心理，谎称能提供此类紧俏商品，签订虚假的购销合同，骗取对方的定金或预付款。采取该欺诈方法的当事人，一般会伪装成供货商。

5. 谎称专利技术引诱

欺诈方虚构能带来高额利润的专利、高新技术，打着“包教包会”、包设备、包回收、包利润等幌子，引诱对方签订合同，从而连续骗取对方的技术转让费、培训费、设备费等费用。

6. 其他合同欺诈形式

其他常见的合同欺诈形式还有盗用、假冒名义（假冒知名企业的法定代表人或法定代理人、业务负责人，利用伪造的证明文件与对方签订合同），以及虚假广告、信息引诱（欺诈方先发布虚假广告和信息，引诱他人与之签订合同，骗取对方的中介费、立项费等财物）等。

思考：在采购过程中如何避免合同欺诈？

二、采购合同纠纷形式

从合同的效力角度来对合同纠纷进行划分，主要有以下两种。

（一）无效合同纠纷

无效合同纠纷是指因合同的无效而引起的合同当事人之间的争议。如合同无效后，合同当事人因各自返还因合同而取得的财产引起的纠纷，合同无效责任应由哪一方承担，承担多少责任等引起的纠纷。

（二）有效合同纠纷

有效合同纠纷是指在合同生效的前提下，合同当事人因履行合同而发生的争议，包括合同订立后合同当事人对合同内容的解释，合同的履行及违约责任，合同的变更、中止、转让、解除、终止等所发生的一切争议，绝大多数合同纠纷为有效合同纠纷。

三、采购合同纠纷的原因

采购合同的纠纷是由于违反采购合同的责任，即违约责任引起的。违约责任是供需双方中的一方因未履行合约所规定的义务时所应当承担的责任。因当事人的过错，致使合同规定的义务不能履行或不能完全履行，违约方应承担的以民事责任为主的违约责任。违约责任主要有四种行为：当事人有不履行合同义务的行为；当事人有过错；当事人的违约行为给对方造成损失；守约方的损失与违约方的行为有因果关系。

在采购合同的条款中，违约责任条款是非常重要的，双方在签订合同时就争议、违约、索赔和纠纷解决等内容有明确的规定。这些内容主要反映在采购合同的违约责任条款中，如果发生违约的情况，违约责任条款就是一个很好的解决双方纠纷的依据。

采购合同发生纠纷时，采购双方应根据造成损失的原因和事实，按合同规定承担相应的责任。采购活动中的纠纷主要有以下三种原因：

（1）卖方违约，如拒不交货，未按照合同规定的时间、品质、数量、包装交货，货物与单证不符，等等。

（2）买方违约，如未按合同规定的时间付清货款，或未按合同规定的时间、地点提货验收，等等。

（3）双方签订的合同规定不明确、不具体，以致买卖双方对合同条款的理解或解释不一致。

思考：在拟定采购合同时，可以通过哪些具体的条款来避免纠纷呢？

四、采购合同纠纷的解决途径

在采购合同的履行过程中，我们很难保证不出现纠纷。除了逾期与质量问题之外，价格上涨、交货地点改变等违约情况也时有发生。任何一种违约行为都可能引起合同纠纷。对于合同纠纷，当事人可以通过以下途径解决。

（一）协商

合同当事人在友好的基础上，通过相互协商解决纠纷，这是解决合同纠纷的最佳方式。但是，协商往往难以达成一致意见，即使达成一致意见，若不以协议或合同形式确定下来，没有强制执行力，当事人容易反悔。

（二）调解

合同当事人如果不能协商一致，可以要求有关机构进行调解。如一方或双方是国有企业的，可以要求上级机关进行调解。上级机关应在平等的基础上分清是非进行调解，而不能进行行政干预。当事人还可以要求合同管理机关、仲裁机构、人民法院等进行调解。

（三）仲裁

合同当事人协商不成、不愿调解的，可根据合同中规定的仲裁条款或双方在纠纷发生后达成的仲裁协议向仲裁机构申请仲裁。仲裁具有一裁终局的特点，并且仲裁一般不公开审理，双方当事人可以选择仲裁员，仲裁较诉讼比较有效率。

（四）诉讼

如果合同中没有订立仲裁条款，事后也没有达成仲裁协议，合同当事人可以将合同纠纷起诉到人民法院，寻求司法解决。除了上述一般特点之外，有些合同还具有其自愿的特点，如涉外合同纠纷，解决时可能会援引外国法律、而不是中国相关的合同方面的法律。

五、采购合同违约的赔偿

（一）一般违约赔偿

如供应商的违约行为造成的影响较小且容易处理，如质量有小瑕疵、数量有短缺或交货逾期时间不长等，企业可以通过与供应商协商，采取扣减货款、及时补货等方法，进行快速、有效的处理。关于一般违约赔偿的协商处理，企业要保留好相关证据。具体做法有：

（1）及时封样。

（2）对于双方协商一致的问题及对应协议，签字盖章并存档。

（3）尽可能采用传真、邮件等沟通形式，如要进行电话沟通，则要注意录音并保存录音文件。沟通过程中，要及时确认对方意向并对事实进行认定。

此外，在协商处理纠纷的同时，采购人员也要及时对供应商情况进行跟进，防止一般违约演变成重大违约。

（二）重大违约赔偿

重大违约一般难以通过非诉讼途径解决，因为其对企业造成了重大影响。对此，采购人员应当及时认清问题的严重性，将问题移交公司法务部，由法务部主导诉讼或仲裁等相关事宜，但采购人员也要给予足够的配合。

企业也要注意采购合同纠纷的诉讼时效，具体规定有：

（1）一般诉讼时效为 3 年。

（2）质量不合格但未声明的诉讼时效为 1 年。

（3）国际采购合同的诉讼时效为4年。

六、采购合同的变更、终止和解除

（一）采购合同变更

采购合同变更是指在签订采购合同之后、履行完毕之前，合同双方就采购合同内容进行修改。

在实际合作过程中，受到天气、市场、第三方企业等多种因素的影响，交货时间延后、原材料价格上涨等情况时有发生，这也为供应商完全遵照合同履行约定造成了困难。

在这种情况下，企业应当与供应商进行有效协商，尤其是当企业仍想与供应商保持良好的合作关系时，可以通过合同变更来解决采购合同纠纷。

1. 采购合同变更的方式

一般而言，采购合同的变更方式包括以下两种：

（1）合同当事人协商变更。只要合同当事人协商一致，就可以签订补充协议，并签字盖章使其生效，这也是合同变更的常用方式。

（2）申请人民法院或仲裁机构裁决变更。《民法典》规定，如因重大误解，被欺诈或胁迫签订合同的，受损害方有权请求人民法院或仲裁机构变更或撤销合同。

2. 采购合同变更内容明确

如要通过合同变更的方式解决采购合同纠纷，企业一定要注意变更内容必须明确。根据《民法典》的相关规定，如果合同变更的内容约定不明确的，推定为未变更。

采购合同的变更主要集中在以下几个方面：

（1）物料数量的增减。

（2）物料质量的改变。

（3）价款的增减。

（4）交货期限、地点的改变。

（5）结算方式的改变。

（6）违约金的变更。

（二）采购合同终止

在履行采购合同期间，因受天灾人祸或其他不可抗力的因素，供应商丧失履约能力时，买卖双方均可要求终止合同。

1. 采购合同终止的时机

有下列情形之一时，买方可以要求终止采购合同：

（1）发现卖方报价不实的。

（2）有严重损害国家利益的。

（3）在履行督导时，发现严重缺点，经要求改善而无法改进以致不能履行合同的。

（4）有违法行为而经查证属实者。

2. 采购合同终止的赔偿责任

（1）因需要变更而由买方要求终止合约的，卖方因而遭受的损失，由买方负责赔偿。

（2）因卖方不能履行合同，如果属于天灾人祸或不可抗力因素所引起的，买卖双方都不负赔偿责任。但如果卖方不能履行合同是人为因素，买方的损失由卖方负责赔偿。

（3）因特殊原因而导致合同终止的，买卖双方应负何种程度的赔偿责任，除合同中另有规定外，应会同有关单位及签订双方共同协商解决，如无法达成协议，则可通过法律途径解决。

（三）采购合同解除

有下列情形之一的，当事人可以解除采购合同：

（1）因不可抗力原因致使不能实现合同目的。

（2）在履行期限届满之前，当事人一方明确表示或者以自己的行为表明不履行债务。

（3）当事人一方延迟履行主要债务、经催告后在合理期限内尚未履行。

（4）当事人一方延迟履行债务或其他违约行为致使合同不能实现的。

合同解除后，尚未履行的可中止履行；已经履行的，根据履行情况和合同性质，可以要求恢复原状，采取其他补救措施，并有权要求赔偿损失。合同权利义务的终止，不影响合同中结算和清理条款的效力。

知识拓展

采购合同质量问题纠纷的解决

关于采购合同质量问题的纠纷，主要源自物料的质量不符合采购合同的要求。解决质量问题纠纷的关键，是让对方认可物料质量问题的存在。只有满足了这一前提，企业才能要求供应商就质量问题进行赔偿。

1. 确认质量问题

很多企业在采购合同中未对质量要求进行明确，质量问题由此成为容易出现相互推诿情况的部分。为此，双方首先要就质量问题进行磋商，借助采购合同、物料对比、共同试验等手段，要求供应商确认质量问题的存在。如意见无法统一，企业也可与供应商协商，引入双方都认可的第三方鉴定机构，对物料质量进行鉴定。

2. 核定损失

在确认质量问题之后，企业就要与供应商核实质量问题给企业造成的损失。企业可以直接使用相关部门提供的损失数额，但要注意的是，一定要提供相关证明材料。

3. 要求赔偿

根据企业内部核定的损失及相关证明材料，企业就可以与供应商协商，要求对方承担相应损失。但为了维护合作关系，企业也可以要求供应商在规定时间内进行补救，即重新供应符合质量要求的物料。

实例展示

逾期纠纷

2021年9月9日，甲企业向乙企业采购了1 000件马克杯，要求杯体上印上甲企业的名称及“10周年”字样，用于2021年10月10日举办的甲企业10周年庆活动。双方在采购合同中明确约定：交货期为2021年9月30日。但直到2021年10月3日，甲企业仍未收到这1 000件马克杯，经过多次发邮件、打电话催促，乙企业仍然拖延交货。最终，2021年10月11日，在10周年庆活动后的第二天，甲企业向乙企业发出了解除合同通知。收到解除合同通知后，乙企业却认为，甲企业定制的是个性化产品，如果解除合同自己将受到损失；甲企业则认为，双方约定的交货期限已过，乙企业收到解除合同通知，则意味着合同解除。双方因此发生纠纷。

上述案例是采购活动中常见的逾期纠纷。很多企业采购的物料都有特定的用途，一旦超过约定期限，企业就可能不再需要该物料，其生产运营活动也可能受到影响，甚至因此蒙受损失。对此，企业则需要采取有效措施解决逾期纠纷，甚至要求供应商就损失部分进行赔偿。

《民法典》中对逾期纠纷也有明确规定，企业在如下情形下可以解除采购合同：

(1) 履行期限届满，供应商明确表示或以自己的行为表明不履行供应义务。

(2) 供应商延迟履行主要义务，且在采购方催告后，供应商在合理期限内仍未履行。

(3) 供应商延迟履行义务，导致采购方的合同目的无法实现。

在协商解决逾期纠纷时，企业也要遵守以下原则：

(1) 平等自愿原则，不能强迫对方。

(2) 合法原则，通过协商达成的和解协议应符合法律和政策规定。

思考：你认为甲企业解除合同的措施是否合法有效？在实际操作过程中，企业通常会选择哪种解决方法？为什么？

项目小结

本项目分别介绍了采购合同的概念、种类、形式、内容；采购合同的风险、资格审查、签订、履行；采购订单的出具环节、跟踪、采购货款的结算等；还介绍了采购合同纠纷的形式、原因，以及纠纷解决途径，违约赔偿，采购合同的变更、终止和解除。

通过本项目的学习，同学们在今后的学习生活中需要注意以下几点：

一、培养诚信意识，加强法律教育

采购合同是企业与供应商签订的关于供需关系的法律性文件，是双方合作的法律基础。妥善的采购合同管理，是防范采购合同风险、维护企业利益的重要保障。通过本项目的学习，了解采购合同编制、签订中涉及的法律风险，采购合同管理必须遵循诚信原则，采购人员必须依据相关法律法规及企业合同管理的规定，对采购合同进行有效管理。

二、增强社会责任感，做事严谨有原则

通过学习，认识到采购人员的管理责任，了解合同履约订单验收制度，加强采购人员对采购过程的责任心，这有利于对供应商加强管理，维护公平、有序的市场环境。

通过案例分析，理解采购合同管理在社会经济活动中的角色和责任，培养社会责任感。

三、职业道德与职业操守

要时刻牢记职业道德，坚持诚实、守信、公正、公平的原则。我们要崇尚诚信，在供应商选择、合同签订等环节中，不偏袒任何一方，公正、公平地进行交易。我们要遵守合同精神，在供应商履约问题上，要认真履行自己的义务，同时也要求供应商按照合同要求履行义务。

总之，通过本项目的学习，树立正确的职业道德观，提高思维能力和判断能力，增强社会责任感，促进采购管理的良性发展，为企业提供更多的机会和挑战。在今后的工作中，我们应当不断提高采购管理水平，为企业发展贡献力量。

思考题

1. 什么是电子合同？
2. 采购合同的首部包括哪些内容？
3. 采购合同的风险有哪些？
4. 简述采购合同的签订流程。
5. 在订单执行过程中要注意哪些事项？
6. 简述采购合同纠纷与采购合同欺诈的区别。
7. 哪些情况下采购合同可撤销？

项目八 采购绩效管理

概 述

采购绩效管理是一个系统化的过程，旨在通过设定目标、优化流程和持续监控来提升采购活动的效率和效果，而采购绩效评估是采购绩效管理中的核心环节，它如同航海中的罗盘，指引着采购航向效率与效益的彼岸。它通过对采购成本、质量、交货时间及供应商表现等关键指标的量化分析，为管理者提供了实际的绩效反馈。这种评估不仅帮助识别采购中的优势与不足，还为优化策略和改进决策提供了数据支持，从而确保采购绩效管理能够不断调整和完善，最终实现采购目标与企业战略的高度协同。

本项目主要介绍采购绩效管理的概念、目的、基本要求及容易出现的问题，采购绩效评估的原则、流程、指标及标准，采购绩效评估的实施，采购绩效的改进等内容。

教学目标

知识目标：	1. 理解采购绩效管理的概念和目的。 2. 了解采购绩效管理的基本要求。 3. 理解主要的采购绩效评估指标。 4. 掌握改进采购绩效的措施。
能力目标：	1. 能根据实际情况选择合适的采购绩效评估的标准。 2. 能理解采购绩效评估指标的主要内容。 3. 能按照采购绩效评估流程，开展采购人员工作绩效评估工作。
素质目标：	贴近企业采购绩效评估的具体工作，培养学生认真严谨的工作态度和良好的职业道德，热爱专业岗位，培养学生根据实际情况处理问题的能力。

教学重点

1. 采购绩效管理的含义与目的。
2. 采购绩效评估的标准与流程。
3. 采购绩效改进的措施。

教学难点

采购绩效评估指标的确立。

教学建议

本项目通过相关理论和方法的介绍，对企业采购绩效评估进行分析，帮助学习者掌握采购绩效评估的有关知识和内容。在实施采购绩效评估时，应注意教学与实际生活和企业采购实务活动相结合，逐步解决实际问题，突破学习的重难点。

建议教学时数：8 学时。

思维导图

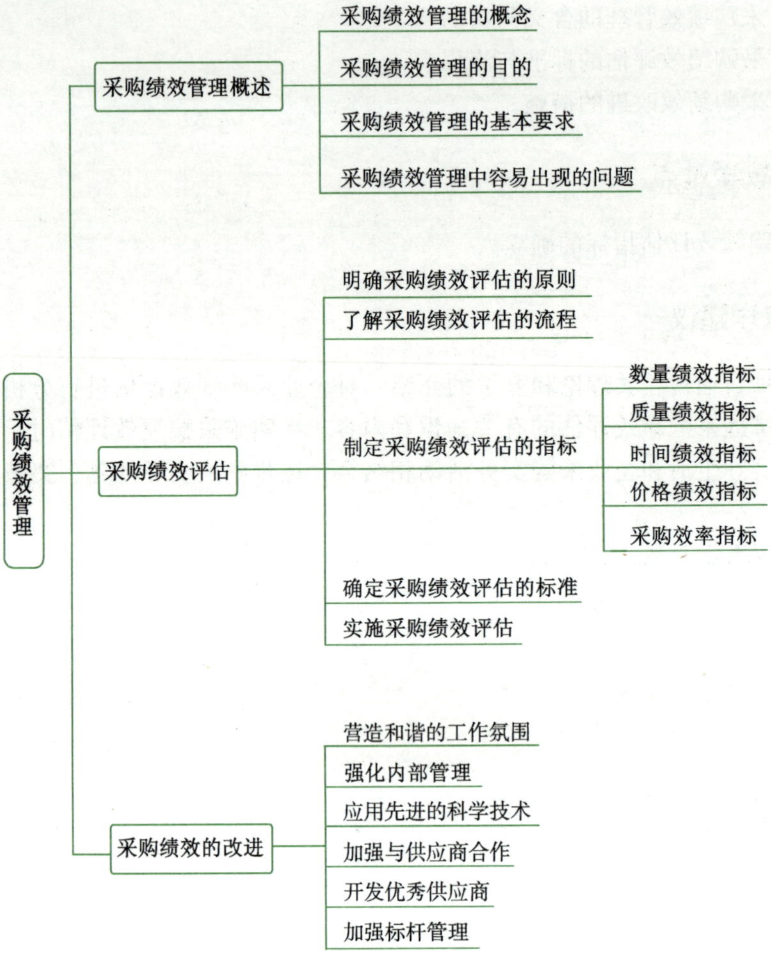
采购绩效管理
采购绩效管理概述
采购绩效管理的概念
采购绩效管理的目的
采购绩效管理的基本要求
采购绩效管理中容易出现的问题
采购绩效评估
明确采购绩效评估的原则
了解采购绩效评估的流程
制定采购绩效评估的指标
数量绩效指标
质量绩效指标
时间绩效指标
价格绩效指标
采购效率指标
确定采购绩效评估的标准
实施采购绩效评估
采购绩效的改进
营造和谐的工作氛围
强化内部管理
应用先进的科学技术
加强与供应商合作
开发优秀供应商
加强标杆管理

任务一　采购绩效管理概述

案例导入

天凯集团的采购绩效考核

天凯集团是一家大型生产企业，按时保供是其考核采购部门的主要指标，采购成本的考核则根据上下游价格波动以及市场环境差异调整。节省采购资金也是天凯采购部门绩效考核中的重要指标，节省的资金从价格降低、交货周期缩短、库存降低等多方面进行考量。年度考核指标主要依据与竞争对手和内部单位的比较来制定。节省资金的考核也促使采购部门不断整合资源，使用更加集约的方式进行管理。集团采购部门将任务分解到科室，科室分解到岗位，内部考核分为两个部分：一是考核主要指标，指标体系包括价格、计划执行、合同、流动资金占用等，每季度考核次数、考核结果体现到薪酬，超额完成计划目标进行嘉奖；二是考核重点工作，即与上年、与同行、与市场价进行对比，在主要指标之外实现成本降低的给予嘉奖。同时对重点岗位采购业务人员实行轮岗制，同类物资的采购人员每三年轮岗一次，超过三年不准备轮岗的，须经过所有处级领导确认延期。人力资源部门每年对全体采购人员进行人力资源管理评价，采购部门提供绩效考核等数据，实行末位淘汰。

从天凯集团的做法可以看出，采购绩效的初衷是构建奖优惩劣的有效机制。采购绩效管理的重点是梳理采购环节中的核心业务关键点，对各关键点设置关键绩效考核指标（KPI），并对关键绩效考核指标进行定期检验与更新，确保绩效考核充分支持采购战略与管理目标。

☞ 案例思考

天凯集团进行采购绩效考核的目的是什么？

知识准备

作为采购活动的重要环节，采购绩效管理有助于找出整体采购活动存在的问题和不足，同时对未来的工作也有借鉴意义。采购绩效管理需要对整体采购活动进行全面系统的评估，进而判断采购工作的水平，因此我们需要明确采购绩效管理的概念、目的及基本要求。

一、采购绩效管理的概念

采购绩效管理是指通过建立有效的绩效评估指标体系，对采购活动进行考核、提升和监控的管理方法。这一过程旨在不断优化供应链管理，增强企业的竞争力和可持续发展能力。采购绩效管理的核心是绩效评估，它通过科学的评估手段，及时发现并解决采购过程中的问题，从而提升采购效率和效果。对采购绩效的评估包含对整个采购部门的评估和对采购人员个人的评估。评估可以由企业高层管理者来进行，也可以由外部客户来进行；而对采购人员的评估常由采购部门的负责人来进行。

二、采购绩效管理的目的

通过采购绩效管理可以明晰采购部门以及采购工作人员的工作表现，从而找到现状与预期的差距，提升工作效率。企业设置一定项目来考核，使采购活动的功能与绩效受到应有的尊重与公正的评量。若能对采购工作做好绩效评估，通常可以达到以下目的。

（一）确保采购目标的实现

各市场主体的采购目标互有不同。例如，国有企业和政府的采购，除注重降低成本外，还偏重防止舞弊行为，采购作业以如期、如质、如量为目标；而民营企业的采购单位则注重利益，采购工作除了维持正常的产销活动外，非常注重产销成本的降低。因此，各企业可以针对采购单位所追求的主要目标加以评估，并督促它的实现。

（二）提供改进绩效的依据

绩效评估制度可以提供客观的标准来衡量采购目标是否达成，也可以确定采购部门的工作表现。正确的绩效评估有助于指出采购工作的缺失所在，据此拟定改善措施，从而产生“检讨过去，激励将来”的成效。

（三）作为个人或部门奖惩的参考

良好的绩效评估方法能使采购部门的绩效独立于其他部门而凸显出来，并反映采购人员的个人表现，以作为各种人事考核的参考资料。依据客观的绩效评估进行公正的奖惩，可以激励采购人员不断前进，发挥团队合作精神，体现整个部门的合作效能。

（四）有益于采购人员的甄选与培养

根据绩效评估结果，可针对现有采购人员的工作能力缺陷拟订改进计划，如安排参加专业性的教育训练；若发现整个部门缺乏某种特殊人才，则可另行从公司内部甄选或向外界招募人才，如成本分析员或财务人员等。

（五）改善部门关系

由于采购部门的绩效受其他部门配合情况影响非常大，因此采购部门的职责是否明确，表单流程是否简单、合理，付款条件及交货方式是否符合公司的管理制度，各部门的目标是否一致等，均可透过绩效评估而予以判定。采购绩效评估还可以改善部门间的合作关系，提高企业整体的运作效率。

（六）激发员工的工作积极性

有效且公平的绩效评估制度将使采购人员的努力成果获得适当回馈与认定。以对公司的利润贡献等为客观的衡量尺度对采购人员的绩效进行评估，有助于他们成为受到肯定的工作伙伴，对其士气提升大有帮助。

三、采购绩效管理的基本要求

（一）采购主管必须具备对采购人员工作绩效进行评估的能力

采购主管对采购工作负有领导和监督的责任，因此采购主管的业务素质和道德素质对整个采购工作的优劣起着非常重要的作用，有效、合理地对采购人员的工作绩效进行评估是一名采购主管必须具备的能力。

（二）采购绩效评估应具有明确的标准和合适的指标

采购绩效评估，应具备明确的衡量标准，可以将过去的绩效作为尺度或评估的标准，也可以采取与其他企业的采购绩效相比较的方式来进行评估。制定的指标应切实符合企业实际情况，选择合适的衡量指标，并将其明确量化。另外，评估指标要合理，既要顾及客户的需求，又要和本企业的目标保持一致。

四、采购绩效管理中容易出现的问题

实际上，每个企业的绩效管理体系中都或多或少存在某些类型的问题或者局限性，现将一些容易出现的问题归纳如下。

（一）只关注短期的考评标准

很多中小型企业存在只关注短期标准和数据的问题，它们收集的典型数据是财务和运营数据。在采购活动中，这意味着对工作负荷和采购活动的短期关注，而忽视了长期或战略评估标准。这种问题经常出现却又很容易被忽略。

（二）绩效考评指标过多或错误

绩效考评指标过多是拥有独立的评估系统的企业较常见的问题。另外，更严重的问题是管理者关心的那些绩效评估指标是错误的。对标准的选择一般是按惯例或认为这些标准与成功相关，而实际上可能根本不是这样的。事实上，管理者遵循的评估标准有时可能与其他单位或自己部门范围运用的标准有冲突。通常一个基本规则就是没有员工能监控 12 项以上的标准，尤其是其中一半是重要标准，因此制定的标准不能过多。

（三）缺少关键信息

有时报告的数据太简洁以至于信息变得毫无意义。过于简洁的评估报告往往缺乏细节，影响管理者了解供应商存在的典型缺陷类型是哪些，哪些缺陷使采购方承担成本，以及一段时间内供应商的绩效质量。

例如，一个汽车零部件的主要区域性分销中心的运营经理收到了一个季度以来客户针对分销中心质量问题提出的索赔，他收到的标准必须包括如下细节：（1）发生的问题类型（错误零部件分拣、损坏、缺货和丢失等）；（2）哪些客户对质量提出了索赔；（3）哪些员工对质量失误负责；（4）对该中心进行质量索赔的总成本；（5）符合质量标准的零部件数量。在报告中，只有包括这些细节性的问题，管理者才能凭借这些信息采取解决分销中心质量问题的行动。

（四）过程评估和结果评估的混用

实施过程评估的问题是无法保证行为一定能产生所要求的结果。例如，追查整个公司合同采购数量的过程评估变得日益普遍，但是更好的评估标准是追查由大的公司合同带来的总体折扣金额。另一个过程评估的例子是每季度商品团队召开会议的次数，更好的标准是追查由团队行为所带来的绩效结果。尽管经常有很多实施过程评估的标准，但是只有与最终成果有关的衡量标准才有意义。

（五）不正确的绩效标准导致错误行为

遗憾的是，很多标准所导致的企业行为不是预想的或必需的。如果采购方以采购订单数量作为衡量标准，那么他们将在供应商处将订单分为几部分，以尽可能多地生成采购订单。

思考：采购绩效管理不善会产生怎样的后果？

知识拓展

埃森哲公司对采购绩效的发现

埃森哲公司是全球最大的管理咨询公司和技术服务供应商。在为顾客提供供应链咨询服务的过程中和对《财富》杂志世界500强企业的调查中，埃森哲公司发现采购绩效优异的公司，在以下方面有独到之处。

1. 建立统一的测评机制

在大多数企业中，CEO和负责采购的副总或其他高层主管，对采购业绩各有自己的评价标准。在某种程度上，这属于正常现象，因为企业的高层管理人员，总有一些与其所担任的职位相联系的具体目标，而对不同的事情有不同的优先考虑顺序。很多公司都要应对这种采购评价标准的不连贯状况。在这方面走在前面的公司，CEO和采购主管使用同一个平衡记分卡来评估绩效，以便使每一个人都能够以大致同样的方式理解采购信息。遍及全公司的平衡记分卡帮助各个不同的业务部门调整它们处理业务轻重缓急的顺序、制定目标和期望、鼓励有利于业务开展的行为、明确个人和团队的责任、决定报酬和奖励，以及推动不间断的改进。

2. 创造性地思考组织架构

采购业务做得好的公司，最常用的组织架构形式是根据同类物品划分组织。这种架构使公司可以在全局范围内集合采购量，并且有利于集中供应基地。按同类物品划分的组织架构也有利于采购人员深入学习行业、产品和供应商方面的知识，并且学会在与供应商的对话中统一口径。

3. 全企业范围内的整合

为了让有效率的、从企业出发的采购理念取得优势地位，绩效优异的公司常常依靠覆盖全企业范围的采购团队。这些团队的成员包括采购、工程和产品开发的代表，有时也会有财务、销售、分销和IT部门的人员参与。这些团队一起决定采购优先考虑的事项，设计物料占有成本模式，发展品种策略，并设计供应商选择标准。对于大多数的公司来说，要在采购方面取得好的业绩，需要有改变采购能力的意愿，并在这方面做出改进，其效益是明显的。

任务二　采购绩效评估

案例导入

奥托有限公司是一家为商业组织和公共部门提供自动贩卖设备的供应商，公司主要提供三种机型的设备：第一种是供应冷热饮料的设备；第二种是提供各种食品（如三明治、巧克力、饼干及各类薯片小食品）的设备；第三种为综合机型设备，同时提供饮料和食品。公司共有40名员工，其中采购部有4名员工。采购部由柯瑞斯负责，他主要负责固定资产采购，包括贩卖机和为贩卖机配货用的配送车辆；采购部另有3名采购员：艾薇负责采购贩卖机上的饮料产品，山姆负责采购三明治，哈森负责采购小食品。下个月，公司将指派柯瑞斯对采购部的员工进行年度考核。

☞ 案例思考

为了完成上述任务，采购部负责人柯瑞斯应该如何做呢？

知识准备

采购绩效管理的付诸实施还需要注意许多方面的因素。尽管采购的定义很简单，但是如果采购不能为企业内外的不同利益相关者展示他们期望的成果，那么评价采购的绩效将是毫无意义的。在实践中，采购绩效评估对于采购绩效管理至关重要，它是衡量采购活动效果的核心工具。因此，要做好采购绩效管理必须科学地对采购绩效进行评估。

一、明确采购绩效评估的原则

（一）明确化与公开化的原则

在绩效考核中，考核标准、考核程序和考核责任都应有明确的规定，而且在考核中应当遵守这些规定。同时，考核标准、考核程序和对考核责任者的规定应在采购部门内部对全体员工公开。

（二）客观考核的原则

首先要明确规定考核标准，针对客观资料进行评价，避免掺入主观感情色彩，做到用事实说话，考核一定要建立在客观事实的基础上；其次要做到把被考核人与既定标准相比较而不是在人与人之间进行比较。

（三）差别化原则

考核的等级之间应有明显的界限，针对不同的考核评语应在工资、晋升、使用等方面体现明显差别，使考核带有刺激性，激发员工努力学习、积极进取、力争上游的上进心和维护企业利益的责任心。

（四）反馈原则

考核评语一定要反馈给被考核本人或者团队，在反馈考核结果的同时，考核负责人应当向被考核人就评语进行解释说明，肯定成绩和进步，指出缺点和不足，向被考核人提出今后改进目标和努力方向。

（五）持续性原则

采购绩效评估必须持续进行，从企业整体目标的视角定期地检验目标达成的程度，当采购人员知道被定期评估工作绩效时，自然能够致力于绩效的提升。在这一过程中，采购绩效评估会被各种外来因素左右，因此，评估时不但要保持一定的持续性，还要动态平衡各种外来因素产生的影响。

二、了解采购绩效评估的流程

采购绩效评估可通过自我评估、内审、管理评审等方式进行。评估审核一般根据事先确定好的评估标准或表格进行，对照实际表现逐项检查打分，依据实际得分找出最高水平及薄弱环节，并据此改进。采购绩效评估的流程如图 8-1 所示。

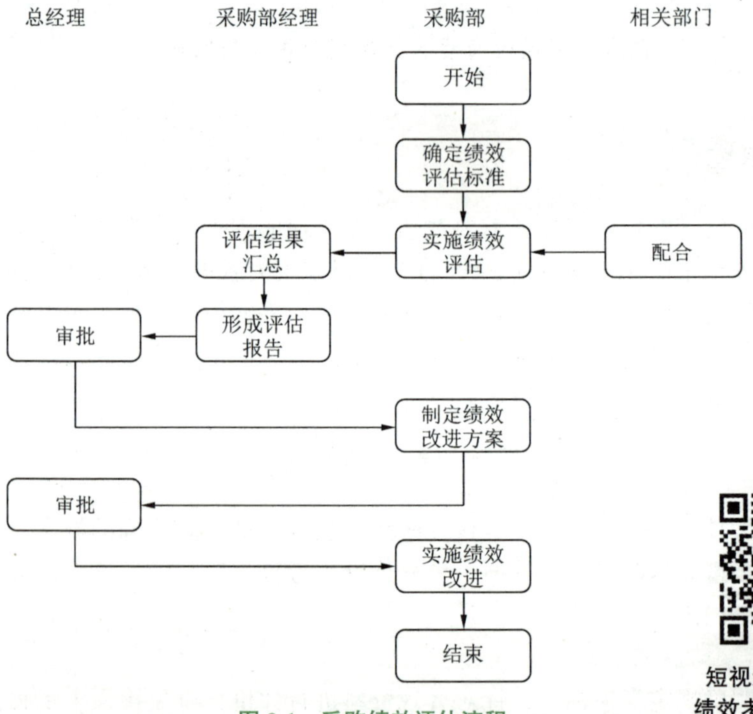

图 8-1　采购绩效评估流程

短视频：如何做好绩效考核的方案设计

三、制定采购绩效评估的指标

采购绩效考核与评估的关键是制定一套客观的、充分体现采购人员绩效的、对考核对象具有导向作用的指标体系。评估指标的制定需要对采购过程有深入的了解，可根据采购工作范围、采购能力与采购结果等将指标概括成采购效果指标及采购效率指标两大类。采购效果指标是指与采购结果相关的指标，如采购成本、原材料质量、交货情况等；而采购效率指标是指与采购组织相关的指标，如操作流程、方针措施、程序规章等。采购绩效评估的主要内容如图 8-2 所示。

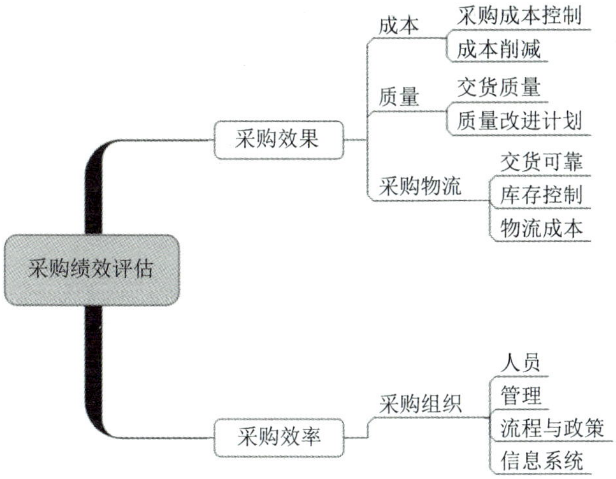

图 8-2　采购绩效评估的主要内容

采购人员在其工作职责上应该达到“适时、适量、适质、适价及适地”等目标，其绩效评估应以“五适”为中心，并以数量化的指标作为衡量绩效的尺度。根据采购专家的经验，具体可以把采购部门及人员的考核指标划分为以下五个方面。

（一）数量绩效指标

数量绩效指标主要包括储存费用指标和呆料、废料处理损失指标。

1. 储存费用

储存费用是指存货利息及保管费用之和。企业应当经常对现有存货利息及保管费用与正常存货利息及保管费用之差额进行考核。

2. 呆料、废料处理损失

呆料、废料处理损失是指处理呆料、废料的收入与其取得成本的差额。存货积压的利息及保管的费用越大，呆料、废料处理的损失越高，显示采购人员的数量绩效越差。不过此项数量绩效有时受到公司营业状况、物料管理绩效、生产技术变更或投机采购的影响，并不一定完全归咎于采购人员。

（二）质量绩效指标

质量绩效指标主要是指供应商的质量水平以及供应商所提供的产品或服务的质量表现，包括供应商来料质量、质量体系等方面。

1. 来料质量

来料质量包括批次质量合格率、来料抽检缺陷率、来料在线报废率、来料免检率、来料返工率、退货率、对供应投诉率及处理时间等。

2. 质量体系

质量体系有通过 ISO9000 标准的供应商比例、实行来料质量免检的供应商比例、来料免检的价值比例、实施SPC的供应商比例、开展专项质量改进（围绕本公司的产品或服务）的供应商数目及比例、参与本公司质量改进小组的供应商人数及供应商比例等。

同时，采购的质量绩效可由验收记录及生产记录来判断。验收记录指供应商交货时，为公司所接受（或拒收）的采购项目数量或百分比；生产记录是指交货后，在生产过程中发现质量不合格的项目数量或百分比。

进料验收指标=合格（或拒收）数量/检验数量

若以进料质量控制抽样检验的方式进行考核，拒收或拒用比率越高，显示采购人员的质量绩效越差。

（三）时间绩效指标

这项指标是用以衡量采购人员处理订单的效率以及对于供应商交货时间的控制。延迟交货，固然可能出现缺货现象，但是提早交货，也可能导致买方产生不必要的储存费用或提前付款的利息费用。

1. 紧急采购费用

紧急采购费用是指因紧急情况采用紧急运输方式（如空运）的费用。紧急采购费用指标用于对紧急采购费用与正常运输方式的差额进行考核。

2. 停工断料损失

停工断料损失是指对停工生产车间作业人员工资及有关费用的损失。除了前述指标所显示的直接费用或损失外，还有许多间接损失。例如，经常停工断料造成顾客订单流失、员工离职，以及恢复正常作业的机器必须做的各项调整（包括温度、压力等）；紧急采购会使购入材料的价格偏高，质量欠佳，连带也会产生赶工时间必须支付额外的加班费用。这些费用与损失通常都没有估算在此项标的内。

（四）价格绩效指标

价格绩效是企业最重视及最常见的衡量标准。通过价格绩效指标，可以衡量采购人员议价能力以及供需双方势力的消长情形。采购价差的指标通常有下列几种。

1. 实际价格与标准成本的差额

实际价格与标准成本的差额是指企业采购商品的实际价格与企业事先确定的商品采购标准成本的差额，它反映企业在采购商品过程中实际采购成本与采购标准成本的超出或节约额。

2. 实际价格与过去移动平均价格的差额

实际价格与过去移动平均价格的差额是指企业采购商品的实际价格与已经发生的商品采购移动平均价格的差额，它反映企业在采购过程中实际采购成本与过去采购成本的超出或节约额。

3. 使用时的价格与采购时的价格之间的差额

使用时的价格与采购时的价格之间的差额是指企业在使用材料时的价格与采购时的价格的差额。它反映企业采购材料物资时是否考虑市场价格的走势，如果企业预测未来市场的价格走势是上涨的，企业应该在前期多储存材料物资；如果企业预测未来市场的价格走势是下跌的，企业不宜多储存材料物资。

4. 采购比价

采购比价是指当期采购价格与基期采购价格之比和当期物价指数与基期物价指数之比进行比较。这个指标是动态指标，主要反映企业材料物资价格的变化趋势。实行物资采购比价管理，一般可以取得明显的经济效益。

（五）采购效率指标

以上数量、质量、时间及价格绩效是以采购人员的工作效果来衡量的，还可以就采购效率来衡量。

1. 年采购金额

年采购金额是企业一个年度商品或物资的采购总金额。包括原材料与零部件采购总额、非生产采购总额（指设备、备件、生产辅料、软件等）、原材料采购总额占总成本的比例等。其中最重要的是原材料采购总额，可按不同的材料进一步细分为包装材料、电子类零部件、塑胶件、五金件等；也可按采购的币种分为人民币采购额及其比例。原材料采购总额按采购成本结构又可划分为基本价额、运输费用及保险额、税额等。此外，年采购额还可分解到各个采购员及供应商，如每个采购人员的年采购额、年人均采购额、各供应商年采购额、供应商年平均采购额等。

2. 年采购金额占销售收入的百分比

年采购金额占销售收入的百分比是指企业在单个年度里商品或物资采购总额占年销售收入的比例，它反映企业采购资金的合理性。

3. 订购单的件数

订购单的件数是指企业在一定时期内采购商品的数量，主要是 ABC 分类控制法对 A 类商品的数量进行反映。

4. 采购人员的人数

采购人员的人数是指反映企业专门从事采购业务的人数，它反映企业劳动效率指标的重要因素。

5. 采购部门的费用

采购部门的费用是指一定时期采购部门的经费支出，它是反映采购部门经济效益的指标。

6. 新供应商开发个数

新供应商开发个数是指在一定期间内企业采购部门合作的新供应商的数量，它反映企业采购部门的工作效率。

7. 采购计划完成率

采购计划完成率是指一定期间内企业商品实际采购额与计划采购额的比率，它反映企业采购部门采购计划的完成情况。

8. 错误采购次数

错误采购次数是指一定时期内企业采购部门因工作失职等原因造成错误采

购的数量，它反映企业采购部门工作质量的好坏。

9. 订单处理时间

订单处理时间是指企业在处理采购订单的过程中所需要的平均时间，它反映企业采购部门的工作效率。

另外，在设定绩效评估指标时，不仅要贴近企业采购绩效评估的具体工作，还需要对员工的职业素养有所体现，如表 8-1 所示，考核内容包含了人员沟通、工作责任感、工作品行和劳动纪律等方面，引导员工形成认真严谨的工作态度，爱岗敬岗，培养良好的职业素养。

表 8-1　某大型企业采购部门员工绩效考核表

项目及考核内容		评估要求与说明	等级	标准/分	评分
工作任务（70%）	采购订单及时性	接到采购单后，按轻重缓急合理制订采购计划，落实相关库存，按采购计划进度完成物资采购	优	10	
			良	7—9	
			差	0—6	
	原材料到货及时性	准确、及时地采购采购单上的各种材料、设备，确保所需材料按期到货	优	10	
			良	7—9	
			差	0—6	
	供货产品质量合格率	确保所购商品质量、数量正确无误，对不符合验收手续的商品及时与供应商联系，办理后续事宜	优	10	
			良	7—9	
			差	0—6	
	采购入库手续与台账	及时办理采购物料验收入库手续，准确录入采购物料入库的相关单据	优	10	
			良	7—9	
			差	0—6	
	采购发票的报账	按公司规定按时取得采购物料发票及附件并传递到财务部，不得延迟	优	10	
			良	7—9	
			差	0—6	
	应付账款的准确性、及时性	与财务部沟通，按合同金额办款，不定期与财务部和供应商核对应付账款，以保证公司信誉，应付账款要做到准确和及时	优	10	
			良	7—9	
			差	0—6	
	采购管理及业务知识和经验水平	全面掌握采购管理的相关知识，熟悉采购流程、采购原材料的特性，具有较强的分析和判断能力，充分掌握原材料市场中价格和货源的信息	优	10	
			良	7—9	
			差	0—6	
职业素养（17%）	人员沟通	有互相尊重的意识和观念，具有良好的沟通能力，善于上下沟通、平衡和协调，学会主动与人合作	优	4	
			良	3	
			差	0—2	

续表

项目及考核内容		评估要求与说明	等级	标准/分	评分
职业素养（17%）	工作责任感	有强烈的工作责任感和责任意识，对自己的分管工作负责，能自觉主动地完成自身及上级交付的工作，不推脱，不被动工作，不因为工作而被人催促，能独立完成任务	优	5	
			良	4	
			差	0—3	
	工作品行	品德廉洁，言行诚信，立场坚定，在采购过程中，不收受任何供应商的赠物与宴请，所有采购行为应以公司利益为重	优	4	
			良	3	
			差	0—2	
	劳动纪律	按时上下班，不无故离岗，不发生脱岗行为，遵守公司的相关制度与法律法规	优	3	
			良	2	
			差	0—1	
工作能力（13%）	专业知识水平	全面掌握本岗位所需的专业知识	优	4	
			良	3	
			差	0—2	
	谈判能力	有一定的谈判技巧	优	5	
			良	4	
			差	0—3	
	语言表达能力	语言清晰、有条理	优	4	
			良	3	
			差	0—2	

四、确定采购绩效评估的标准

为每项指标建立相应的绩效标准也是十分重要的，如果制定的标准过高、不容易完成，可能会打击员工的积极性，太容易达到又不能激发员工的潜能，因此，绩效评估的标准一定要适度，绩效评估的标准必须是现实的，能够反映企业内外部的实际情况，这意味着标准是具有挑战性的，并且是经过刻苦努力可以实现的。采购绩效评估标准通常有以下四种设定方法。

（一）历史绩效

选择公司历史绩效作为评估目前绩效的基础是相当可行、有效的做法。当公司的采购部门，在组织、职责或人员等方面均没有重大变动的情况下，适合使用此项标准。在当今多变的经济形势下，公司的发展变化都比较快，历史绩效标准往往要经过适当调整后才可以更好地被应用。

（二）预算标准绩效

如果历史绩效难以取得或采购业务变化比较大，企业可以使用预算标准绩效作为衡量的基础。预算标准绩效的设定，要符合下列三种原则。

1. 标准具有相对固定性

固定标准是指企业确定标准后，在一般情况下不能随意变动。这种标准比较简单，与以往指标相比比较容易找出差距。但是企业、市场的情况是千变万化的，固定不变的标准很难适应环境的变化。

2. 标准具有一定挑战性

标准的挑战性是指标准的实现具有一定的难度，采购部门和人员必须经过努力才能完成。这种标准可以激励员工的工作积极性。

3. 标准具有可实现性

标准的可实现性是指在现有内外环境和条件下经过努力，确实可以达到的水平，通常依据当前的绩效加以设定。

(三) 行业平均绩效

如果其他同行业公司在采购组织、职责及人员等方面与本企业相似，则可与其绩效进行比较，以辨别彼此在采购工作成就上的优劣。数据资料既可以使用个别公司的相关采购结果，也可以应用整个行业绩效的平均标准

(四) 目标绩效

预算标准绩效代表在现有情况下应该可以达成的工作绩效，而目标绩效则是在现有情况下不经过一番特别的努力就无法完成的。目标绩效代表公司管理人员对工作人员追求最佳绩效的"期望值"。一般来说，目标绩效有助于鼓舞相关人员的士气。目标绩效的确定要有一定的挑战性，但千万不能高不可攀。

实例展示

某公司建立的月度绩效评估示例

为了进一步提高采购人员的工作积极性，降低公司的采购成本，提高供应商供货质量。公司拟每月进行一次采购绩效考核，主要考核项目为：采购成本控制（价格起伏）、采购交期控制（交货进度达成率）、品质成本控制（进货品质达成率）。

一、采购成本控制

采购人员要对各相关产品单价进行分析，学会核价，不管采购何种物料，在采购前应熟悉它的价格组成，了解供应商提供产品的原料源头价格，为自己的准确核价打下基础。

考核方法：以某年1月确认的单价为前期单价，采购人员可以根据产品前期单价进行分析，重新报价、议价，定出每月的产品单价。按每月的价格起伏情况进行评比。

价格起伏=当月的采购数量×（前期单价-每月的产品单价）

二、采购交期控制

签订订单时，要确定大致到货时间，了解供应商的生产能力、发货渠道和发货信息，掌握到货的主动权，尽量避免到货不及时而影响生产。如果供应商

表示已经发货，一定要取得货运的联系方式，防止供应商故意拖延发货时间。对于到货时间，一定要做到心里有数。如果延误，就需要和生产部门及时沟通做好调整，尽量将损失降到最低。

考核方法：以每月下达订购单数为总批数，每张订单上的产品为一批。

交货进度达成率 = 交货延迟订单数量/总订单数量×100%

三、品质成本控制

评价供应商的品质保证能力时，要求供应商根据采购产品的品质要求进行生产及运输，确保采购产品达到公司品质要求。对于质量不合格的情况，应敦促供应商在保证质量的情况下紧急替换，确保生产计划不受影响；对于数量不符的情况，应及时与供应商沟通，确定是由于供应商发货遗失或者是物流运输问题，及时补足尾数。

考核方法：根据公司品质部提供的每月来料品质统计表，以批数为单位。

进货品质达成率 = 不良来料批数/当月来料总批数×100%

第一种：以等级划分为标准的绩效评估分配，如表 8-2 所示。

表 8-2 以等级划分为标准的绩效评估分配表

考核内容	考核内容分配等级			
	A（非常优秀）	B（优秀）	C（基本满足）	D（略有不足）
采购成本控制（价格起伏）	40	30	20	10
采购交期控制（交货进度达成率）	30	25	20	10
品质成本控制（进货品质达成率）	30	25	20	10

第二种：以采购员的名次为标准的绩效评估分配，如表 8-3 所示。

表 8-3 以采购员的名次为标准的绩效评估分配表

考核内容	考核内容分配等级			
	A（第一名）	B（第二名）	C（第三名）	D（第四名）
采购成本控制（价格起伏）	40	30	20	10
采购交期控制（交货进度达成率）	30	25	20	10
品质成本控制（进货品质达成率）	30	25	20	10

绩效评估奖惩规定：

（1）依公司有关绩效奖惩管理规定发绩效奖金。

（2）每月评分的第 1 名以及月度考核分数 85 分以上的人员，月底可加绩效奖 200 元。

（3）连续 3 个月考核名次是最后一名，应加强职位技能训练。

（4）连续 3 个月考核分数低于 60 分者，应调离采购岗位。

五、实施采购绩效评估

在设立采购绩效考核指标和标准的同时，要考虑如何实施采购绩效评估，需要解决好以下问题。

（一）采购绩效考核与采购人员评估

在实际工作中，可以选择采购部门主管、财务部门会计、生产部门负责人、供应商、高校教师（或管理顾问）这几类人员作为考核评估人员。

短视频：如何做好绩效考核结果的实施与履行

（二）采购绩效考核与评估方式

越来越多的企业管理者认识到采购部门在整个企业中发挥的巨大作用，尤其是一个配备了有能力的雇员和恰当组织的采购部门。定期合理地评估采购部门的绩效可以节省费用，直接增加企业利润。采购人员工作绩效的评估方式，可以分为定期评估和不定期评估两种。

1. 定期评估

定期评估是配合公司年度人事考核制度进行的。一般而言，如果能以目标管理的方式，也就是从各种工作绩效指标中选择年度重要性比较高的项目中的几个来定位绩效目标，年终按实际达到的程度加以考核，那么一定能够提升个人或部门的采购绩效。并且，这种方法因为摒除了“人”的抽象因素，以“事”的具体成就为考核重点，所以比较客观公正。

实例展示

A企业采购人员绩效考核实施方案

一、目的

为贯彻企业绩效考核管理制度，全面评价采购人员的工作绩效，保证企业经营目标的实现，同时也为员工的薪资调整、教育培训、晋升等提供准确、客观的依据，特制定采购人员绩效考核实施方案。

二、适用范围

本方案适用于本企业采购部人员，以下人员除外：

（1）考核期开始后进入本企业的员工。

（2）因私、因病、因伤而连续缺勤30日以上者。

（3）因工伤而连续缺勤75日以上者。

（4）虽然在考核期任职，但在考核实施日已经退职者。

三、绩效考核小组成员

人力资源部负责组织绩效考核的全面工作，其主要成员包括人力资源部经理、采购部经理、采购部主管、人力资源部绩效考核专员、人力资源部一般工作人员。

四、绩效考核实施

（一）采购人员绩效考核指标

采购人员绩效考核以适时、适质、适量、适价、适地的方式进行，并以量化指标作为考核的尺度。主要利用时间绩效、品质绩效、数量绩效、价格绩效、效率绩效五个方面的指标对采购人员进行绩效考核。采购人员绩效考核量化指标如表8-4所示。

表8-4 采购人员绩效考核量化指标

考核内容	权重	考核指标/指标说明
时间绩效	15%	停工断料影响工时
		紧急采购（如空运）的费用差额
品质绩效	15%	进料品质合格率
		物料使用的不良率或退货率
数量绩效	30%	采物料金额
		采物料损失金额
		库存金额
		库存周转率
价格绩效	30%	实际价格与标准成本的差额
		实际价格与过去移动平均价格的差额
		使用时价格和采购时价格的差额
		当期采购价格与基期采购价格的百分比同当期物价指数与基期物价指数的百分比的比较
效率绩效	10%	采购金额
		采购收益率
		采购部门费用
		采购完成率
		新开发供应商数量
		错误采购次数
		订单处理时间

（二）绩效考核周期

采购部经理对短期内工作的产出有较清晰的记录和印象，以及能对工作的产出及时进行评价和反馈，有利于及时地改进工作，以月度为周期进行考核；对于较长周期的绩效指标，以季度或年度进行考核。

（三）绩效考核方法及说明

采购人员绩效考核采用量化指标与日常工作表现考核相结合来进行，量化指标综合考核得分占考核得分的70%，日常工作表现得分占考核得分的30%。两次考核的总和为采购人员的绩效考核分数，即：

采购人员绩效考核分数＝量化指标综合考核得分×70%＋日常工作表现得分×30%

（四）绩效考核实施流程

绩效考核小组工作人员根据员工的实际工作情况展开评估，采购人员将自己考核期间的工作报告在考核期间交于人力资源部，人力资源部汇总并统计结果，在绩效反馈阶段将考核结果告知被考核者本人。

（五）考核结果应用

考核结果分为五个层次（表 8-5），为人力资源部奖金发放、薪资调整、员工培训、岗位调整、人事变动等提供客观的依据。

表 8-5　绩效考核结果层次划分标准

层次	杰出	优秀	中等	需提高	差
	A	B	C	D	E
标准	85 分以上	75—85 分	65—75 分	50—65 分	小于 50 分

根据采购人员绩效考核的结果，可以发现采购人员与标准要求的差距，从而制订有针对性的员工发展计划和培训计划，提高培训的有效性，使采购人员的素质得到提高，最终为企业管理水平的提高打下坚实的基础。

（六）绩效考核实施工具

对采购人员的绩效考核，主要的考核实施工具有采购人员绩效考核表（表 8-6）、等级标准说明表（表 8-7）、绩效得分说明表（表 8-8）。

表 8-6　采购人员绩效考核表

项目		权重	等级说明					自我评分	综合得分
			杰出	优秀	中等	有待提高	急需提高		
定量指标	时间绩效	15%							
	品质绩效	15%							
	数量绩效	30%							
	价格绩效	30%							
	效率绩效	10%							
定性指标	责任感	30%							
	合作度	30%							
	主动性	20%							
	纪律性	20%							
综合得分									
考核补充									
考核人：			被考核人：				考核日期：		

表 8-7　等级标准说明表

项目	考核指标	指标等级划分说明（“以上”包括本数，“以下”不包括本数）				
		杰出	优秀	中等	有待提高	急需提高
时间绩效	是否导致停工	从不	没有	无记录	3 次以下	3 次以上
品质绩效	进料品质合格率	90%—100%	85%—90%	65%—85%	60%—65%	60%以下
	物料使用不良率	0	5%以下	5%—10%	10%—15%	15%以上
数量绩效	呆物料金额	（ ）万元以下	（ ）万元之间	（ ）万元之间	（ ）万元之间	（ ）万元以上
	库存周转率	（ ）%以上	（ ）%之间	（ ）%之间	（ ）%之间	（ ）%以下
价格绩效	采购成本降低率	（ ）%以上	（ ）%之间	（ ）%之间	（ ）%之间	（ ）%以下
	采购价格降低额	（ ）万元以下	（ ）万元之间	（ ）万元之间	（ ）万元之间	（ ）万元以上
效率绩效	采购完成率	（ ）%以上	（ ）%之间	（ ）%之间	（ ）%之间	（ ）%以下
	订单处理时间	（ ）天以内	（ ）天之间	（ ）天之间	（ ）天之间	（ ）天以上

表 8-8　绩效得分说明表

层次	杰出	优秀	中等	有待提高	急需提高
分数	10 分	8 分	5 分	2 分	0 分
相关说明					
编制人员		审核人员		批准人员	
编制日期		审核日期		批准日期	

2. 不定期评估

不定期绩效评估是以专案的方式进行的。例如，公司要求某项特定产品的采购成本降低 10%。设定期限一到，评估实际的成果是否高于或低于 10%，并就此成果给予采购人员适当的奖励或处罚。此种评估方法对采购人员的士气有巨大的提升作用。此种不定期的绩效评估方式，特别适用于新产品开发计划、资本支出预算、成本降低的专案。

短视频：如何做好核心员工的绩效考核

思考： 你能再列举一些采购绩效评估的指标吗？并说说它们的作用。

知识拓展

采购人员工作绩效考核方法

采购人员工作绩效考核方法直接影响考核计划的成效和考核结果的正确与否。常用的考核方法如下：

1. 直接排序法

在直接排序法中，主管按照绩效表现从优到劣的顺序依次给员工排序，这种绩效表现既可以是整体绩效，也可以是某项特定工作的绩效。

2. 两两比较法

两两比较法是指在某一绩效标准的基础上把一名员工与其他员工相比较来判断谁“更好”，记录每名员工和任何其他员工比较时表现“更好”的次数，根据次数的多少给员工排序的考核方法。

3. 等级分配法

等级分配法能够消除上述两种方法的弊端。这种方法由评估小组或主管先拟定有关的评估项目，然后按评估项目对员工绩效做出粗略的安排。

任务三　采购绩效的改进

案例导入

用评价推动供应链持续改进

某美国公司是一家消费品公司，产品直接运往世界各地的销售商。公司的战略是争取在产品的价格、服务和便利性方面处于行业领先地位，使服务的各个方面都超越其他公司。公司开发了一套采购与供应链绩效评价系统，并认为这套系统直接支持公司的战略。

实施采购与供应链绩效评价时，公司遵循下列步骤：第一步，进行跨部门讨论并制定标杆以建立衡量标准、衡量目标和绩效目标。第二步，将衡量目标写成公司策略和流程的形式。第三步，正式与主要供应商沟通标准和目标。第四步，从供应商处接收反馈。第五步，如果有必要，修订绩效衡量标准及目标。第六步，对衡量目标与流程进行最后定案。第七步，收集和维护绩效数据。

绩效评价的重点是依托与公司目标直接相关的一系列采购与供应链衡量标准，主要有以下几点：

1. 质量

包括：(1) 供应商每百万次的缺陷（PPM）；(2) 内部制造每百万次的缺陷；(3) 内部流程能力；(4) 损坏；(5) 担保赔偿金的金额和成本。

2. 价格/成本

包括：（1）实际价格与市场价格的比较；（2）价格/成本比率的缩小；（3）加工成本管理；（4）运输成本管理。

供应商质量表现通过对供应商的现场参观和产品接收的数据来确定。计算频率随供应商当前质量水平的不同而变化。那些质量问题多和缺陷多的供应商被确定为评价频率高的对象。

公司用这个绩效衡量系统建立和传递绩效目标，追踪流程并促进持续的改善。对每个供应商提供清晰、全面的目标和及时的反馈。公司计划在未来将扩展自己成本的模型应用于评价和选择供应商。另外，公司打算进行公开的衡量活动并与供应商共同承担成本。

☞ 案例思考

这家美国公司采取了哪些方法改进采购绩效？

知识准备

国内企业与国外企业在同样的游戏规则下展开竞争，优胜劣汰将不可避免。在这种大背景下，采购部门所承担的责任越来越大，这也迫使采购人员想方设法提高绩效。同时，具有丰富经营知识和经营经验的专家，要深入经营现场和采购人员密切配合，运用科学方法，根据一定指标体系，对商品采购绩效做出定量评价或具有论证的定性分析，以便企业对商品采购活动进行改进。改进采购绩效的途径主要有以下几个方面。

一、营造和谐的工作氛围

如果采购组织内部环境不合谐，采购人员与供应商之间互相不信任，缺乏合作诚意，采购人员首先的感觉是“如履薄冰，处处小心行事”，无法将全部精力投入在工作上，势必影响采购绩效。因此采购人员要经常把自己的业绩与同行高水平职员相比，特别是有跨国采购经验的高级职员，他们的经验值得借鉴学习。采购组织的管理职能部门，应定期对采购人员的业绩进行评估，并进行排名，再配以相应的奖励制度，使采购环境不断改善，营造良好的工作氛围。

二、强化内部管理

不同企业的管理方式及水平有很大的不同或差距，一般来说，跨国公司由于有较长的在市场经济下经营的历史及较健全的企业制度，故在管理方面有很多值得国内企业借鉴的地方。当然，少部分在国内土生土长的企业（如青岛海尔等）也有一套行之有效的先进管理方案。不管怎么样，“拿来主义”有时是必需的，“他山之石，可以攻玉”是一句千古不变的箴言。

管理的根本是管人，一个企业最宝贵的资产是它的雇员，再先进的设备若没有合格的人去操作不过是一堆废铜烂铁，我们时常看到这样一句话：科技以人为本。这句话的根本在于在企业的实际运作中如何运用人才，而不是喊口号。与其他部门相比，采购部门对人的依赖性更大，采购工作的大部分内容是人与人的交往。

从管理角度去提升采购绩效，需要做好以下几点。

(1) 建立合格的采购团队，提供必要的资源；

(2) 选聘合格的人员担任采购人员，并给予必要的培训。

(3) 给采购部门及采购人员设立有挑战性、但又可行的工作目标。

(4) 对表现突出的采购人员给予物质及精神上的奖励。

三、应用先进的科学技术

在信息化程度相当高的今天，仍有相当一部分企业（以中小型企业为主）还在采用“刀耕火种”的原始采购作业方式，其工作效率、反应速度、成本控制已不能适应日趋激烈的市场竞争。进入21世纪以来，越来越多的新技术被采购行业所采纳并带来了良好的经济效益，如MRP系统的推广和使用，以及被视为新经济时代作业方式的电子商务。电子邮件、电子数据交换、电子商务采购等新技术也使得采购作业得到进一步的发展。利用好互联网技术开展商品采购，获益匪浅，主要体现在以下几个方面。

（一）节约采购成本

视产品的不同，新技术的应用将节约一定的采购成本，并减少与采购相关的多项开支。

（二）缩短采购周期

新技术提供的专业化服务将使企业的原有采购周期缩短10%—50%，从而大幅度提高采购效率，将过去需要几周或几个月时间的采购流程与业务谈判压缩到几周甚至几天。

（三）透明采购流程

与政府的“阳光采购计划”不谋而合，先进的电子商务手段可以滤除采购中的不良因素，对于已有的固定供应渠道，可能会获得更低的价格。

（四）增加有效供应商

全国背景的专业数据库帮助企业跳出本地域、本行业的限制，在全国范围内提供更适于企业的供应商。对于难以采购到的产品或服务，可能获得更多的供应渠道。

（五）促进企业现代化

用电子商务的手段改造企业内及企业间的每个沟通环节是时代的必然。企业可以用智能服务作为突破口，跟上时代的步伐，全面改造企业的供应链。对于拥有大量产品或服务供应渠道的企业，可以对众多的供应商进行资格预审和优化。

（六）掌握多样化的信息，方能百战百胜

充足的市场信息是采购人员决策的重要依据。企业相关人员可以根据近万种产品的分类、几百万家商家的资料进行有效决策。

四、加强与供应商合作

供应商的表现在很大程度上制约着采购绩效的提升。一般来说，与企业建立了长期合作伙伴关系的供应商能有较好的表现，如果企业的降价计划是合理的话，这种供应商能较好地配合企业的降价计划。与供应商联手实现降低采购成本的途径有以下几点。

（一）与供应商共同制订可行的成本降低计划

如果供应商的利润已达到一个非常合理的水平，要供应商降低售价的前提是供应商自己的成本能降低。企业想达到降价目的就必须与供应商共同制订一个成本降低计划，并且与供应商一起去寻找可行的途径。譬如，与供应商一起开发更便宜的原材料，探讨和提高生产设备及工艺，同意供应商采用便宜的包装材料等。

（二）与供应商签订长期的采购协议

长期的采购协议会大大激发供应商的合作欲望，任何一个企业都知道一个长期的客户是何等的重要。当采购方无法给予供应商具体的需求预测，而又要求供应商购买原材料进行储备或要求供应商生产较多数量的商品以供出货时，一旦采购方的产品停产，采购方应与供应商共同承担这些库存原材料或零部件带来的损失。

（三）供应商参与到产品设计中去

由于供应商对企业要购买的物料可能有数年甚至几十年的经验，如果供应商能更早地参与到产品设计中去，就有可能提出一些合理的建议，如简化产品结构、使用更便宜的原材料等。

五、开发优秀新供应商

为了降低采购总成本，许多采购人员把工作重心放到了开发优秀的供应源上，许多大企业的采购部成立了“供应商开发小组”，甚至有的企业把它作为一个独立的部门来运作。新供应商的地理位置一般要求在采购方所在地附近，这样有助于解决开发过程中的问题。如果相关企业因历史原因致使大部分或主要供应商在海外，那么它的供应商开发工作就需要“本地化”，本地化不仅可大大缩短交货期，而且采购单价一般可降低 20%—40%。对大部分物料或商品而言，国内廉价的制造成本已使得海外制造企业在价格上无法和国内企业进行竞争。

六、加强标杆管理

绩效管理是指管理者和个人经过沟通，制订绩效目标计划、开展绩效考核，以某种方式激励员工持续提高业绩，并最终实现企业目标的一种管理过程。标杆管理与绩效管理都是企业的管理方法，其共同特点包括：实施的最终目的都是实现企业既定目标；侧重通过采取各种方式来激励员工不断提高自我；是一种持续改进的过程，即不断进行企业自我超越的良性循环过程。

企业实施标杆管理的方式有以下几点。

（一）营造学习、创新的企业文化

组织的成功变革最重要的就是要有开放求变的企业文化。管理者应该确保企业文化支持并且鼓励员工端正“可以向任何人学习”的态度，培养员工“活到老，学到老”的理念。标杆管理本质上是一个学习创新的持续的过程，要营造勇于改革创新的氛围，摒弃墨守成规的工作模式，鼓励员工大胆创新。

（二）选择恰当的标杆对象

标杆对象可能来自本企业内的优秀部门；也可能来自同行业的优秀企业，因为同行业的技术流程的科技成分相同，有利于相互学习和补充；但也可能来自完全不同的行业，原因之一是与自己的直接竞争对手比较，双方都会感到有压力，同时对竞争企业的信息不易获得。实际上，本行业离标杆对象越远，就越有可能取得突破性进展，制定的战略在本行业内不易被模仿，能够保持自己的竞争优势。例如，美孚石油公司通过学习丽嘉卡尔顿酒店的各个服务环节来构建和维持友好服务的系统。

（三）建立完善的竞争情报系统

首先，强调企业伦理问题。建立企业与企业之间的行为规范，在一定程度上界定出信息的可共享程度，使双方企业明白可以通过分享信息相互受益，通过签订相关的信息交流合同来约束双方的行为。其次，企业也可以通过双方信任的第三方来实现信息的共享，保证公平与诚信。最后，建立信息收集机构。对各大企业在公共期刊和网站上发表的管理信息及近几年的经济报表进行预测与分析，尤其应关注和学习行业外的企业，学习他们先进的管理思想，从中领悟新的道理，防止在行业内产生雷同现象。

（四）注重以人为本的全员参与

管理者应该以看得见的方式在企业内部推行标杆管理，定期到基层实习，加强与员工的交流，以此影响员工的态度，加强执行力。同时，管理者应该对员工进行授权，提高员工的主动性。标杆管理的实施更离不开一线员工。首先，员工有丰富的实际经验，容易发现企业管理中存在的问题，并且对这些问题有深刻的认识，能够对企业的改进方案提出重要建议；其次，标杆管理的最终执行依赖于员工，如果他们对标杆管理不了解，就会造成管理混乱，严重影响标杆管理的进程。因此，企业应该加强对员工的标杆管理培训，让员工参与决策。

思考：改进采购绩效的工作还可以从哪些方面展开？

知识拓展

标杆管理理论

标杆管理产生于20世纪70年代末80年代初美国企业“学习日本经验”的运动中，由施乐公司开标杆管理先河，随后西方企业群起跟风，形成了“标杆管理浪潮”。标杆管理的出现在西方管理学界掀起了巨大的波澜，它与“企业再造”“战略联盟”并称为20世纪90年代的“三大管理方法”。

标杆管理又称“基准管理”，其本质是不断寻找最佳实践，以此为基准不断地“测量分析与持续改进”。标杆管理是创造模板的工具，它可以帮助企业创造自身的管理模式或工作模板，是实现管理创新并获得优势的最佳工具。标杆管理之所以能引起各大企业的重视并风靡全球，其根本原因在于它能给企业带来巨大的实效，它会让企业形成一种持续学习的文化。企业的运作业绩永远是动态变化的，只有持续追求最佳业绩才能获得持续的竞争力，才能始终立于不败之地。它的作用主要表现在企业绩效评估、企业持续改进、提高企业经济绩效、制定企业战略、增进企业学习、增长企业潜力、衡量企业工作好坏、实行企业全面质量管理等方面。

这种直接的、中断式的、渐进的管理方法，使企业可以寻找整体最佳实践，也可以发掘优秀“片断”进行标杆比较，由于现实中不同的企业各有长短，因此这种“片断”标杆可以使企业的比较视角更开阔，也更容易使企业集百家之长。

项目小结

本项目深入探讨了采购绩效管理的体系与方法，旨在通过科学、合理的评估机制，提升采购活动的效率与质量。在此过程中，我们不仅学习了具体的考核指标与流程，更重要的是，我们深刻认识到采购活动不仅是企业运营的关键环节，更是体现职业道德、社会责任感和法治精神的重要领域。

一、职业道德的坚守

在采购绩效考核中，我们强调了诚信与公正的重要性。采购人员需坚守职业道德底线，拒绝任何形式的腐败与不正当利益诱惑，确保采购过程的透明与公正。这不仅是对企业利益的维护，更是个人品德与社会责任的体现。通过课程学习，我们进一步理解了“诚信为本”的职业操守，为未来的职业生涯奠定了坚实的道德基础。

二、社会责任的担当

采购活动不仅仅是经济行为，更承载着企业的社会责任。在绩效管理中，我们关注到了采购活动对供应商、环境以及社会的影响。通过优化供应链管理，推动绿色采购，我们可以促进可持续发展，减少环境负担，同时保障劳工权益，促进社会和谐。这种社会责任感的培养，让我们意识到作为未来职场的一员应当为构建更加美好的社会贡献力量。

三、法治精神的弘扬

在采购领域，法律法规是约束与指导我们行为的重要准则。通过案例分析与法律条款的学习，我们深入了解了采购活动中可能涉及的法律风险与合规要求。这不仅增强了我们的法治观念，也让我们明白在复杂多变的商业环境中，只有依法行事，才能确保企业的稳健发展与个人的职业安全。

四、综合素质的提升

采购绩效管理不仅是对工作成果的检验，更是对个人综合素质的考验。它要求我们具备扎实的专业知识、敏锐的洞察力、良好的沟通能力以及团队协作的精神。通过本项目的学习，我们不仅掌握了采购绩效管理的技能与方法，更在综合素质上得到了全面的提升。这将为我们未来的职业发展奠定坚实的基础，使我们能够在不断变化的市场环境中保持竞争力。

总之，通过本项目的学习，不仅让我们掌握了专业知识与技能，更重要的是，它引导我们树立了正确的职业道德观、社会责任感、法治精神以及提升了我们的综合素质。这些将伴随我们走向职场，成为我们职业生涯中宝贵的财富。

思考题

1. 采购绩效评估应遵循哪些基本原则？
2. 采购绩效评估的流程是怎样的？
3. 采购绩效评估容易出现哪些问题？
4. 采购绩效评估标准通常有哪几种设定方法？
5. 怎样改进采购绩效？
6. 企业实施标杆管理改进绩效的方式有哪些？

参 考 文 献

1. 毛敏，王坤. 采购与供应管理［M］. 成都：西南交通大学出版社，2021.

2. 徐阳，苏兵，姬浩. 采购与供应管理［M］. 西安：西安交通大学出版社，2023.

3. 陈利民. 采购管理实务［M］. 2 版. 北京：机械工业出版社，2020.

4. 王皓，肖炜华，邓光君. 采购管理［M］. 武汉：华中科技大学出版社，2019.

5. 朱岩，陈冲. 采购与供应管理［M］. 北京：北京理工大学出版社，2019.

6. 刘刚桥. 采购管理实务［M］. 北京：清华大学出版社，2018.

7. 鲁楠，刘明鑫. 采购管理与库存控制［M］. 4 版 . 大连：大连理工出版社，2018.

8. 张文法. 采购管理实务［M］. 2 版 . 北京：电子工业出版社，2018.

9. 吴汪友. 采购管理实务："学、教、做"一体化教程［M］. 3 版 . 北京：电子工业出版社，2017.

10. 史忠健，杨明. 物流采购与供应管理［M］. 北京：中国人民大学出版社，2010.

11. 李恒兴，鲍钰. 采购管理.［M］. 北京：北京理工大学出版社，2018.

13. 陈宁. 采购管理［M］. 北京：中国财富出版社，2018.

13. 刘敏，姜永强. 采购与供应管理［M］. 济南：山东人民出版社，2017.

14. 柳容. 采购是个技术活：如何专业做采购［M］. 北京：人民邮电出版社，2020.

15. 宫迅伟，罗宏勇，汪浩. 全情景采购谈判技巧［M］. 北京：机械工业出版社，2020.

16. 姜珏. 采购谈判：高效赢得谈判的实战指南［M］. 北京：人民邮电出版社，2021.

17. 白如银，邵月娥，王赟. 政府采购非招标采购方式法条释解与疑难解析［M］. 北京：机械工业出版社，2021.

18. 刘宝红. 采购与供应链管理：一个实践者的角度［M］. 3 版. 北京：机械工业出版社，2019.

19. 温迪 · 泰特. 供应链与采购管理［M］. 北京：人民邮电出版社，2020.